U0721422

中国国家博物馆青少年研学百科系列推荐读物　　被列为中宣部 2024 年主题出版重点出版物

伟大的中国大运河

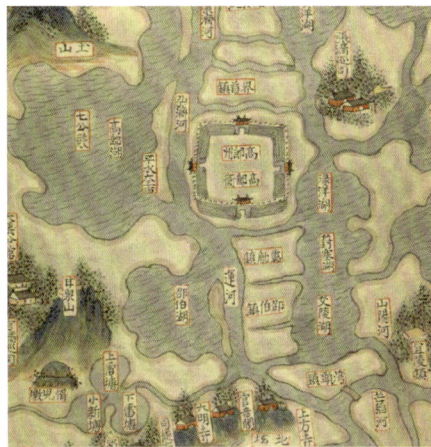

行陸地漫散不能
漆刷成渠來流
戴阻奔潰夬裂
河南山東徐邳一
帶連患害不免萬
歷六年題後故
道竟汔工鉅寢之

南岸緌堤

黃河

大行

霅城縣　雲城縣

黃堈口

埽臺一段長一
十九丈二尺根盤五
丈頂闊四丈前
高二尺後高五尺

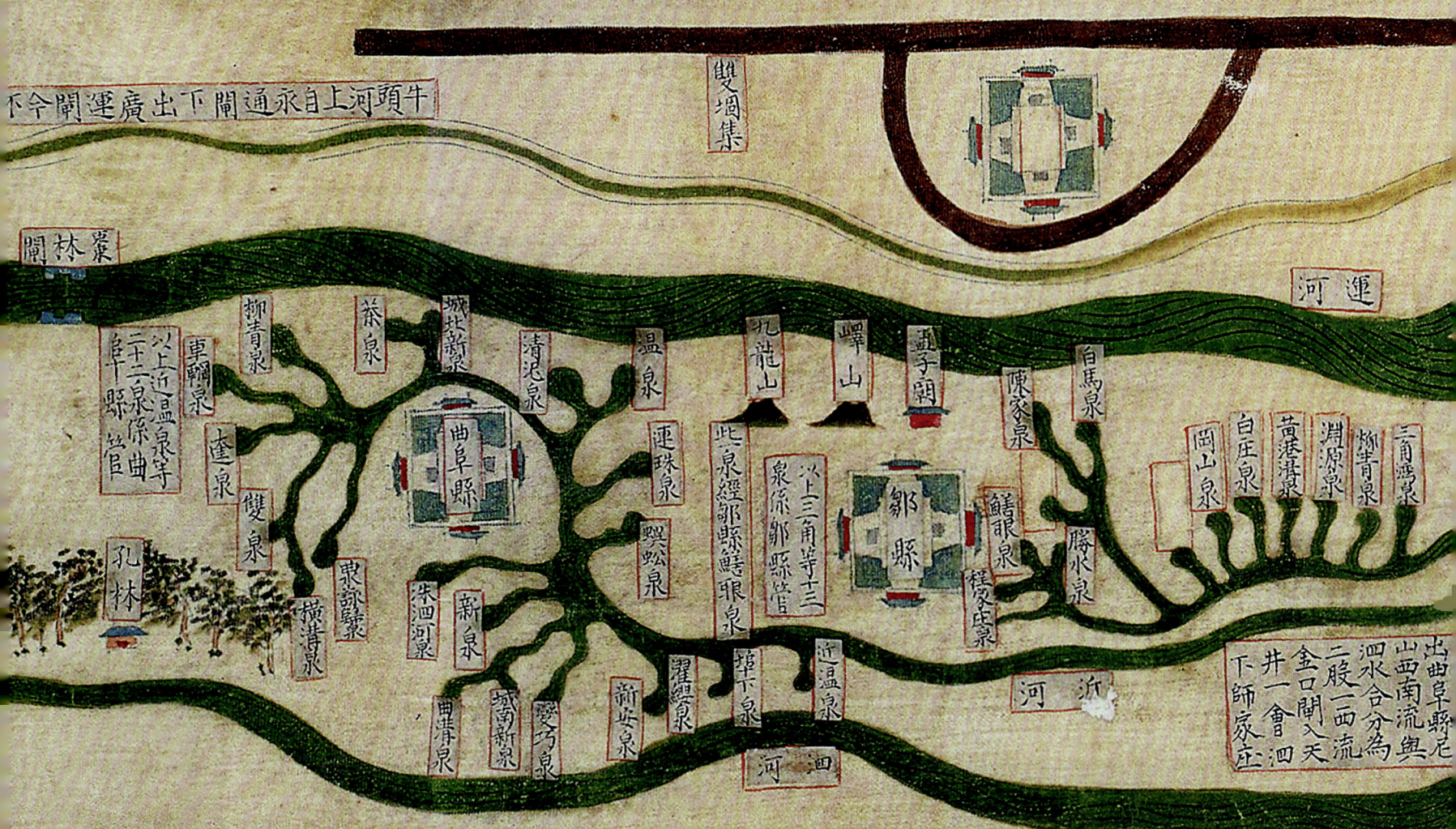

每歲加葺修務湏　王家壩亦係險要務湏每歲加葺修

雙堈集

雙頭河自上河永通閘下出廣運閘今下

運河

棗林閘

孔林　曲阜縣　鄒縣

九龍山　嶧山　孟子廟

抑青泉　城北新泉　清泉　見泉　溫泉　九龍山　白馬泉　陳家泉　岡山泉

車輞泉　茶泉　珍珠泉　鱉蛻泉　此泉經鄒縣鱔眼　鱔眼泉　騰水泉　淵原泉　柳青泉

八二六近溫泉牛二十六泉深曲阜縣竝官

葵泉　雙泉　眾泉驪泉　横溝泉　新泉　城南新泉　曲澤泉　愛弓泉　濯纓泉　前安泉　草十泉

八二三角等十三　程家庄泉　白莊泉　黃港潛泉　三角灣泉

近溫泉　西河　河　近河

出曲阜縣尼
山西南流奧
泗水合為
二股一西流
金口閘入天
井一會泗
下師泉庄

河

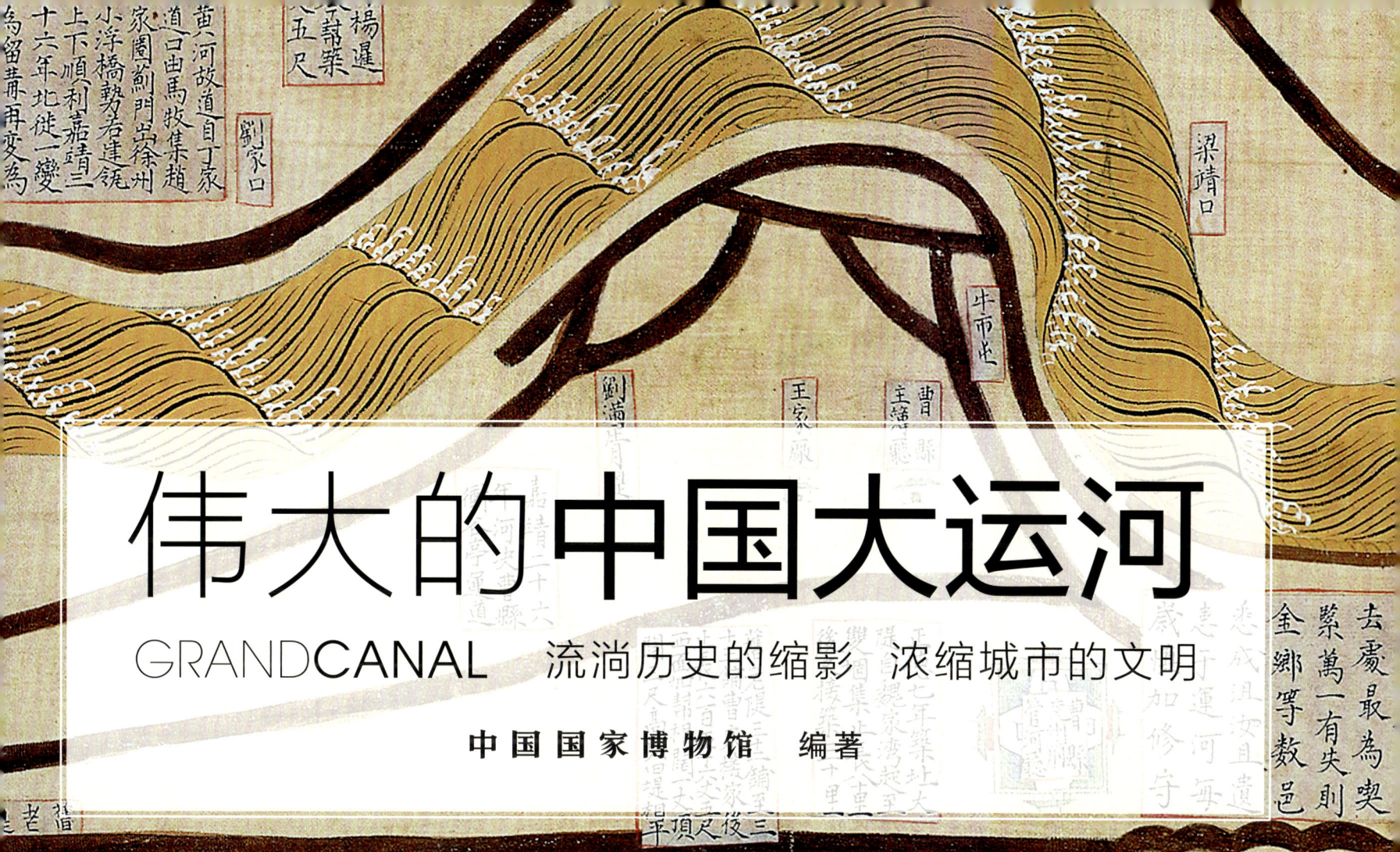

伟大的中国大运河

GRANDCANAL　　流淌历史的缩影　浓缩城市的文明

中国国家博物馆　编著

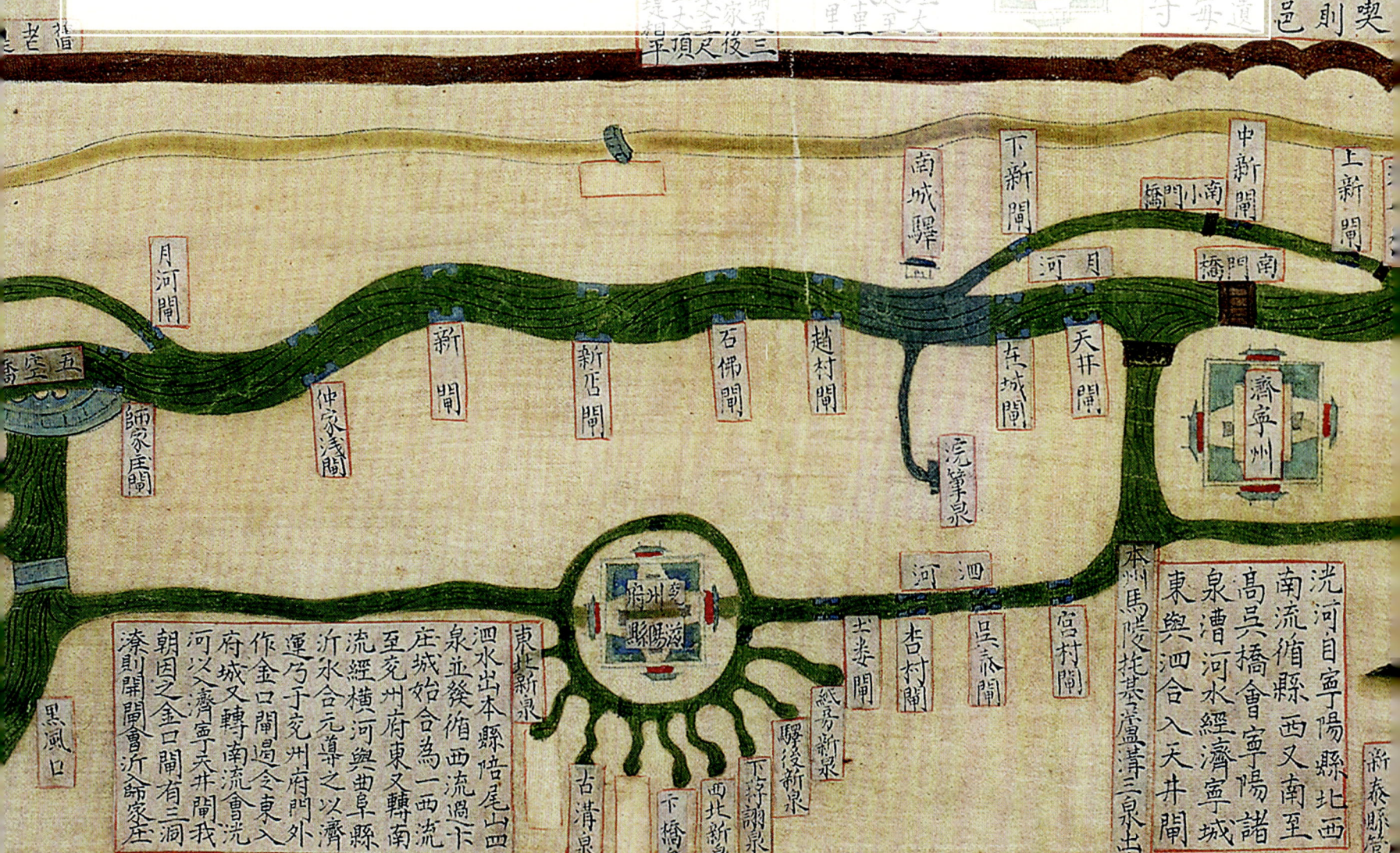

中国大百科全书出版社

中国大百科全书出版社

图书在版编目（CIP）数据

伟大的中国大运河 / 中国国家博物馆编著. —北京：
中国大百科全书出版社，2024.5
ISBN 978-7-5202-1492-6

I. ①伟… II. ①中… III. ①大运河－文化史－中国
IV. ① K928.42

中国国家版本馆 CIP 数据核字（2024）第 032926 号

审图号：GS（2023）3743 号

出 版 人：高世屹

策 划 人：杨 振
责任编辑：杨丹怡
美术编辑：鲍 瑶
数字制作：李 征
责任校对：田 祎

运河画卷作者：杜 飞

伟大的中国大运河
中国大百科全书出版社出版发行
（北京阜成门北大街 17 号 邮编：100037）
http://www.ecph.com.cn
新华书店经销
北京华联印刷有限公司印制
开本：889 毫米×1194 毫米 1/8 印张：27
2024 年 5 月第 1 版 2025 年 8 月第 3 次印刷
ISBN 978-7-5202-1492-6
定价：198.00 元

目 录

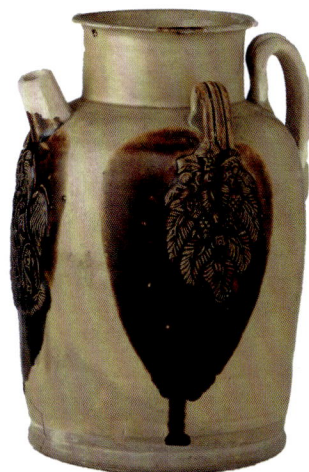

编者注

扫码 📷 聆听国博讲解员讲述文物故事

扫码 🔍 寻找藏在大运河画卷中的秘密

前 言

高政
中国国家博物馆馆长

大运河是中国古代人民的伟大创造，由京杭大运河、隋唐大运河和浙东运河3部分构成，全长3200多千米。它的开凿可以追溯到2500余年前的春秋时期，是世界上延续使用时间最长、空间跨度最大的运河。大运河并非孤立工程，而是一个复杂变化的时空体系，由北至南可划分为通惠河、北运河、南运河、卫河（永济渠）、通济渠、会通河、中运河、淮扬运河、江南运河、浙东运河10个河段。这些河段开凿于不同时代，均有其相对独立的发展过程，经由隋代及元代的两次大沟通，形成了连接五大流域、跨越8个省级行政区、纵贯南北的交通大动脉，成为中国古代王朝维系稳定的重要基石。

民以食为天。中国幅员辽阔、人口众多，而自隋唐时期开始，政治中心与经济中心长期处于分离状态，如何保障粮食的供应和运输是摆在历代王朝面前的重要课题。由此，产生了一项极为重要的经济制度——漕运。这是中国古代王朝的经济命脉，也正是大运河的核心功能。而由漕运衍生出商贸、民俗、文化等各类活动，也对都城及运河沿线的其他城市产生了重要影响，促进了相当一批运河城镇的兴起与繁荣。大运河也是中国古代卓越水利技术的集中体现。它解决了在严峻自然条件下修建长距离运河面临的地形高差、水源控制、会淮穿黄、防洪减灾等难题，造就了丰富多样的水利工程，是世界运河工程史上的里程碑。大运河如同流动的文化，凝结着中国历代先贤的伟大创造力和无穷智慧，见证了中国古代社会变迁的重要历程，书写了中华文明发展的壮丽篇章。2014年，中国大运河被列入《世界遗产名录》。在交通方式日新月异的今天，大运河的鼎盛时代或许已成为过去，它所蕴含的重要历史文化价值却历久弥新。

习近平总书记指出："大运河是祖先留给我们的宝贵遗产，是流动的文化，要统筹保护好、传承好、利用好。"中国国家博物馆作为代表国家收藏、研究、展示、阐释中华文化代表性物证的最高历史文化艺术殿堂，负有留存民族集体记忆、传承国家文化基因、促进文明交流互鉴的重要使命。为深入贯彻落实习近平总书记关于发掘好、利用好丰富文物和文化资源，让文物说话、让历史说话、让文化说话重要指示精神，2020年，中国国家博物馆曾举办《舟楫千里——大运河文化展》，系统展示了大运河的开凿历史、通航功能、漕运管理、工程技术和非物质文化遗产。以此次展览为契机，中国国家博物馆与中国大百科全书出版社依托国博丰富的馆藏资源，结合百科严谨的编纂体系，发挥各自的专业优势，合作推出这本《伟大的中国大运河》。本书依据大运河的十大河段划分为10个章节，从运河沿线精心挑选出18个各具特色的重要城市，从河段演变、城市历史、地貌建筑、水利科技、经济民俗、文化遗产等各个角度进行讲述，使读者不仅能了解到运河演变发展的历史，还能体会到运河对沿线地区人民在风俗传统、生活方式等方面的塑造，以及由此产生的"河"与"人"的深刻情感关联，从而进一步感受运河在文化交流、经济繁荣及科技发展等多方面发挥的重要作用。

在力求知识翔实、准确的前提下，本书采用了图文并茂、多样有趣的呈现方式。以珍贵的古画长卷、精美的文物图片，以及手绘运河长卷、手绘示意图、现代实景图配合文本内容，同时穿插了"知识拓展""名句""听·文物故事""观·运河画卷"等活泼新颖的小栏目，更辅以音频、H5交互等多种表现形式，将厚重又丰富的大运河文化娓娓道来。让专业知识变得有趣易读、引人入胜，正是这本人文科普读物的魅力所在。在本书的基础上，同步开发研学课程、设计研学线路，力求为广大读者展现全方位、多维度的运河世界。

编辑委员会

主　　任：高政

副 主 任：杨帆 陈成军

成　　员：丁鹏勃 陈莉 张伟明

执行主编：周靖程 胡健

学术指导：赵永 姜师立

统　　筹：聂小凡

撰稿团队：聂小凡（第一、四、六章；第十章绍兴）

　　　　　洪瑶（第二、七章；第五章淮北；第九章苏州）

　　　　　戴萌（第三章；第九章杭州；第十章宁波）

　　　　　赵悦（第五章洛阳、郑州、开封）

　　　　　陈昊（第八章；第九章镇江）

世界运河

在人类历史上，开挖运河以解决灌溉、航运等问题是较为常见的做法。埃及、巴比伦、希腊和罗马帝国在公元前都开挖过运河。18世纪下半叶以后，随着工业革命带来的技术突破，欧洲、美洲的运河建设十分兴盛，例如苏伊士运河、巴拿马运河等，都在世界航运史上发挥着重要作用。

① 约塔运河（瑞典）
运河首段竣工于19世纪初，横贯瑞典南部，由湖泊、河流和人工开凿的河道相互连接形成。英国运河设计师托马斯·特尔福德在这条运河上建造了一座七级船闸。

② 基尔运河（德国）
1895年建成通航，全长98.6千米。横贯日德兰半岛，大幅缩短了波罗的海沿岸至北海和大西洋沿岸港口的航程。

③ 阿姆斯特丹17世纪运河环形区域（荷兰）
16～17世纪，阿姆斯特丹由内而外呈同心圆式开拓了3条主要运河，这一时期"运河-城市"空间结构基本完成。城区中运河长约12～15千米。2010年，联合国教科文组织将其列入《世界遗产名录》。

④ 阿尔贝特运河（比利时）
1939年建成，长约130千米。横贯比利时北部，连接着安特卫普和列日两个重要的工业区。

⑤ 米迪运河（法国）
建于17世纪晚期，是沟通地中海和大西洋的内陆水路系统的主要连接线。世界遗产申报长度为360千米。1996年，联合国教科文组织将其列入《世界遗产名录》。

⑥ 苏伊士运河（埃及）
初建时全长173千米，运河通航后，从大西洋沿岸到印度洋诸港之间的航程，比绕行非洲好望角缩短5500～8000千米。

⑦ 舒什塔尔古代水利系统（伊朗）
多用途的人工水道，建造历史可追溯到公元前5世纪，世界遗产申报区内的长度约10千米。2009年，联合国教科文组织将其列入《世界遗产名录》。

⑬ 伏尔加河-顿河运河（俄罗斯）
建于1948～1952年，全长101千米，沿途设置了13座船闸、3座水库。这条运河打开了从里海经伏尔加河经卡马河、顿河到亚速海、黑海的通海水道。

⑫ 大运河（中国）

始建于公元前5世纪，世界遗产申报长度为1011千米。历经2000余年的发展与演变，直到今天仍发挥着交通、运输、行洪、灌溉、输水等作用。2014年，联合国教科文组织将其列入《世界遗产名录》。

⑪ 里多运河 （加拿大）

建于19世纪早期，全长200千米。早期用于水上货运和客运，有"世界上最长的滑冰场"之称。2007年，联合国教科文组织将其列入《世界遗产名录》。

⑩ 伊利运河（美国）

建于19世纪早期，全长584千米。运河上建有82座船闸，与哈得孙河一起，沟通了五大湖区与大西洋的水路联系。

⑧ 阿夫拉贾灌溉体系（阿曼）

灌溉系统的建造历史可追溯到公元500年，世界遗产申报长度为30千米。2006年，联合国教科文组织将其列入《世界遗产名录》。

⑨ 巴拿马运河（巴拿马）

1920年正式通航，全长81.3千米。是连接巴拿马城和科隆、克里斯托瓦尔港的一条国际贸易通道。

注：世界运河的序号按跨页视图的逆时针方向顺序排列。

▶ 《潞河督运图》（局部）
潞河，今称北运河，是中国大运河的一部分。这幅画卷描绘了清代乾隆年间潞河上的漕运盛景。

中国大运河

中国大运河是由隋唐大运河、元代京杭大运河以及浙东运河3部分组成。始建于公元前5世纪的春秋时期，7世纪完成第一次全线贯通，13世纪完成第二次大沟通。全长约3200多千米，跨越了北京、天津、河北、山东、河南、安徽、江苏、浙江8个省级行政区，沟通了海河、黄河、淮河、长江、钱塘江五大水系。

运河是人工开凿的水道，有运输、军事、排水、灌溉等作用。历史上，很多国家都开凿过运河，但中国大运河有其独特性。它是世界上唯一一个为确保漕运安全以达到稳定政权、维护帝国统一的目的，由国家统一组织建设、管理维护的巨大工程体系。

中国的地势整体上西高东低，大江大河大多是东西走向，南北方向的航运难以进行，人们便设法开挖运河来解决这个难题。春秋时期，许多诸侯国出于战争需要，开凿了一些区域性运河，如鸿沟、邗沟、百尺渎，等等。其中吴国开凿的邗沟，将长江和淮河两大水系连通了起来，是大运河中最早开凿的河段。此后的秦、汉、魏、晋等时期，也开凿了如灵渠、关中漕渠、白沟、西兴运河等区域性运河。这些早期运河大多规模较小且分散于各地，没有形成统一的体系，但它们的开发为之后大运河的贯通奠定了基础。

到了隋代，中国的经济中心逐渐向南方转移，而政治中心仍处于北方。为了加强南北之间的联系，保障政治中心的物资需求，隋代中央政府在前代区域性运河的基础上进行了统一的规划、疏浚和扩展，前后开凿并整治了通济渠、邗沟、江南河及永济渠，形成了以洛阳为中心，北起涿郡（今北京）、南至余杭（今属浙江杭州）的隋唐大运河，大大促进了南北间经济、文化的交流，为后世王朝的稳固和经济的繁荣打下了牢固的根基。

中国大运河是世界上延续使用时间最久、空间跨度最大的运河，2014年被列入《世界遗产名录》。

▶ 十大历史河段与沿线城市相对位置示意图

大运河是一个复杂变化的时空体系，由10个始建于不同年代、处于不同地区、各自相对独立发展演变的河段组成。

通惠河

北京

北运河

天津

沧州

南运河

临清

安阳

鹤壁

济宁

会通河

（永济渠）

卫河

洛阳　郑州　开封

通济渠

中运河

徐州

淮北

淮安

淮扬运河

扬州

镇江

苏州

江南运河

杭州

浙东运河

绍兴　宁波

图　例

— — — 省、自治区、直辖市界

运河

● 城市

渤海

河北省

河南省

山东省

安徽省

江苏省

浙江省

黄海

黄海

东海

约公元前6～前5世纪
山阴故水道（浙东运河的前身）开凿。

前486年
古邗沟（淮扬运河的前身）开凿，沟通长江与淮河。

约前4世纪
鸿沟（通济渠的前身）开凿，沟通黄河与淮河。

3世纪
白沟（永济渠前身）开凿。

7世纪起
通济渠、永济渠陆续建成，中国大运河实现第一次大沟通（隋唐大运河）。

▲ 从左到右分别为郑州惠济桥、杭州拱宸桥、绍兴八字桥

运河上的古桥犹如散落在长河中的遗珠，是运河文化遗产的重要构成要素。

　　元代定都大都（今北京）后，先后开凿了山东地区的济州河与会通河，以及通州至大都的通惠河，裁弯取直，将原先以洛阳为中心、折线形的运河，改造成了取道山东，可以从江南直达大都城内的京杭大运河。这个体系一直维持到清代晚期。大运河是维系王朝统一和经济繁荣的重要"生命线"，为国家的经济繁荣发展和民族统一做出了巨大贡献。

　　大运河最核心的功能是漕运。富庶的南方地区的粮食、赋税通过水路源源不断地运送到首都，保障了朝廷、军队及民生的需要。大运河也是一条重要的纽带，它将黄河流域和长江流域两大文化中心连成一个整体，不同地域的物产、文化、生活方式等紧密联结并频繁交流，推动了地域之间的融合，奠定了统一多民族国家的基础。而位于大运河最南段的浙东运河，将内河航运和海上丝绸之路连接起来，也深刻影响了古代中国与世界的交往。

　　大运河为流经的地区带来便利的交通、兴旺的商业和交融的文化，促进了一大批运河城市的兴起、繁荣和发展。大运河也是沿线人民的"母亲河"，深刻影响了人们的衣食住行，更孕育了独特的风土人情。可以说，一部运河史，也是运河两岸城市的发展史。

　　而今，大运河并未停留在历史之中，有些河段虽然已无法通航，但仍旧在当地发挥着蓄水、灌溉等作用。淮扬运河、江南运河、浙东运河等河段依然是重要的区域性航道，发挥着交通、运输等作用。2022年4月4日，随着位于山东、天津等地的节制闸开启，京杭大运河再度实现全程通水，古老的中国大运河又焕发出新的生机。

1292年
白浮引水工程开启。

1411年
戴村坝-南旺枢纽修建，会通河得以畅通。

1688年
中运河开凿，运河河道与黄河得以分离。

约10世纪
浙东运河体系形成。

13世纪起
通惠河建成，中国大运河实现第二次大沟通（元代京杭大运河）。

16世纪起
洪泽湖大堤不断加固维修，黄河、淮河与运河交汇处运道通畅。

通惠河由北京东便门向东，流至通州北关闸与北运河交汇。这段总长度只有20多千米的河道，是大运河最北端的河段，也是万千漕船航行的终点。

　　为使南方漕粮直达都城，元世祖忽必烈命郭守敬主持开凿通惠河。通惠河水利工程不仅保证了漕运的顺利进行，还为北京城市的供水、排水提供了保障，为之后的城市格局形成奠定了基础。元代时，作为运河终点的积水潭曾是大都的地理中心。明清时期，以紫禁城为首的建筑群又在北京的城市河湖水系基础上营建出来。可以说，正是通惠河造就了北京城。

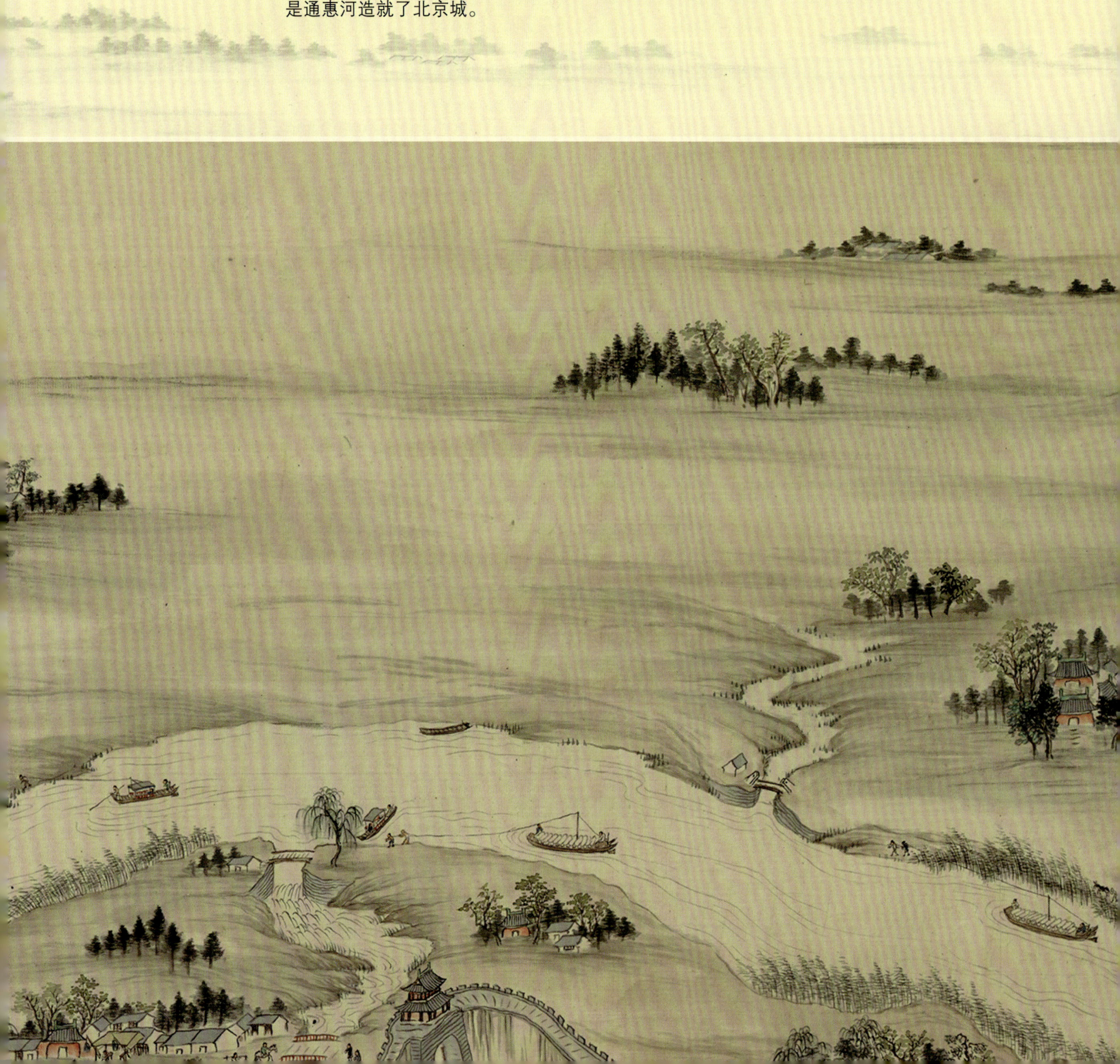

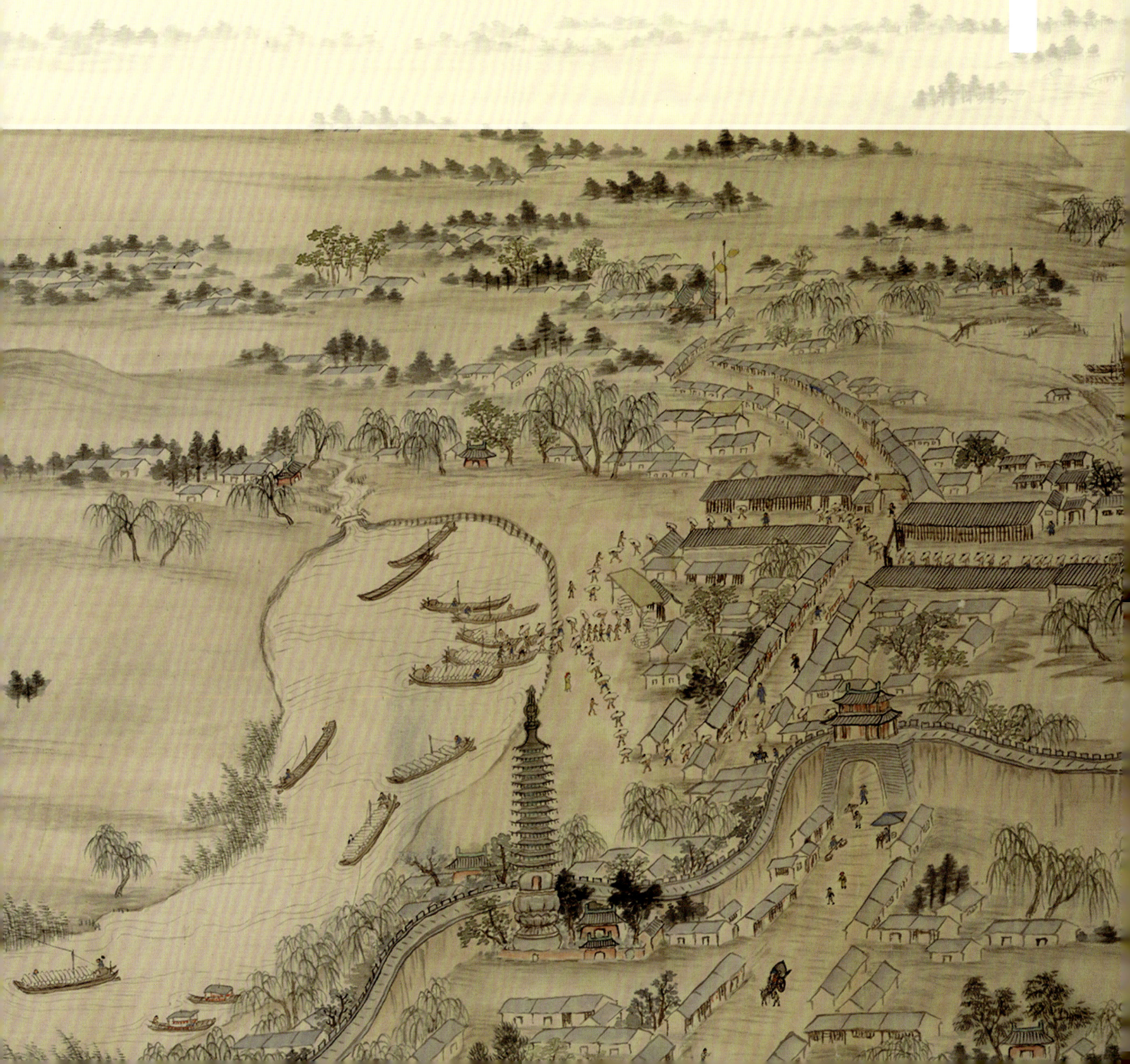

通惠河

北京

北京，中国大运河最北端的城市，拥有3000多年建城史、871年建都史（截至2024年）。元明清三代是大运河最繁忙的岁月，而北京则是千帆所往的漕运终点。不论是建造城市的一砖一木，还是宫廷及民间的衣食住行，北京的方方面面都深深地打上了大运河的烙印。

▼ "匽侯"青铜盉
西周时期的青铜器，内壁铸铭文"匽侯作馈盉"。"匽"即为"燕"。

至少在70万年前，远古人类就在这片土地繁衍生息并留下大量遗迹。历史上的北京，从边陲之城到帝王之都，其地位提升与中国大运河的开发息息相关。

幽燕之城

北京古称燕，有据可查的建城史可以追溯到公元前11世纪的西周。1986年，在北京房山区琉璃河镇的西周燕都遗址出土了一件青铜器——克盉，上面的铭文记录了周武王将自己的弟弟召公奭分封于燕的事件。

由于召公留在王畿（西周都城丰镐，今陕西西安西南）辅佐天子，他的长子克就封，在如今北京一带立国建城，成为第一任燕侯。后来的北京陆续有过幽州、涿郡之名，一直是中原王朝的北疆重镇。隋炀帝为东征辽东开凿永济渠，涿郡作为隋唐大运河的北方终点，逐渐发展成区域性的政治、经济中心。

建都之始

1153年，金海陵王完颜亮把金代的都城从上京（今黑龙江哈尔滨阿城）迁到燕京，并改称中都，开启了北京作为都城的历史。北京也由此逐渐发展成北方的政治及经济中心。金中都的建设仿照了北宋汴京（今河南开封）的规制，采用了"三重城"格局，由外而内分别是外郭城、皇城和宫城。金代工匠们以北宋建筑学典籍《营造法式》为规范，以永定河为水源，为新都城建设了完备的城市水系。这些对之后的元大都与明清北京城产生了深远的影响。

> " 万户千门气郁葱，汉家城阙画图中。九关上彻星辰界，三市横陈锦绣丛。"
>
> ——《燕都》元·宋褧

1271年，元世祖忽必烈建国号为大元，定都于大都，北京由此成为大一统王朝的首都。元大都延续了"三重城"的格局，营建上既参照了春秋时期科学技术典籍《考工记》中记载的国都布局要求，又充分考虑了北京的地形、水文特点，把积水潭作为最主要的水源，沿积水潭东岸设计了南北中轴线，宫城的建筑沿着中轴线对称展开。按照"左祖右社"的规制，在宫城的左侧建太庙，右侧建社稷坛。城市规划也按照"国中九经九纬"的要求，设计了南北走向和东西走向各九条干道，如同一个方正的棋盘，元大都所确立的北京城市基本格局一直沿用至今。

金代曾开凿金口河转运漕粮。元代，会通河与通惠河的开凿使大运河实现了全线贯通，全国各地的商品都通过运河来到积水潭码头。发达的海运同时又带来世界各国的珍奇货物，元大都成为了世界闻名的商业都会。

从北平到北京

明代最初定都南京，大都改名北平，是燕王朱棣的封地。后来朱棣发动靖难之役夺取皇位，将北平改称北京，并于1421年正式迁都，之后的清代也依然以北京为都城。明代在元大都的基础上参照南京的规制建设了北京城，其格局一直延续到今天。明清两代都把水利工程及漕运管理作为国家的头等大事，贯通南北的大运河如同一条大动脉，为北京城源源不断地运送着粮食和各种货物，成就了北京的恢弘气象。

▲《乾隆南巡图》
第一卷《启跸京师》
（局部）
清代康熙帝和乾隆帝的数次南巡都是沿着大运河南下的，视察运河建设情况也是南巡的目的之一。

听·文物故事

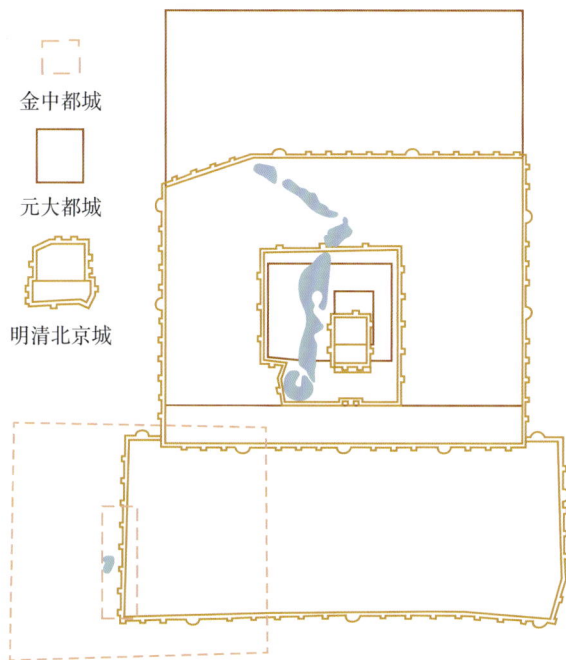

金中都城

元大都城

明清北京城

◀ 北京城址变迁示意图
元大都在旧中都城外东北建起新的城池。明代又经过数次扩建，形成了今天的北京城格局。

山环水抱的北京城

北京位于华北平原的西北端，三面环山，中部和东南部是平原，有永定河、潮白河、北运河、大清河和蓟运河五大水系流经。"左环沧海，右拥太行，北枕居庸，南襟河济"的优越地理位置让北京成为理想的建都之地。从金代开始，后世的王朝都把北京视作定都的首选。

北京的地势总体上为西北高、东南低，西部的西山属太行山脉，北部和东北部的军都山属燕山山脉。北京小平原被两大山脉三面环抱，围出一片湾区，因此也被称作"北京湾"。

西山与永定河

许多世界级的大城市都是依河而建，北京也不例外，永定河就是北京的"母亲河"。北京西部的群山连绵起伏，俨然一道城墙，被古人称作"神京右臂"。永定河从山脉中穿行而出，在下游形成了广阔的冲积扇平原，为城市的形成和发展提供了地理空间。西山与永定河这一山一水共同塑造了历史悠久的北京城。

作为北京地区最长的河流，永定河在北京的城市建设、漕运交通、农业灌溉、生活用水等方面都发挥着巨大的作用。成为都城以后，北京的城市规模急剧扩张，水源、粮食等物资需求日益加大。12世纪，金代政府开凿金口河，引卢沟河水（今永定河）以通漕运，元代时为建设大都城，也引卢沟河水来运送西山的木材。西山拥有大量森林，元明清时期，建设宫殿、仓廒等城市设施所需木材，市民取暖所需木柴木炭，都非常依赖对西山地区森林的采伐。大量开采导致了水土流失。金元时的永定河含沙量很大，下游河道因泥沙淤积，极易决口，河道迁徙不定，当时被称作浑河、无定河。明清时经常用筑堤、挑河等方法治理，在1698年一次大规模疏浚后，被赐名"永定河"，这个名称便沿用至今。

▼《永定河图》
清代河务管理图。永定河发源于山西中北部的管涔山脉，流经山西、河北、北京、天津，注入渤海。

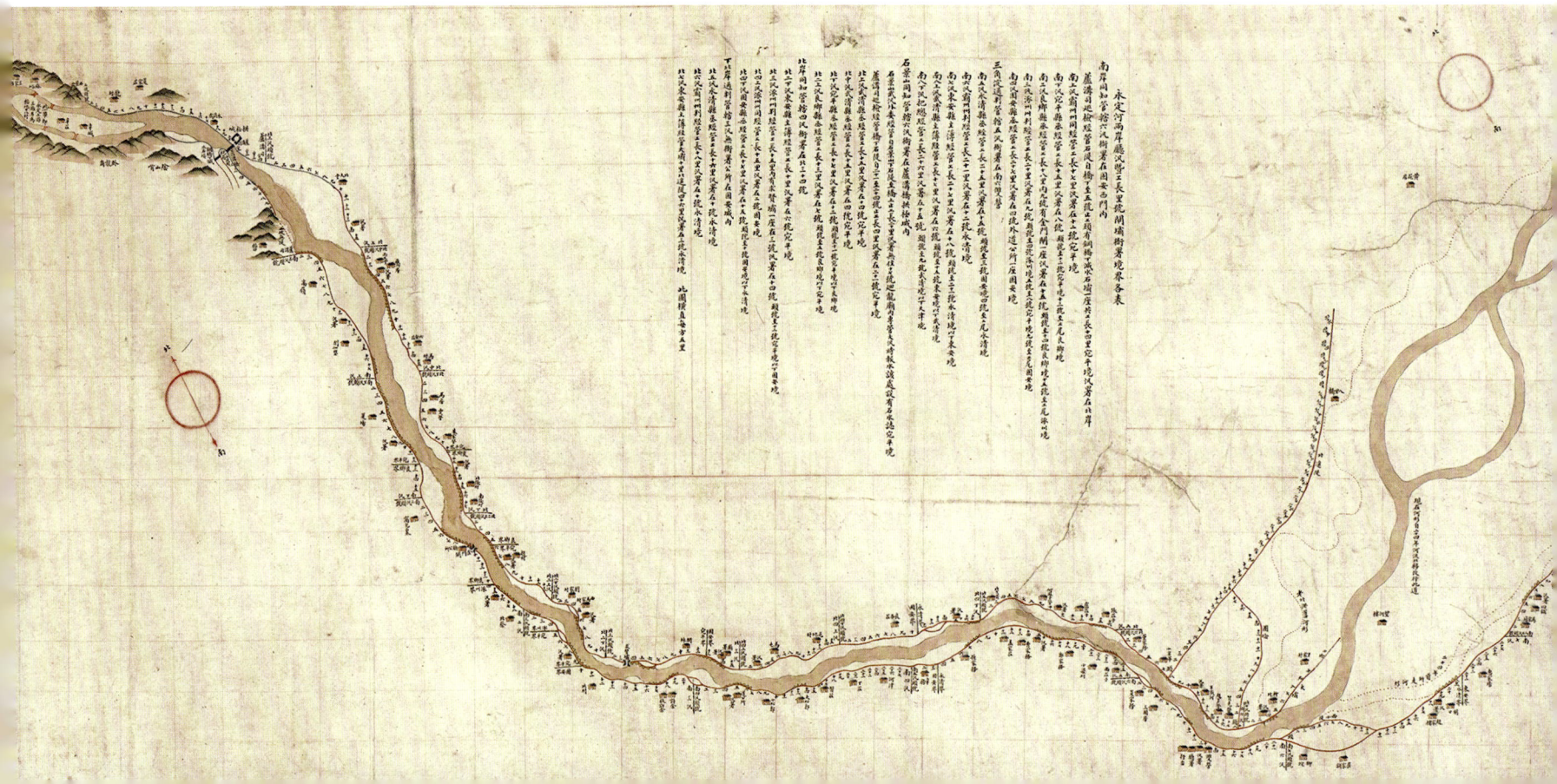

▲ "永定河三角淀通判关防"铜印

清代永定河通判的印章。清代将长江以北运河全程分为17段，分设同知、通判等职官，管理相应河段的河政事务。

农牧过渡，海陆交接

12世纪以前，中国的政治中心大多位于关中和中原腹地，多以今西安、洛阳等为都城。这一时期的北京地区恰好处于中原农耕文化与北方游牧文化的交接地带。在中原王朝兴盛之时，这里是镇守北疆的军事重镇，而中原王朝较为衰落的时候，强盛起来的北方游牧民族政权便将这里当作逐鹿中原的通道和踏板。隋唐以后，中国的经济中心逐渐向东、向南转移，加上永济渠的开通，北京地区得到进一步发展，战略地位也日益凸显。历史上的北京一直是兵家必争之地。在反复的拉锯与争夺中，不同文化在这里交汇融合，赋予了北京包容、厚德的文化特质。

纪传体史书《金史》曾称赞北京的地势，就像坐在正堂之上俯视庭院一样，是"盖京都之选首也"。这句评价也成为后世的共识。元、明、清三个大一统王朝都定都北京，并留下大量宫殿、园林等古建筑群。这些也成为了这座历史文化名城的独特风景。

▲ 《卢沟运筏图》（局部）

这幅元代画卷描绘了卢沟桥一带木材运输的景象。永定河从桥下穿流而过，木筏顺流而下，两岸店铺林立。

> **"沙场烽火连胡月，海畔云山拥蓟城。"**
>
> ——《望蓟门》唐·祖咏

三山五园

西山与永定河共同造就了北京西郊层峦叠嶂、湖泊遍布的美景，清代在这里营建了许多行宫和园林。后人把万寿山、香山、玉泉山和颐和园、静宜园、静明园、畅春园、圆明园统称为三山五园，其中香山、颐和园和圆明园等处今已成为游人如织的观光胜地。

天子成边

都城选址关系到国家兴衰，需要地理、政治的双重考量。明代在建立之初，以应天（今江苏南京）为京师，后来明成祖朱棣将都城迁到北京，"天子守国门"的时代由此开启。大运河的畅通，使南方经济中心和北方政治中心得以紧密连接，充分发挥了北京"南控江淮，北连朔漠"的优越战略地位，保障了北京的稳定与繁荣。

▲ 北平行都指挥使司夜巡铜牌
北平行都指挥使司是明代初期设立的军政机构，负责防止蒙古势力南下。

▲ 孝端皇后凤冠
凤冠的主人是明代万历帝的皇后，她与万历帝合葬于定陵。定陵是明十三陵之一，这些皇陵的营造早在1409年就开始了，是朱棣迁都筹划的重要步骤。

靖难之役

朱棣是朱元璋的第四子，被封为燕王。藩王们拥有军事指挥权，在自己的封地内屯田驻军。被分封在北方边境的藩王们实力尤为强大。燕王朱棣更是拥军十万，就藩北平后因军功卓著，拥有很高的威望。藩王强大的实力对皇权造成了极大威胁，建文帝朱允炆继位后，采取了一系列削藩政策。朱棣不肯坐以待毙，以"清君侧，靖国难"为名，于北平起兵南下，经过4年的"靖难之役"，最终攻占京师，登基称帝，改元永乐。朱棣在南京登基之后，北方边防陷入空虚，迁都之事被重新提上日程。

实际上，早在明代成立初期，迁都就已在政府的考虑之中。南京虽然繁华富庶，但偏居东南一隅的都城难以对广大的北方地区实行有效的统治，明太祖朱元璋一直在物色更为适宜的定都之地。为了能更好地统御全国，朱元璋把他的儿子们封为藩王，镇守各地要塞。

永乐北迁

朱棣在即位之初就精心谋划迁都之事。例如将北平之名改为北京，并增设行政机构以提升其政治地位；免除北京及周边地区人民的赋税，以尽快恢复经济；派遣朝中重臣前往各地采办木材、督造砖瓦等材料，并选调工匠，为大规模的城市、宫殿、陵寝等营建工程做准备。

1403年，朱棣下诏令江浙一带的富户迁徙至北京，后来又陆续令山西、湖广、山东等地的大量富民向北京迁徙。此外还多次下令将罪犯发派到北京屯田耕种，由此使北京及周边的大量土地得以开垦，许多原本荒凉的地区很快发展成人烟稠密的村镇。

南宋之后，中国的经济中心已经完全转移到了南方，如果以北京为首都，将面临政治中心与经济中心分离的问题，如何保障通往北京的漕运成为重中之重。1411年，朱棣派遣工部尚书宋礼前往山东疏浚会通河，后来又令平江伯陈瑄开凿清江浦，疏通江淮一带的运河，终于使在元末战乱中淤塞的京杭大运河重新畅通，为之后的南粮北运奠定了基础。

经过十几年的经营筹备，到了1420年，朱棣正式下诏，从第二年正月初一开始，以北京为京师。

> **" 用东南之财赋，统西北之戎马，无敌于天下矣。"**
> ——明代政治家、思想家丘濬谈永乐迁都燕京时所言

南京与北京

明代迁都北京后，南京的都城地位被保留下来，这里设有一整套行政机构，官员级别也和北京相同。但南京官员往往如同闲职，权力和管辖范围远远比不上同级别的北京官员。

明成祖朱棣像
朱棣（1360～1424年）是明代第三任皇帝。他十分重视经营北方，在北京逐渐建立起新的政治军事中心。

北京城的建设者

北京城的建设不是一日之功，今天的城市格局是在元大都的基础上，又经过明清时期的经营和建设逐渐形成的。由于金中都在战争中损毁，元大都是另择新址而建的。从城池、宫殿、街道乃至河道湖泊的规划和营建，到后世的多次重建、增建和整修，无数的建设者为北京城倾注了大量心血。

漕运是京城的命脉，北京能够历经数百年而不衰，离不开通惠河的畅通。从设计兴建到维护疏浚，通惠河工程凝结了古人的智慧，福泽至今。

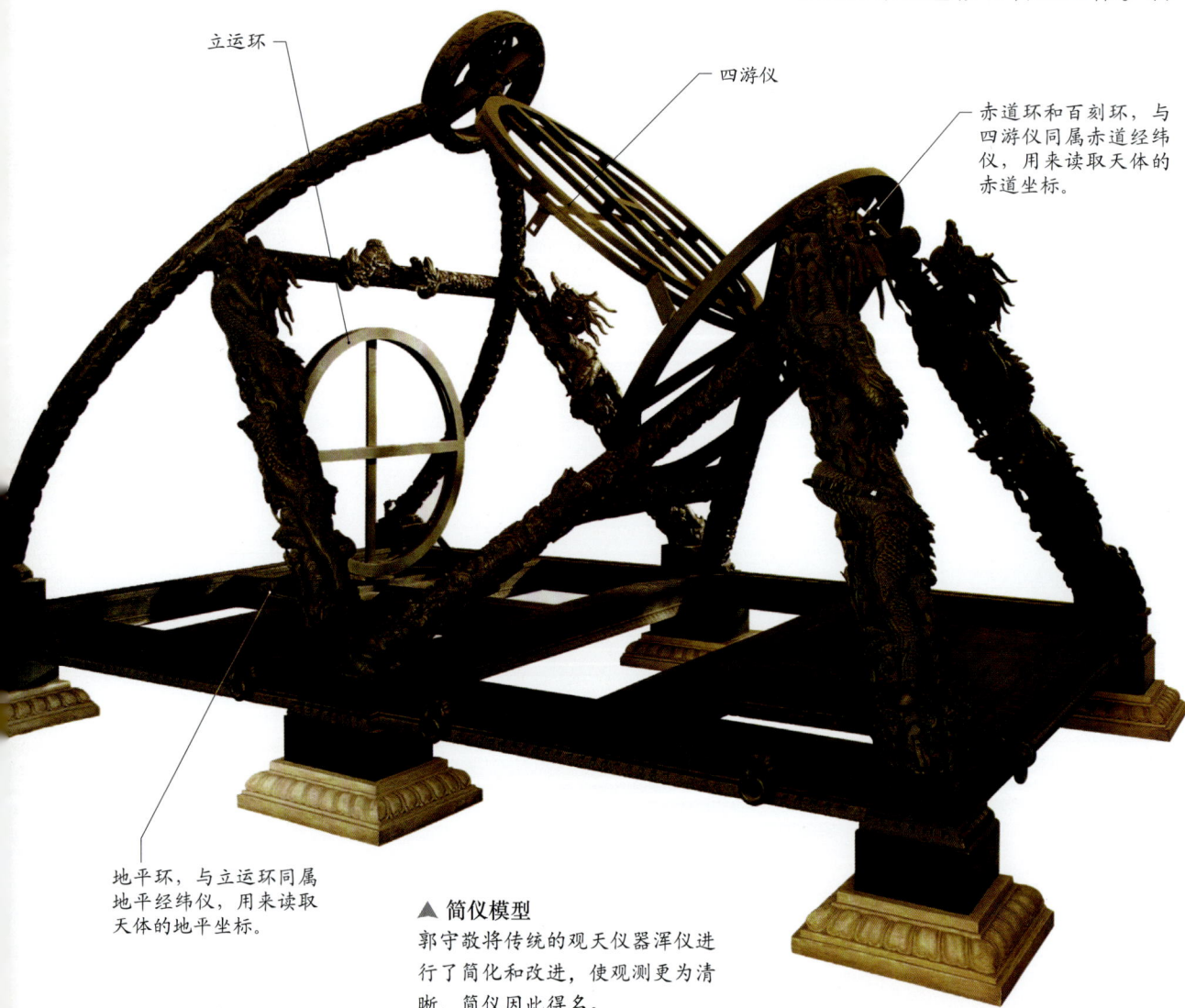

立运环

四游仪

赤道环和百刻环，与四游仪同属赤道经纬仪，用来读取天体的赤道坐标。

地平环，与立运环同属地平经纬仪，用来读取天体的地平坐标。

▲ 简仪模型
郭守敬将传统的观天仪器浑仪进行了简化和改进，使观测更为清晰，简仪因此得名。

郭守敬治水利、观天文

郭守敬是中国元代水利专家。1262年，他向忽必烈提出6条水利工程建议，受到忽必烈的赞赏，被任命为提举诸路河渠，掌管各地河渠的整修和管理工作。后来他受命前往西夏故地治水，疏浚古渠并修建闸坝，使当地农田得到灌溉。

1275年，郭守敬奉命勘察华北、黄淮一带的地形和水路，以便建立水上交通站。他从孟津（今属河南洛阳）以东，沿黄河故道进行地形测绘和水利规划，并绘制地图详细说明。测绘过程中，郭守敬"尝以海面较京师至汴梁地形高下之差"，即以海平面为标准，比较大都和汴梁（今河南开封）地形的高低。这是"海拔"概念的最早应用。他据此设计、主持开凿了通惠河，奠定了今日北京水系的基础。

郭守敬同时还是天文学家、数学家和仪器制造家。元代初年，由于当时使用的历法已经有了较大的误差，郭守敬为编制新历，创制了简仪、仰仪等新式天文仪器，在各地设立了27个观测站进行大规模的天体测量，最终在1280年编出《授时历》，测算出的回归年平均长度为365.2425天，与现在世界通用的《格里高利历》（即公历）周期一样，与地球绕太阳公转的实际时间只差26秒。

吴仲重修通惠河

修筑运河并不是一劳永逸的工程，运河需要不断的维护、管理和疏浚，才能保持长久的畅通。元代

的通惠河终点是积水潭，到了明代，由于河道变化，终点改为东便门外的大通桥，但河道多有淤塞，漕运时断时续。1528年，时任监察御史的吴仲受命整修通惠河，只用了3个月便使漕运重新畅通。为了应对水源减少的情况，吴仲对原有的闸坝进行改造，只保留五闸二坝，以保障航运。同时，他还兴建了众多码头等配套设施，漕船、商船、客船等大量船只得以在通州停泊，商贸、住宿、餐饮等随之在该地聚集，通州日益繁荣。

匠人营国

《考工记》中说："匠人营国"。宏伟的北京城正是在无数设计者和工匠的手中一点一滴营建起来的。

元大都的主要设计者叫刘秉忠。他通过对北京地区地形和水文情况的多次考察，最终选定了合适的建城地点并主持营建。

明清两代皇宫又称紫禁城，关于其建筑设计者，因典籍没有直接记载，历来说法不一。一种观点认为，有着"蒯鲁班"之称的蒯祥是明代紫禁城的主要设计者。蒯祥是苏州香山帮工匠的泰斗。他初为营缮匠，后官至工部侍郎，曾多次参加或主持重大的皇室工程。紫禁城的三大殿、北京城中的部分衙署，以及明十三陵中的裕陵都是由蒯祥主持修建的。

无数能工巧匠曾为北京城的建设付出心血。它是中国传统工匠精神的体现，是中华民族集体智慧的象征。

听·文物故事

▶《北京宫城图》
明代早期绘制的北京城俯瞰图。画中金水桥旁身穿朝服的官员极有可能是紫禁城的设计者之一蒯祥。

"最后一公里"的保障

通惠河是元代大运河最北端的航段，也是整个漕运过程的"最后一公里"。这个元代修建的水利工程不但承担了数百年的漕运重任，也奠定了今日北京水系的基础。如今，当人们泛舟在昆明湖，流连于紫竹院，沉醉于积水潭绽放的荷花时，或许很难想象，这些景致都得益于大运河的造就。

京密引水渠

京密引水渠是今天北京的主要水源工程之一。它将密云水库的水引进北京市，以解决北京生活用水短缺的问题。它的路线与700多年前郭守敬主持修建的白浮堰基本一致。

随着山东境内济州河、会通河的相继开通，江南的漕船可以一路北上直抵通州，卸粮转运至大都。这段路程虽然只有50多千米，但陆路运输耗费巨大且效率低下，因此开通从通州至大都的运河成为一个迫在眉睫的问题。金代就曾开凿金口河用来沟通通州至中都的漕运，但因作为水源的卢沟河含泥沙量多，经常淤浅堵塞。

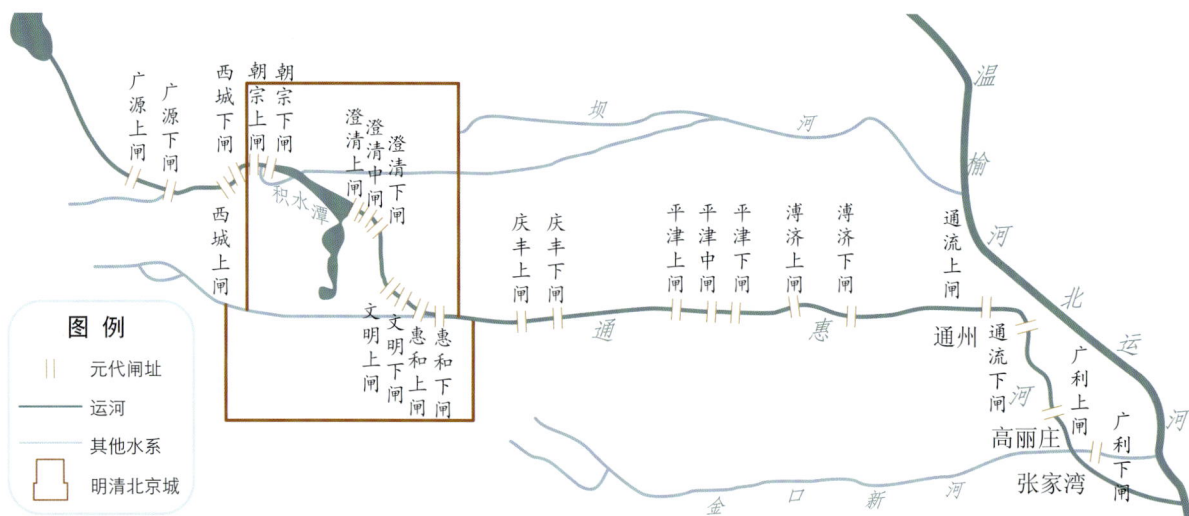

▲ 通惠河二十四闸位置示意图
河道坡度较大的地方，于上游和下游处分设了上下闸。

图例

‖ 元代闸址
—— 运河
—— 其他水系
▢ 明清北京城

▲《都畿水利图》（局部）
这幅清代画卷描绘出水流从西山汇聚至昆明湖，而后流经长河、贯绕京城，在城东南入通惠河、潞河的场景。

> " 云光水色潞河秋，满径槐花感旧游，
> 无恙蒲帆新雨后，一枝塔影认通州。 "
>
> ——《文昌阁十二景·古塔凌云》清·王维珍

通惠河的巧妙设计

元代，郭守敬上书忽必烈，提议重开通州至大都的河道，引昌平白浮泉作为水源，引水向西再转向南，沿途收纳玉泉山下各处泉水，汇聚于瓮山泊（今昆明湖），再向南流入大都城内，汇入积水潭。

从白浮泉到瓮山泊的这条引水渠在元代被称作白浮堰。在当时人的普遍认知中，白浮泉在西山山麓以东，而北京的地势是西高东低，引水向西便是逆流而上，几乎不可能实现。而郭守敬在昔日治理黄河的过程中总结了经验，提出了以海平面为基准测定地形高差的方法。他通过测量得出，白浮泉的地势要高于西山，且白浮泉一带的地下水资源十分丰富，沿途的玉泉山一线也

拥有众多泉水，白浮瓮山河的方案是完全可行的。

通惠河白浮瓮山河引泉工程于1292年春天正式开工，一年半以后顺利完工。从此，漕船可从江南直达积水潭，积水潭也成为帆樯如林的繁忙码头。忽必烈将这段运河命名为通惠河。

保障运输的闸坝

从白浮泉到瓮山泊，再到积水潭的河段都是引水渠，用于调控水量及补水。用来行船的通惠河航道，是从积水潭向东至通州高丽庄一段。由于通州的地势较低，为了能让粮船平稳地逆流而行，同时也为了节制水流，通惠河上修建了24座闸坝，通过闸门开闭使水量保持

在同一水平线上，让船只得以顺利通行。

明清时，由于水源进一步减少，许多闸坝被迫废弃，只能采用"倒载制"来运粮，这种方式虽然费力，但仍比全程陆运的效率高得多。

▼《通惠河漕运图》
（局部）
"倒载制"就是人夫把漕粮搬运到闸上游停泊的船只中。这种情况，在这幅清代画卷中有清晰、准确的反映。

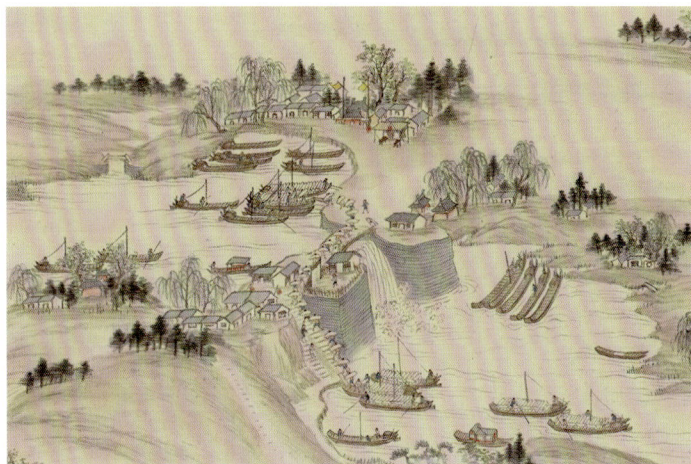

水上漂来北京城

坊间流传着这样一句老话："北京城是漂来的。"自朱棣迁都起，作为王朝首都，全国的政治、经济、文化中心，北京的人口不断增加，所需的物资也十分巨大。从建造城市的砖瓦木材到平民百姓吃穿所需的粮米布帛，从皇室百官的俸禄到戍边将士的军饷，都是沿着大运河水运而来。

清代康熙年间，一名来访中国的俄国公使曾在他的著作《中国漫记》中写道："中国人历尽艰辛，巧妙筹划，使全国水路网络四通八达，或一改河流故道，或开凿新的运河，全国各地都有水路与北京相通。"大运河如同北京的生命线，源源不断的物资沿河而来，保障着北京的建设与民生。

▼ 《皇都积胜图》卷（局部）

明清时期，漕运的畅通让北京成为繁华的商业中心。此段画卷描绘了当时北京正阳门外店铺林立、商贾云集的景象。

运河漂来了皇木、砖瓦

紫禁城是明清两代的皇家宫殿，规模惊人，占地面积约72万平方米，拥有9000多间房屋。它于1417年正式开始营建，于1420年完工，之后虽然又经历过多次重建和增建，但框架规模与主基调都是在这段时间奠定的。正式动工前的备料工作持续了十几年，从1406年开始，朱棣就派大臣们分赴四川、湖广、江西、浙江、山西等地采办优质木材（称作"皇木"），并通过大运河将其运到通州张家湾的皇木厂，验收后再运到北京崇文门外的神木厂和朝阳门外的大木厂。有关官吏再次对运来的皇木进行检查，以保证其数量和质量。

宫殿和城池的建设还需要大量砖瓦。其中，三大殿等宫殿铺地用的方砖，颗粒细腻、质地密实，敲击起来有金石之声。其造价高昂，当时有"一两黄金一块砖"之说，所以被称作"金砖"。它们大多是由苏州地区的御窑烧制的。这些砖瓦材料，还有各地的优秀工匠，都沿着大运河源源不断地输入北京，可以说，紫禁城是大运河上漂来的。

繁忙的坐粮厅

民以食为天。中国历代王朝之所以耗费大量人力、物力、财力去开凿和维护大运河，最主要的目的是保障漕粮的运输。中国古代，百姓的赋税和官员的俸禄等大多是以

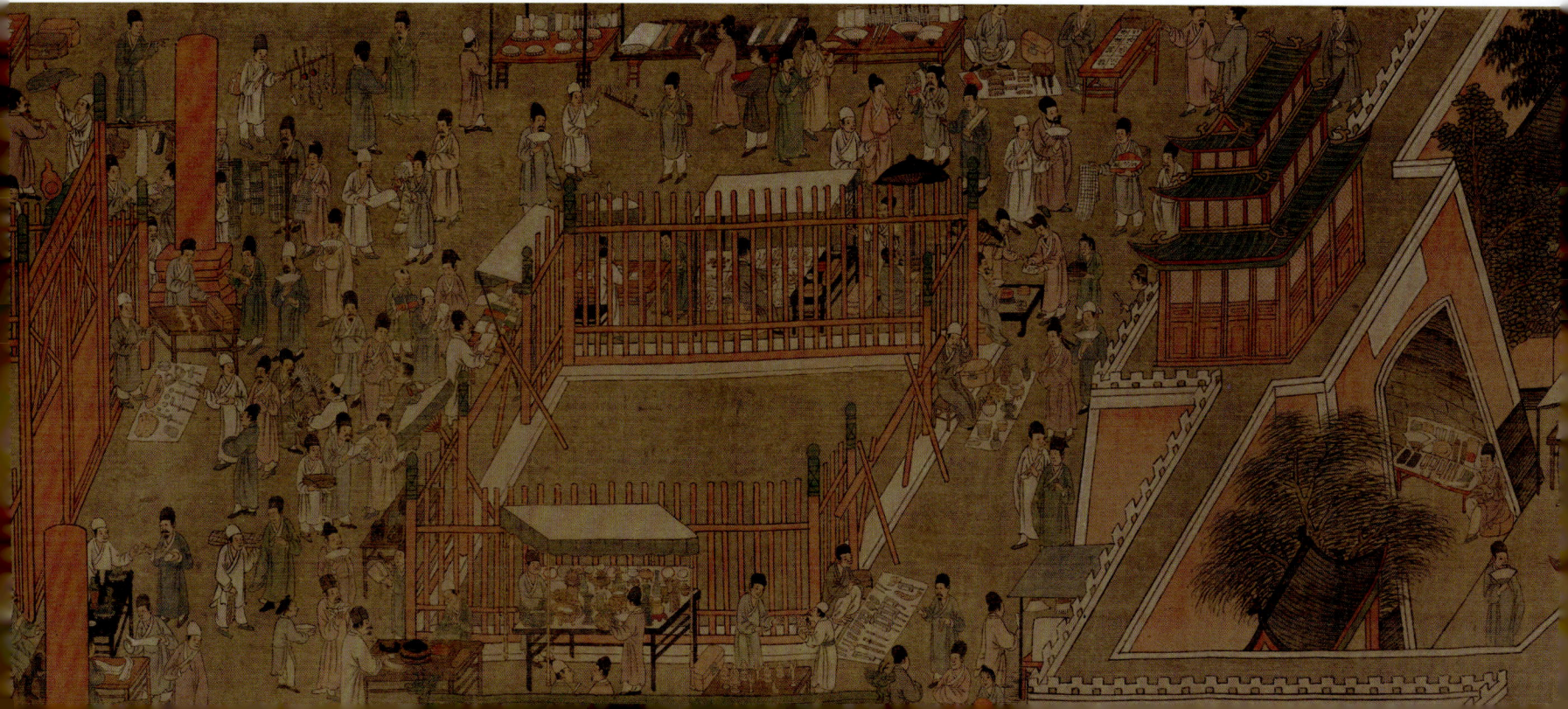

是代号"西[...]"的军粮经[...]的密符。

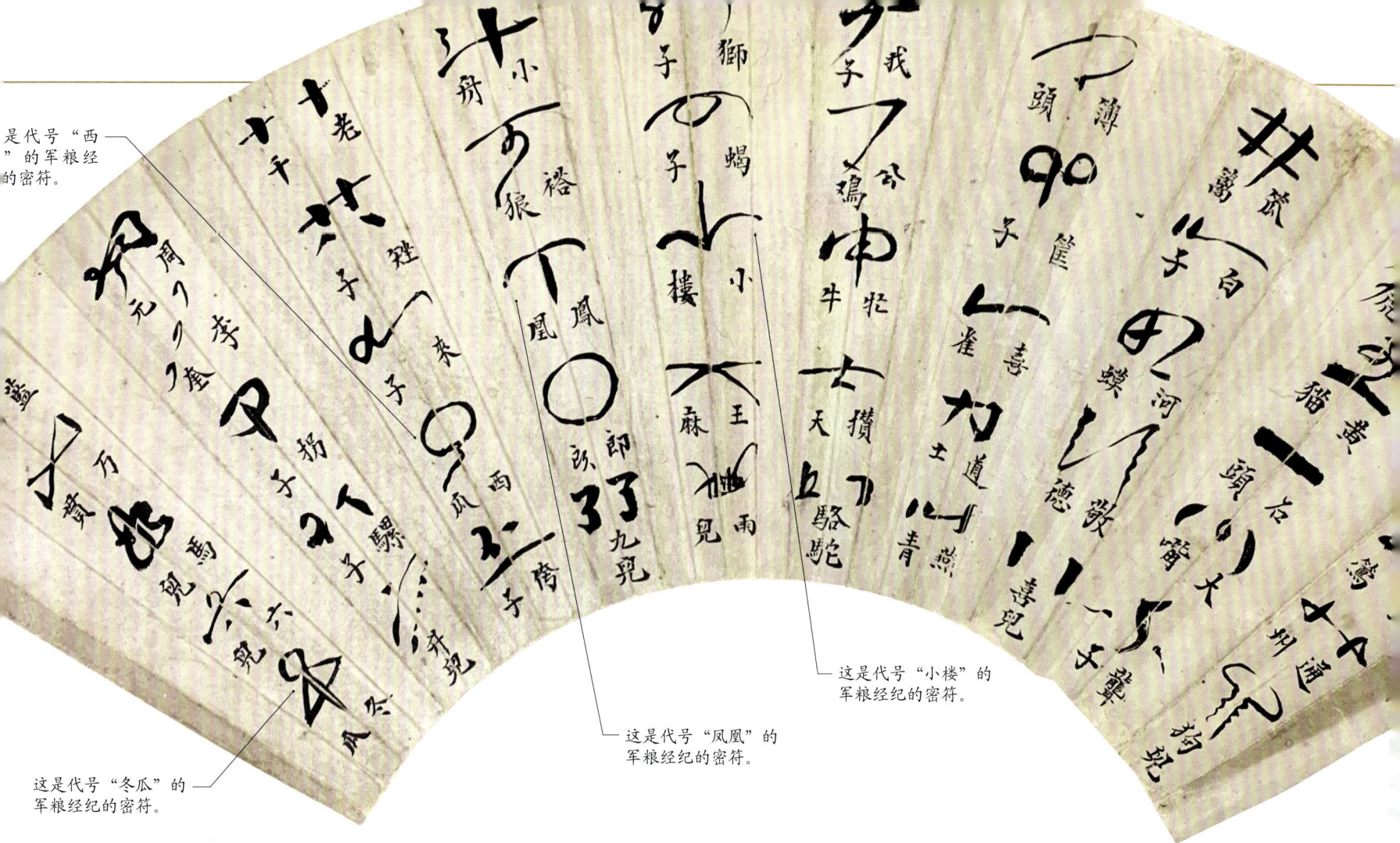

这是代号"小楼"的军粮经纪的密符。

这是代号"凤凰"的军粮经纪的密符。

这是代号"冬瓜"的军粮经纪的密符。

粮食的形式征收和发放的。元明清时期，每年江浙等省征收的粮米，都通过大运河源源不断地送往北京。明清时期，政府专门在通州设立了一个叫"坐粮厅"的机构，堪称"小户部"，专门负责漕粮运输、检验、存储、支取，以及河道管理、仓库修缮等。

通州和北京城内都建有多个粮仓，粮食运到通州以后，要先在土坝、石坝由验粮官进行查验，不但数量要够，还必须符合"干、白、匀、净"的质量要求才能通过验收，装袋入仓。为了避免验粮过程中出现徇私舞弊的现象，清代还创制了密符制度，官府委派"军粮经纪"（验粮官）对粮食进行验收。每一名军粮经纪都有自己的代号和密符。查验完成后，军粮经纪用"福炭"（上好的木炭）把自己的密符画在粮袋（也称"戳袋"）上表明这袋漕粮的质量由自己负责。监察官员随时抽查袋内的漕粮质量，如有不合格的，就根据上面的符号与密符扇上的密符比对，按图索骥，查出经手军粮经纪的真实姓名，按照朝廷规定予以惩处。

徽班进京

随着运河漂来的还有艺术。来自扬州的三庆班在为乾隆帝贺寿演出后声名大噪，而后许多戏班沿大运河北上进京。他们大多以安徽籍艺人为主，因此被称作徽班。徽班一路走一路演，吸收了各地戏曲的精华，到达北京后，开创了一种新的艺术形式——京剧。下图为清末刊印的三庆班京剧剧本。

▲ 军粮经济密符扇

这件军粮经纪密符扇的正反面各画有50个密符，每个密符下面是用小楷写上的符形名称，即代号。这些密符都得到了当时政府的认可和备案，一旦登记到密符扇上，就不可以随意变更了。

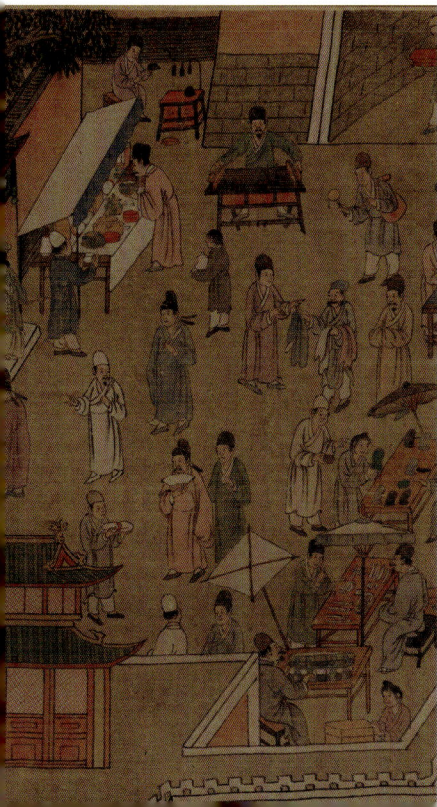

> **"盖四方之货，不产于燕，而毕聚于燕。"**
>
> ——《松窗梦语》明·张瀚

这种平衡纵帆，操作灵敏，
能承受各个方向的风力。

粮仓

粮食、茶叶等被装上马车、牛车或独轮车，运往下一个目的地。

收帆是个体力活儿，靠一个船工忙不过来。

来自南方的大米

验收南方运来的木材。

燃灯塔

尊奉儒、释、道三教的三教庙

▲ 发光航标

15世纪的通州，码头上人头攒动，往来船只络绎不绝。燃灯塔是大运河北端的标志性建筑。船夫们远远望见燃灯塔，便知已经抵达通州。

观·运河画卷

通州

通州古称潞县，金代迁都中都以后，取"漕运通济"之意改名通州，是重要的漕粮转输之地。明清时期，随着通惠河的畅通，每年来往于通州的船只有数万之多。通州成为衙署众多、人烟稠密、商业繁荣的重镇，当时有"不见潞河之舟楫，则不识帝都之壮也"的慨叹。

北运河是以通州北关闸为起点，自西北向东南方向流至天津三岔河口一带的河道，曾被称作潞河、白河等，明代时多被称作运粮河。这段干流长度约160千米的河道，在三岔河口处出现了截然不同的流向，一支汇入海河，一支继续向西南蜿蜒至南运河，使其成为历史上名副其实的海漕转运的节点。

北运河的历史可以追溯至东汉晚期开凿的白沟。金代时，为方便向中都转运粮食，引卢沟河水东流，北运河漕运历史的序幕由此拉开。元代时，北运河成为通往大都的漕粮要道，进出的船只都在这里停泊，运河沿岸的城镇日益繁荣。明清时期，随着经济的发展和都城规模的扩大，北运河的漕运也发展到极盛。从19世纪末开始，随着京津铁路通车，漕粮改由火车运抵，北运河由此结束通漕历史。

北运河

2

天津

天津，又称津沽、津门等。1404年开始筑城建卫，至今已有600余年历史。天津拱卫京师门户，曾是军事重镇和漕粮转运中心。近代开埠后，天津一跃成为北方重要的港口和商业城市，中西文化在这里碰撞交流，揭开了城市发展的新篇章。

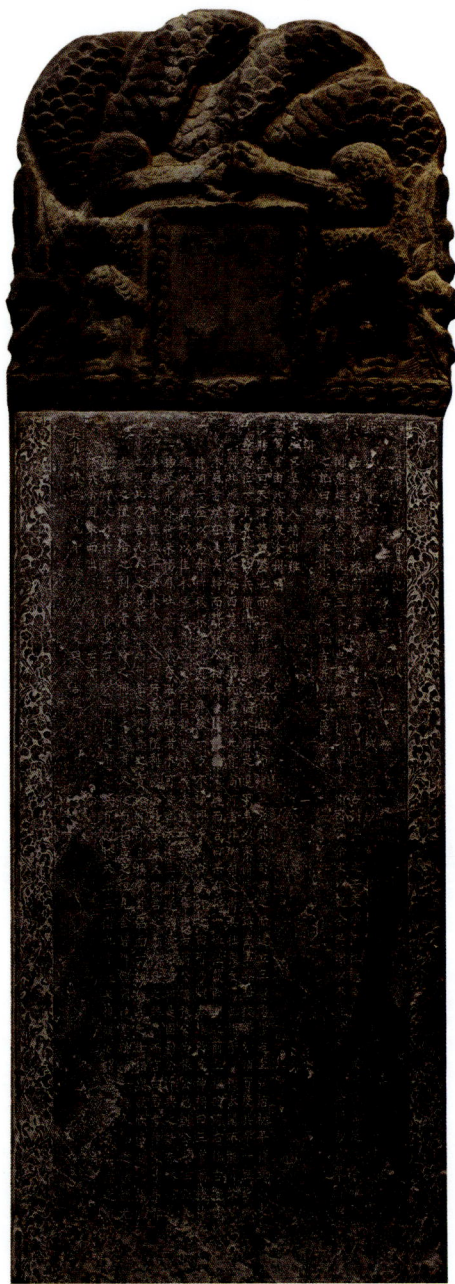

在天津地区，运河的开凿起初源于军事的需要。东汉晚期，战乱频仍，粮食等军需的保障就成为了交战双方攻城略地、克敌制胜的关键因素。

漕运城市的雏形

为征伐袁绍余部势力和北方的乌桓，从204年起，曹操命人先后开凿白沟、平虏渠和泉州渠等多条人工运渠。河渠开通后，船只携载着军粮和人员可从黄河抵达辽西。尽管当时漕运功能尚不完备，却第一次将海河流域的南北水路贯通。

金代时，都城从上京迁至中都。为保障都城的兴建和发展需要，政府高度重视漕运，天津（金代时称"直沽"）这座"漕运城市"的雏形就在此时形成。1205年，鉴于永济渠故道淤塞，难于疏浚，金章宗下令改变河道路线。改凿后的漕河不再西行霸州，而是向北经天津三岔河口北流，由潞河入中都，因此天津开始具有了举足轻重的漕运地位。

"天津"名字的由来

在靖难之役中，朱棣曾由直沽巧渡白河，突袭沧州。正是这次战役的大获全胜，为他后来夺取天下、创立基业铺平了道路。为纪念当年的战绩，即位后的朱棣决定在"白河济渡"的地方设卫筑城，并赐名"天津"，即"天子经过的渡口"之意。而朱棣当年所渡的白河，正是流经今天天津地区的潞河，位于大运河北运河段。可以说，天津是一座名副其实的由运河孕育的城市。

天津卫

永乐皇帝决定迁都后，天津成为了京师重要的军事屏障。建设天津被迅速提上日程。1404年，明代政府在天津设立军事建置：天津卫、天津左卫和天津右卫，统称"三卫"。

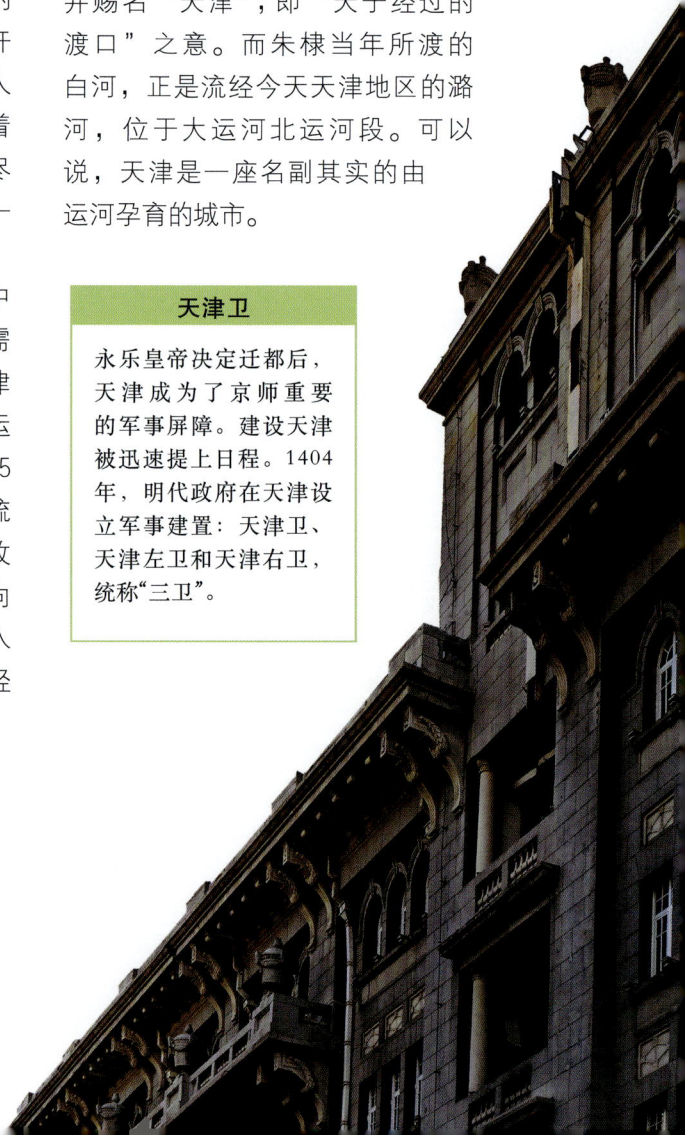

◀ 《重修天津三官庙记》碑
这块明代的石碑，记载了"天津"地名的由来。

近代化先行地

第二次鸦片战争后，天津被迫开埠。昔日以转运漕粮为主的内河港口，逐渐转变为开放性海港，这也加速了这座城市近代化的进程。19世纪60～90年代，以"自强求富"为目的的洋务运动在中国如火如荼地兴起。在直隶总督兼北洋通商大臣李鸿章的积极倡导下，天津在工业、金融业和交通运输业等方面探索革新，获得了前所未有的发展。

洋务运动期间，天津兴建了当时亚洲最大的军火工厂——北洋机器局（天津机器局）；创办了中国北方第一座近代化船舶修造厂大沽船坞；修筑了中国近代早期铁路之一——津沽铁路……当时的天津正逐渐与世界接轨。近代文明的传入改变着城市的面貌，到处焕发着新的生机。

▲ 大清邮政津局旧址
1878年，近代邮递通信机构——海关书信馆在天津对外开放，开始收寄华洋公众信件，后更名为天津大清邮政局，简称大清邮政津局。旧址位于现天津市和平区解放北路与营口道交口。

中华人民共和国成立后，天津的港口中心转移到塘沽新港。此后又历经多次扩建，如今天津港已成为中国最大的人工港。

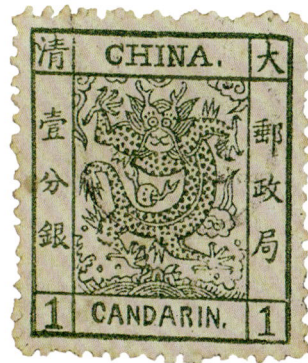

◀ 天津劝业场
1928年开业，坐落于和平路，是中国早期大型综合百货商场之一。

▲ 大龙邮票
1878年中国清代海关试办邮政时期，天津海关书信馆发行了中国第一套邮票——大龙邮票。

九河下梢 河海交汇

天津北依燕山余脉，东临渤海，河网密集，水系众多，是海河五大支流的汇合处和入海口，素有"九河下梢""河海要冲"之称。全长73千米的海河与南运河、北运河在天津老城厢的东北角（今狮子林桥附近）交汇，这就是著名的三岔河口。

商周时期，奔腾咆哮的黄河曾在这里入海，泥沙逐渐冲积出适宜耕种的平原。元代时，大运河流经于此。清代诗人梅宝璐曾留下楹联："高敞快登临，看七十二沽往来帆影；繁华谁唤醒，听一百八杵早晚钟声。"200多年前，登上天津的鼓楼，尚能望见城外河中行走的船只。

三岔河口的黄金位置

由于部分河道狭窄，元代时，漕运常会面临一些难以预判的风险。例如，遇到洪灾时，河堤溃破，导致河水泛滥；发生旱灾时，河道多淤浅，不能经常保持畅通。这样，单纯依靠河运，很难满足大都的实际需求。因此，政府决定启用海运，辅助河运。由于海上航线的不断调整，海船可以行经更远的地方，每年海运漕粮的数量也在大幅增加，元代中期甚至能达到300万石。不论是海运还是河运，三岔河口都是漕粮必经的中转要地，元代诗人张翥曾用"晓日三岔口，连樯集万艘"的诗句，描绘当时这一带货船络绎不绝、列樯蔽空的繁忙景象。后来，三水交汇处不断向北推

◀ 三岔河口景观

新三岔河口位于金钢桥附近，从空中俯瞰，宛如"丫"字形。

▲ 康熙《畿辅通志》卷二十六《转运图》
明清时期，通常用体积较小的拨船北上运输因河道不畅而滞留在天津的漕粮。

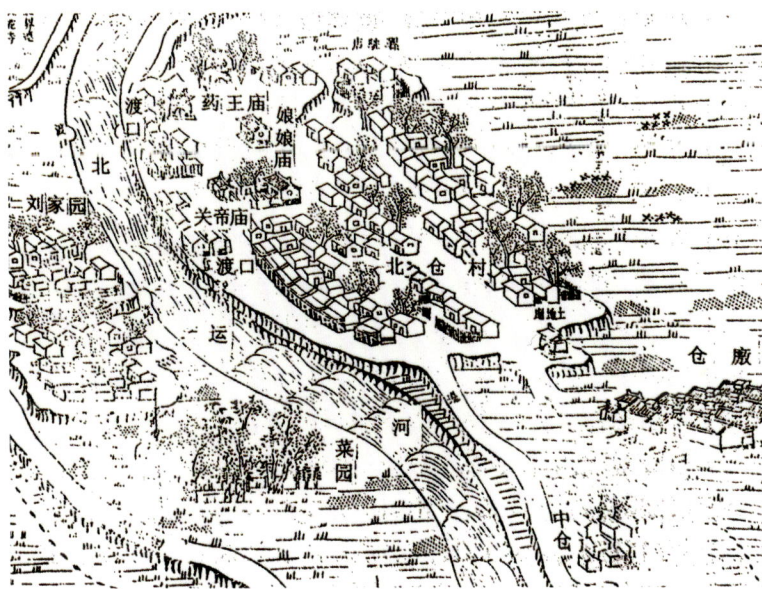

▲ 《津门保甲图说》所绘北运河及北仓示意图
从元代到清代，北仓逐渐发展为天津规模最大的粮仓。

移，就成为了大家今天见到的新三岔河口。

三岔河口一带一直都被作为天津政治中心之一，特别是明清时期，中央直属机构和军事设施纷纷在这里设立，地理位置的重要性不言而喻。其中，慈禧太后和光绪帝来天津阅兵时，大臣荣禄曾为此在三岔河口修建过一座"天津行宫"。

浅段频繁险阻多

一艘艘满载粮食的漕船抵达三岔河口后，会稍作休息。过重的漕粮会被卸下一部分，交由船户或船帮，改用体形略小的拨船继续北运。而漕粮之所以要在这里转运，是因为北运河浅段较多的地貌特点。

浅段，指的是运河上水深不足1米的河段。在天津，有着"潮不过杨"的说法。每当渤海海水涨潮时，运河水受到海水顶托，会升高数米水位，漕船也可借涨潮之势行驶，但涨潮最远不过杨村。杨村以北的河道浅段增多，水量微弱，给

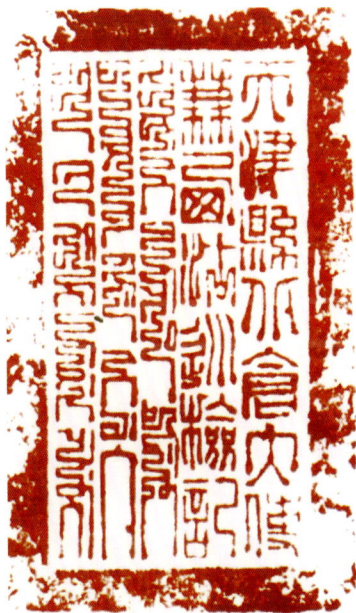

▲ 北仓大使铜印印文
清代"天津县北仓大使兼西沽巡检印"是中国现存的唯一县仓大使专用铜印。

漕运带来极大的不便。为解决这一困扰，古人会用更小的拨船来分载漕船的货物，确保漕粮的运输，而当大船重量明显减轻时，自然也可以安全渡过水浅的地方。

清代时，随着漕运的兴盛，越来越多的漕粮在三岔河口转运。为方便粮食就地暂存，雍正年间朝廷在北仓一带建立新仓厫。通过对粮仓的科学管理，截留的漕粮还可备用赈济灾年。

中西合璧的建筑与桥梁

天津保留着很多风格独特的传统商业和民居建筑。近代开埠后，天津又融入了多元的建筑文化。从鳞次栉比而又摩登时尚的洋楼花园，到身姿各异的大河桥梁，天津汇集了当时世界各地的建筑风格，因而人们称天津为"万国建筑博览会"。下图为解放桥，又名万国桥，是跨海河的开启桥之一。

> ❝ 三汊水分色，万橹急雷奔。❞
>
> ——《放舟三会口》清·田同之

杨柳青与"母亲河"

2020年，考古人员在天津市西青区大运河遗址发现了自宋代到清代的近900处墓葬。形制各异的墓葬呈现出不同的葬俗，墓主很可能来自不同的地方，正是大运河的贯通，将他们先后聚集到杨柳青。人口的流动，南北文化的交汇，使这里孕育出了杨柳青木版年画，也发展成为中国北方民间艺术的集散地。

杨柳青的成长离不开运河水的滋养，当地人把大运河当作母亲河。它的名字最早出自元代诗人袁桷的笔下："朱窝杨柳青，自爱青青好。"想必那时遍地青青杨柳的风景给他留下了深刻的印象。明代小说家吴承恩也曾描绘过杨柳青："村旗夸酒莲花白，津鼓开帆杨柳青。"

先有杨柳青，后有天津卫

金代时，杨柳青地区常见柳树成荫的景观，被称作"柳口"，并开始由战争前线转变为生活聚落。

元代时，伴随大运河的贯通，杨柳青逐渐繁荣。元代文人揭傒斯有诗云："昨日临清卖苇回，今日贩鱼桃花口。"从他的诗文中可以看出，山东临清本与杨柳青相距300多千米，但便利的运河交通解决了人们出行的困扰。杨柳青人经常往返于两地贩卖鱼、蒲苇等特产和商品，并以此作为重要的生计方式。

明代实行海禁政策后，运河成为漕粮的主要运输路径。运河畔的天津因物产丰饶，贸易繁荣，逐渐发展成为明清时期北方的商业枢纽。距离市区中心20多千米的杨柳青，便是当时运河上一处重要的码头，南北货物在这里集散有序。茶社、钱铺、鞋帽店、官斗局、年画店、盐店、煤店、说书场等各色商铺字号也在古镇的街巷中应运而生。政府在杨柳青布防人员疏浚河道，设置多个渡口、驿站，杨柳青的水运优势得到充分体现。据《津门保甲图》记载，漕运最兴盛时，杨柳青地区光船户就有500多家，漕运给杨柳青带来了空前的繁荣。

▶《莲年有余》
第一批国家级非物质文化遗产项目杨柳青木版年画代表性传承人霍庆顺拓绘的现代杨柳青年画。

漕运催生的富商大贾

石家大院是清代晚期富商大贾石元仕的住宅。石家祖辈以漕运起家，后定居在杨柳青。如今石家大院成为中国北方地区现存规模较大的晚清民宅建筑群。

杨柳青年画之乡

中国传统文化中，有过年贴年画的民俗。在杨柳青，年画更是深受人们的喜爱，甚至有"一年鼓一张"的说法。明代初期，京杭大运河的贯通促进了南北地区民俗文化的交流。民间需求和运河文化的传播使木版彩绘年画在杨柳青诞生。清代最盛时，全镇及周边村庄"家家会点染，户户善丹青"，画店作坊星罗棋布，杨柳青成为一座年画之乡。

杨柳青年画工艺的独特之处就在于将木版水印和手工彩绘完美地结合起来。杨柳青盛产的杜梨木，适宜做雕版的材料，而纸张和颜料则要从江南采购，然后由漕运或商船沿运河北送。制作杨柳青年画，光有材料的支撑是不够的，还要有妙笔绘丹青的画师。朱棣迁都北京后，国家的文化中心也逐渐北移，

善于雕版技艺和绘画的戴氏、齐氏、钱氏等江南画师纷纷随运河漕船而来，赋予杨柳青年画更加包容的风格。南方的戏曲、仕女题材和

北方宫廷画的细腻风格逐渐融入杨柳青年画中，使其构图丰满，色调优雅华丽。在杨柳青码头，贸易的繁盛也为年画带来更广阔的市场，杨柳青年画开始传播到河北武强、山东潍坊等运河沿岸的城市，促进了当地年画艺术的兴起。

▲《母子图》

杨柳青年画与苏州桃花坞、河南朱仙镇、山东杨家埠、四川绵竹的木版年画，并称为中国五大民间木版年画。上图为清代杨柳青年画。

◄ 杨柳青古镇新容

如今，杨柳青镇以运河民俗文化为品牌，以文化旅游产业为核心，成为天津市规划的"西部新城"重点区域。

> ❝ 昨日临清卖苇回，
> 今日贩鱼桃花口。❞
> ——《杨柳青谣》元·揭傒斯

不拜妈祖不上船

在天津，妈祖被亲切地称为"老娘娘"。去天后宫祭祀，人们总要说上一句"谢谢老娘娘护持"。妈祖信仰本源于南方，却因漕运的兴盛在天津落地生根，又在运河的塑造下呈现出新的文化面貌。

《天后圣母事迹图志》（节选）
这套清代画册描绘了妈祖的生平故事和保护百姓的传说。

元代时，天津大直沽地区就兴建起天妃宫，城东海河西岸处又修建起天后宫，二者东西相望。

从"海神"到"河神"

海上行船，最大的风险莫过于风浪的洗礼。在全凭风力往来的时代，海神信仰是安定人心的力量。

妈祖，是民间最深入人心的海神，奉祀她的庙宇遍及1万多千米的大陆海岸线。妈祖原型为北宋时福建莆田的海边女子林默。她常救人于海上，护佑百姓平安，后因海难，逝去了年轻的生命。百姓认为林默羽化登仙，从此供奉她为海上女神。

自宋代起，关于妈祖的事迹和传说就开始出现在文献和画传里。扶危济困的妈祖不仅受到民间崇拜，还屡获历代皇帝的册封，从宋代的"顺济夫人"、元代的"天妃"至清代的"天后"，妈祖享有莫大的殊荣。

元代时，海上漕运兴盛，天津

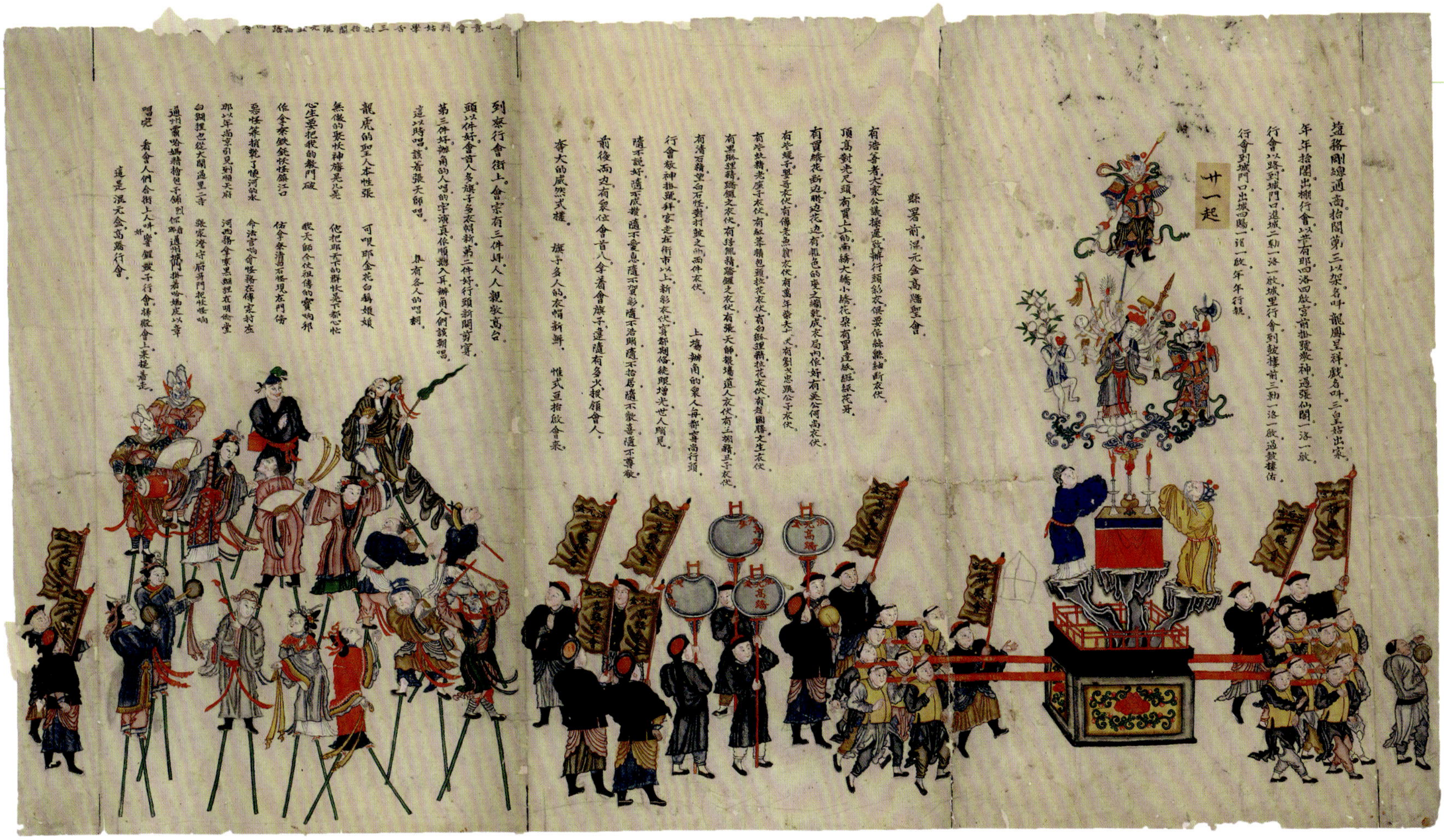

《天津天后宫过会图》（风俗画卷，上部图）

张湾明代沉船群
2012年，考古人员在北辰区张湾村的北运河清淤治理中发现了3艘明代沉船（见下图）及各类文物600余件。有分析认为，船只可能是由于风大浪急，货物装载过满，遭遇碰撞时沉没的。

成为海路运输线的终点。为祈求漕粮平安到达，妈祖像和妈祖信仰也跟随浩荡的船队一路北上，传入津门。

明代时，漕粮基本改由运河运输，虽然少了海浪的危险，但依然会受到自然气候因素的影响。当河面风浪较大，特别是船只密集时，容易发生由碰撞导致的沉船事故。因此，人们依旧希冀妈祖的护佑，兴建妈祖庙，祈祷水运平安。当信仰的种子在天津扎根，妈祖的角色就开始由"海神"变为"河神"。

无所不能的妈祖

在天津，人们心目中的妈祖不仅能护佑漕运平安，还拥有其他很多法力，可以帮助人们解决生活中遇到的种种难题和烦恼，例如求子、祛病等。"娘娘宫过年，蜡烛高烧似火山，香烟飘渺五云间。"每逢春节，天后宫总会香客如织。为祈求平安吉祥，天津人还会到天后宫为幼儿请师傅挂锁，为患有天花的病人"谢奶奶"，为婚后未孕的女子"拴娃娃"……妈祖信仰开始衍生出各种各样的民俗活动。

今天，天津天后宫的前殿和大殿悬挂着"三津福主""护国保民"的牌匾，说明妈祖在天津人心中已成为无所不能的城市保护神。

北方独有的妈祖祭典

人们会在每年的农历三月二十三日为庆祝妈祖诞辰举办酬神祭祀活动。据民间传说，祭祀活动源于元明时期，有文字记载的历史则始于清代。最初人们称之为"娘娘会""天后圣会"，后更名为"皇会"，并一直流传至今。

各表演团体以"会"的组织形式出现在皇会上。表演内容丰富多彩，既有法鼓、中幡、太狮、高跷等各色技艺，也有行进的仪仗队伍。他们沿街表演，吸引着蜂拥而来的民众，以至于"盈街填巷人如堵"，规模空前。

清代晚期，皇会的发展走向没落，但始终未中断。2008年，天津皇会入选中国国家非物质文化遗产，足见妈祖信仰产生的文化影响力之深远。

▲《天津天后宫过会图》
这是一部关于天津皇会的风俗画卷，真实记录了清末天津妈祖信俗的风采。

▼ 天后宫前殿
天后宫坐落于新三岔河口东南，是天津市区内现存最古老的建筑。

金钟桥位于南运河上，旁边是天子津渡遗址公园。

永乐桥与摩天轮融为一体。

游船码头

北运河

南运河

天后宫

海河

上下通车的金钢桥

欧式建筑

望海楼教堂是天津
最早的教堂。

员穿梭在
街小巷。

快递员正将包裹送
往下一个目的地。

▲ **现代大都市**
三岔河口是天津最早
的居民点。历经600多
年，现代天津成为一座
中西合璧、古今兼容的
开放城市。

观·运河画卷

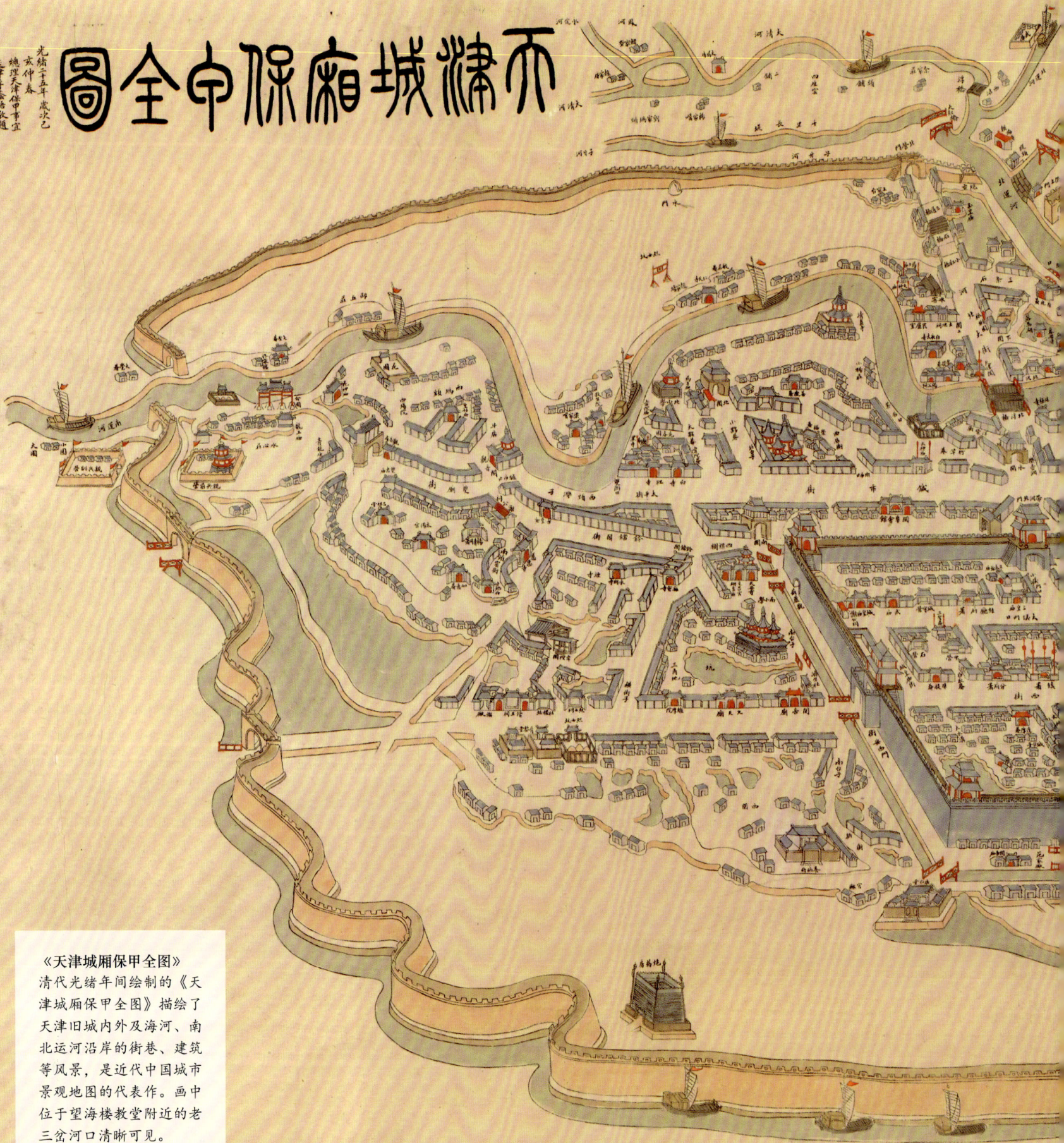

天津城厢保甲全图

光绪二十五年岁次乙
亥仲春
总理天津保甲事宣
山阴冯敬栖敬题
近手手阴栖格敬栖谨绘

《天津城厢保甲全图》
清代光绪年间绘制的《天
津城厢保甲全图》描绘了
天津旧城内外及海河、南
北运河沿岸的街巷、建筑
等风景，是近代中国城市
景观地图的代表作。画中
位于望海楼教堂附近的老
三岔河口清晰可见。

THE LIBRARY OF CONGRESS
GIFT
MAR 1952
DIVISION OF MAPS

母猪港

泊家曹

庄家吕

沟道船　庄家三刘

口道

村居同

庄家蔡

庄河清

庄家牛

兴济减河旧坝
至岐口九十里

莊政善

镇河流

回家齐

縣青

北仓区

于牙河
故子道

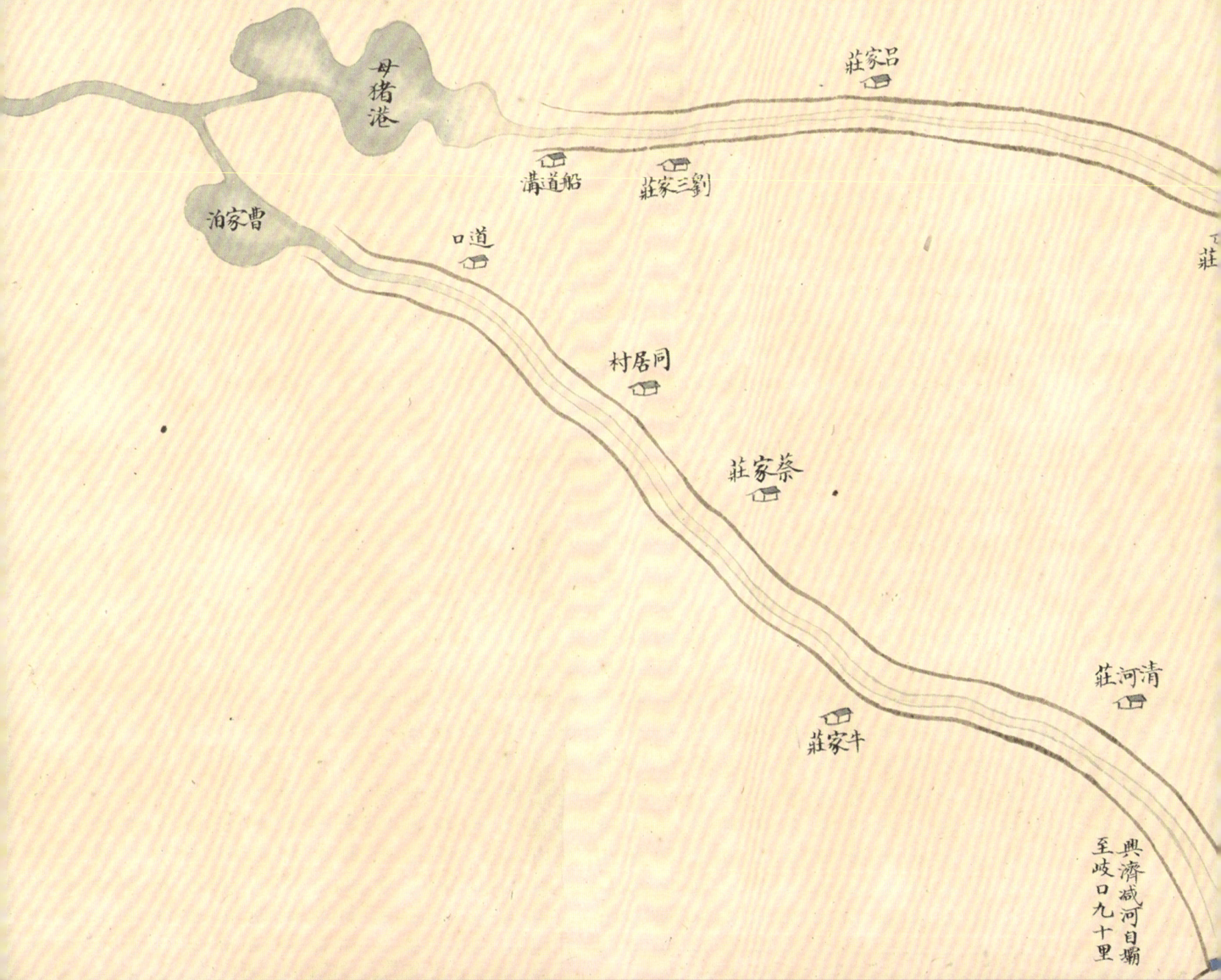

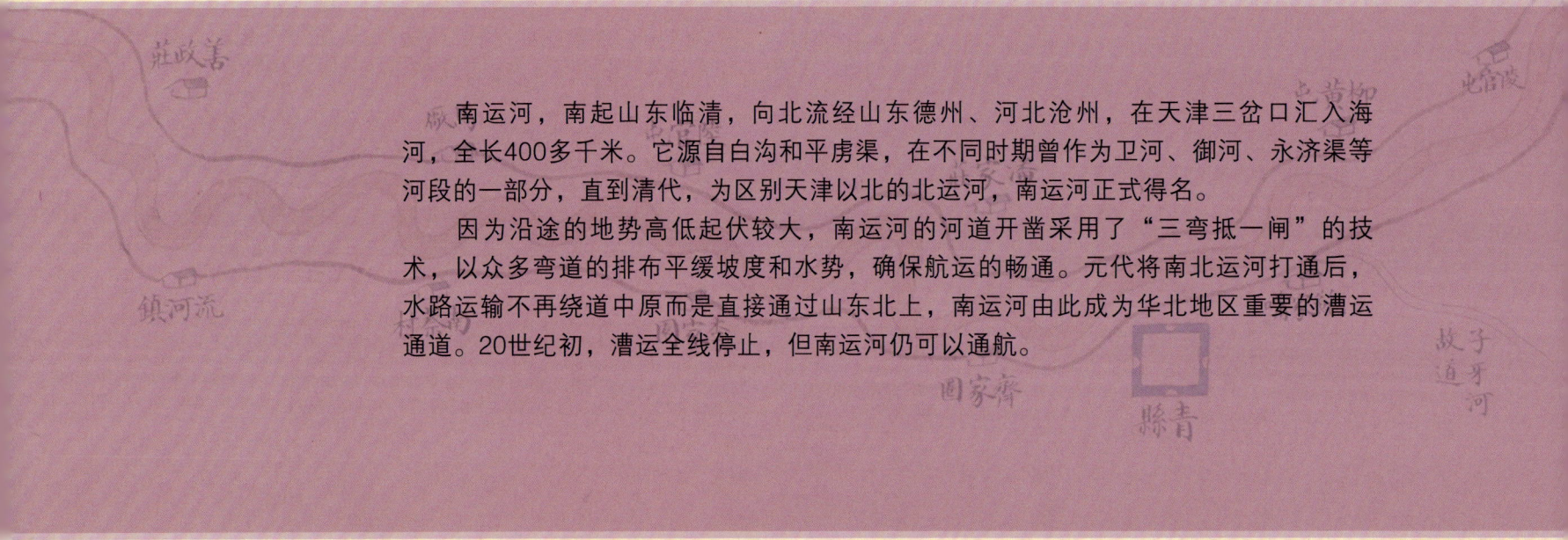

　　南运河，南起山东临清，向北流经山东德州、河北沧州，在天津三岔口汇入海河，全长400多千米。它源自白沟和平虏渠，在不同时期曾作为卫河、御河、永济渠等河段的一部分，直到清代，为区别天津以北的北运河，南运河正式得名。

　　因为沿途的地势高低起伏较大，南运河的河道开凿采用了"三弯抵一闸"的技术，以众多弯道的排布平缓坡度和水势，确保航运的畅通。元代将南北运河打通后，水路运输不再绕道中原而是直接通过山东北上，南运河由此成为华北地区重要的漕运通道。20世纪初，漕运全线停止，但南运河仍可以通航。

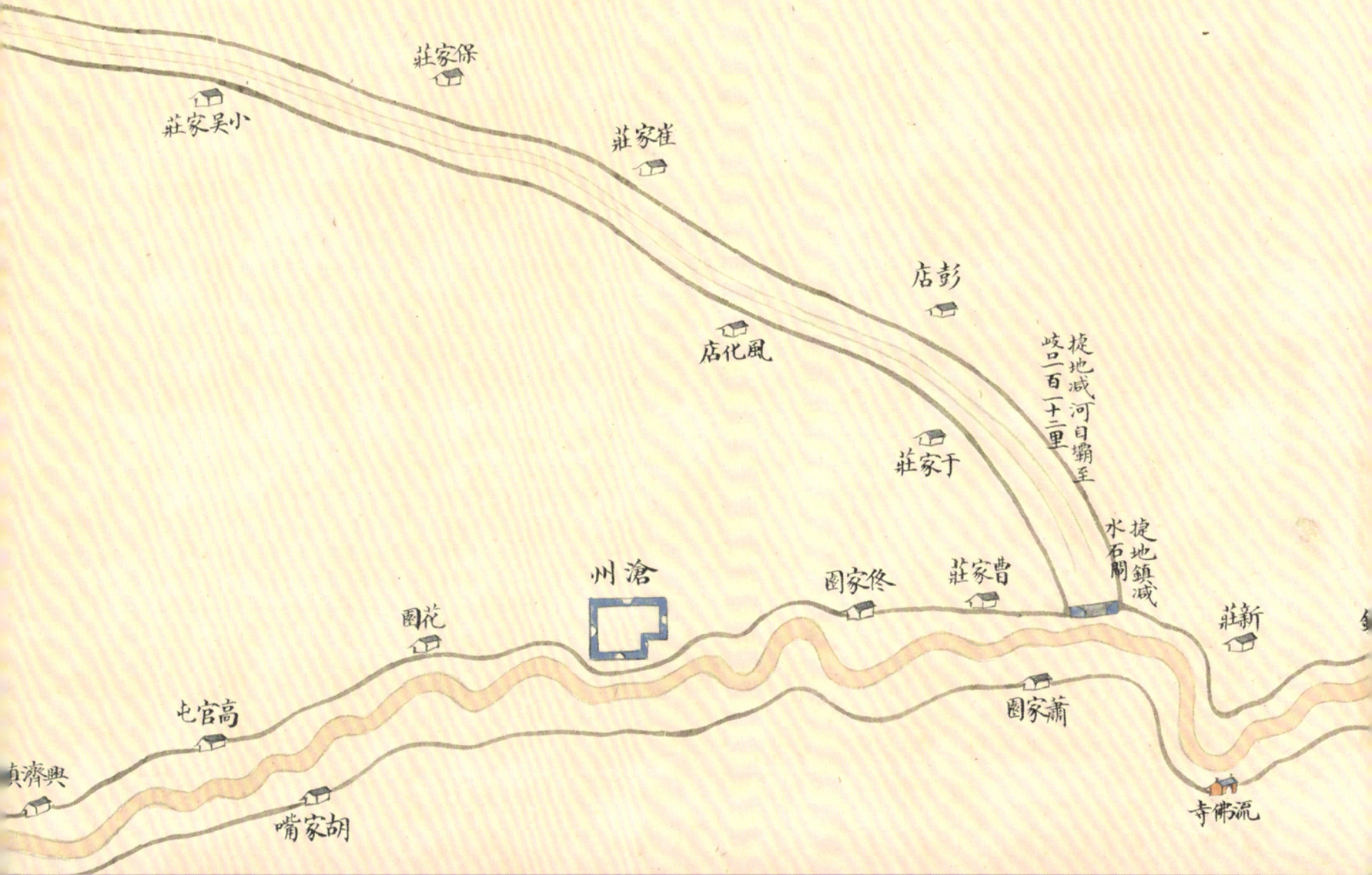

莊家吳小

莊家保

莊家崔

店彭

店化風

莊家于

捷地減河自壩至
岐口一百十二里

捷地鎮減
水石閘

州滄

園家佟

莊家曹

莊新

園花

園家蕭

屯官高

典濟貞

胡家嘴

流佛寺

南运河

3

沧州

"沧州东负沧海，西通燕赵，南接齐鲁，北拱神京"，是大运河流经里程最长的地区之一，其境内运河航道长达200多千米。南运河纵贯沧州城区南北，为它带来富足和兴盛，也为它留下了深深的运河烙印。位于今天沧州西部的"运河区"便是证明，这可能是目前全国唯一以运河命名的行政区。

▼《明人水浒人物图卷》（局部）

沧州因为出现在《水浒传》中而被世人所熟知。这幅明代图卷的水浒人物形象与近现代艺术作品有很大不同。

明代长篇小说《水浒传》中"豹子头"林冲被刺配沧州，但真实的沧州并非苦寒之地。

早在春秋战国时期，沧州就因地处燕、齐、晋三国交界，而成为诸侯争霸的战场，享有"燕齐之间一都会"的美誉。沧州境内的战国窖藏中曾出土大量的青铜货币，是当时商业往来频繁的证据。

沧海之州与平虏渠

得名沧州之前，东临渤海的这一片地域曾属于渤海郡的范围。渤海郡设置于西汉，它的范围不仅包括当时的沧州旧城浮阳，还有今天河北的廊坊、保定、衡水和部分山东地区。也正是因为濒临大海，到了700多年后的北魏时期，取自"沧海之州"的"沧州"之名正式出现在历史中。

东汉末年在河北地区驻扎的曹操，北上攻打乌桓的途中，曾登临碣石留下名作《观沧海》。尽管《观沧海》的创作地点并非沧州，但曹操却为沧州与运河的关联奠定了基础。为了给驻军屯田创造更好的条件，204年，曹操征调河北军民开凿并疏浚了古河道白沟，并引淇水（今清河）入白沟，首次使黄河以北的运河与河南的运河相通。两年后，北征乌桓之前，曹操又下令在白沟和直沽河（今海河）之间开凿了平虏渠，以便输送粮食和其他军用物资。

到了隋炀帝开凿永济渠时，虽然曹魏时期的部分河道已经淤堵不能用，但基本线路仍然是白沟和平虏渠。因此当我们追溯沧州段运河的开端，通常就以平虏渠为起点。

弯路代闸与糯米大坝

“夜半不知行远近，一船明月过沧州。”清代诗人孙谔的这番描述看似浪漫，实际上却反映出沧州境内特殊的河道状况。并不是船开得慢，而是因为河湾众多，导致半夜里行船绕来绕去仿佛走了很远，却一直没走出沧州。这也是运河在沧州境内流经距离长的原因。

从山东一路向北，经过河北到天津，南运河沿岸地势高低起伏很大，如山东德州四女寺水利枢纽和天津三岔河口之间的高度落差就超过了18米。为了保护河道，降低水流的速度，河工们结合自然地势和河沟形状，开凿出大量弯道，仿佛“盘山公路”一般拉长了河道的长度。这种设计思路，被称为“三弯抵一闸”。

曲折的河道和缓慢的水流虽然方便了运河上的船只航行，但也容易堆积泥沙，带来安全隐患。

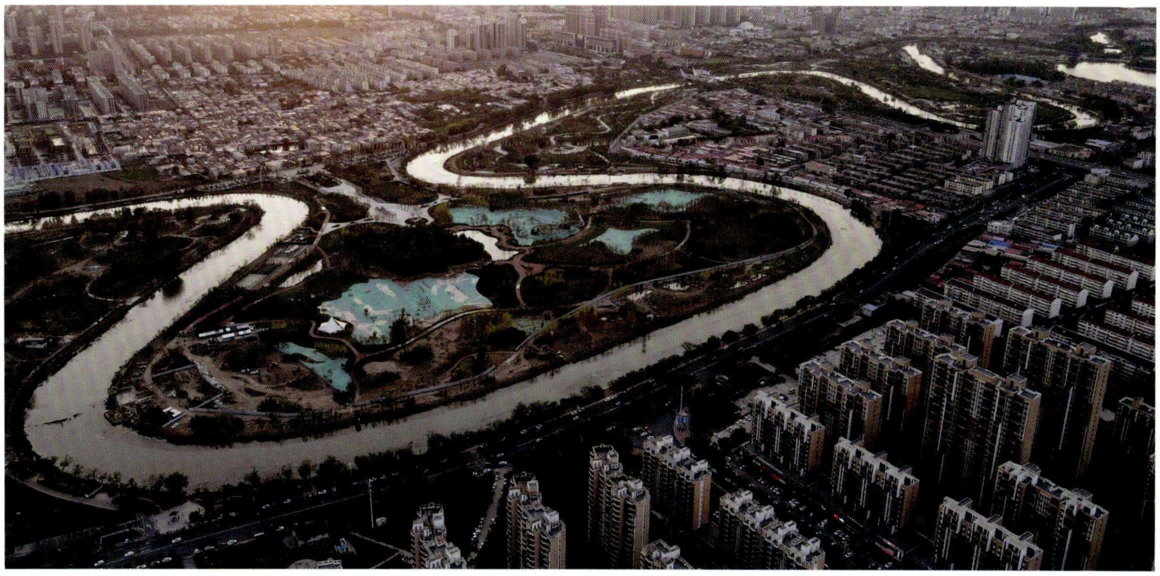

▲ 沧州运河湾景观

沧州段运河以弯道著称，呈Ω形的运河湾在整个大运河的流经区域上都十分少见。

位于沧州连镇境内的谢家坝，历史上曾因洪水的冲击而多次决口。清代末年，连镇乡绅谢氏出资从南方购买了大量糯米，并联合乡民们将这些通过运河送达的糯米熬制成米浆，和石灰、泥土以一定比例混合，形成防水的“三合土”，在石头和木桩上层层夯筑，修建出了坚固的“糯米”大坝。全长218米的大坝建成后再也没有被洪水攻破过，成为南运河河北段仅存的两处夯土坝之一，当地民众亲切地称它为“谢家坝”。

▼ 三弯抵一闸工程示意图

三个弯道的作用相当于一道水闸，这种人工做弯体现了古代运河在工程规划方面的科学性。

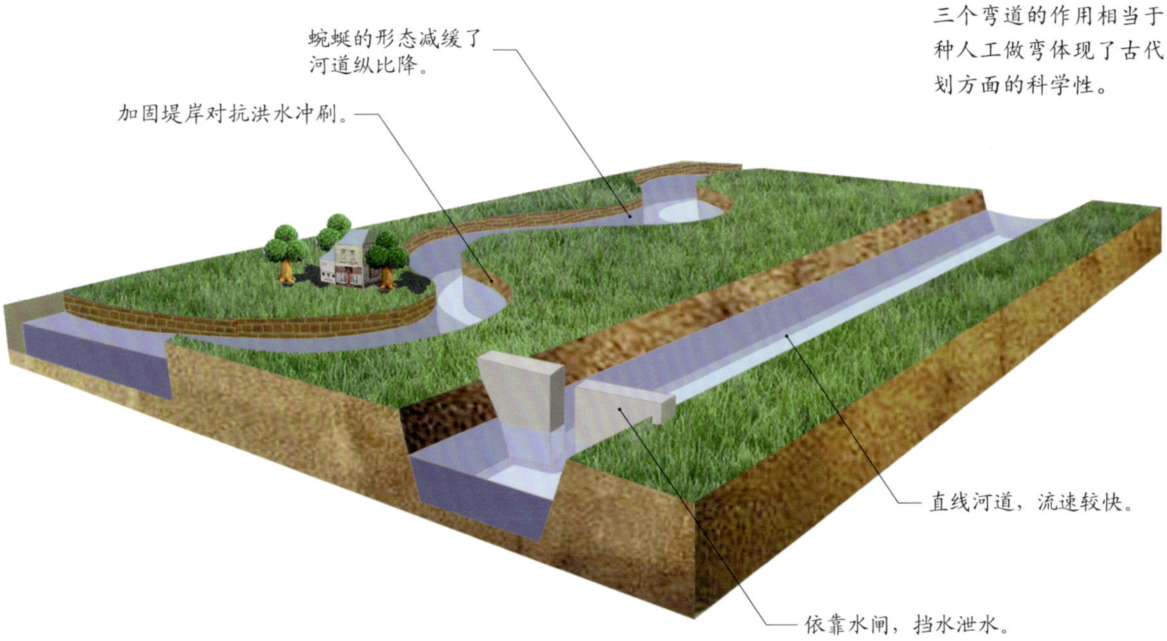
蜿蜒的形态减缓了河道纵比降。
加固堤岸对抗洪水冲刷。
直线河道，流速较快。
依靠水闸，挡水泄水。

狮城

在沧州市的东南郊，有一头铁狮子威武矗立着。它重约32吨，最初铸造于10世纪的五代十国时期（现存的铁狮为明代重铸），是全世界最早的大型铁质雕塑之一，沧州也因此得名“狮城”。但沧州并不产铁，铸造铁狮子的原料，很可能就是沿运河从附近的邯郸、邢台运送而来。

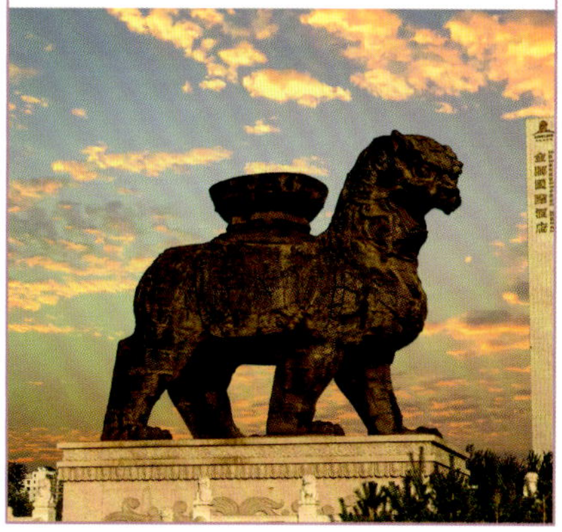

“汉之渤海郡，唐宋为沧州。长芦迁自明，国朝隶几畴。”

——《述沧州诗》清 · 刘梦

水旱码头的人与物

明清时期，灶户、匠户聚于沧州，运盐船、商船往来于运河，以沧州为中心，周边的兴济、泊头、莫州、河间等城镇也相继成长。沧州成为了北京、天津与河北、山东、河南等地商品贸易往来的必经之地，有"水旱码头"之称。码头孕育出杂技、武术等传统技艺，也形成了沧州独具魅力的文化印象。

▲ 磁州窑划花碗
划花是磁州窑最典型的装饰手法之一。这件白地划花碗发现于1998年的东光码头沉船中。

沧州是中国古代北方"海上丝绸之路"的起点，海运发达，并带动了内河交通的发展。码头在沧州文化的形成中具有举足轻重的地位，在沧州市南部的东光县内，就有一个以"码头"命名的"码头村"。不难想象，这里曾是运河沿岸的货物集散地。

东光码头的沉船

1998年6月，码头村运河段发现了一艘沉船。根据从中出土的瓷器和钱币可得知，这艘船的年代早至宋金时期。到了2006年，沧州段的运河河道内已经累计发现了多达27处沉船点。得名于曾是船只停泊码头的泊头，2021年初还发现了一艘明代沉船。这些用来运输瓷器、粮食和盐的货船，印证了曾往来于南运河上络绎不绝的商品贸易。

而发现于沧州各时期沉船中的瓷器，绝大多数都来自位于今河北境内中心窑场的磁州窑，这说明运河可能是当时磁州窑瓷器的重要外输通道。磁州窑曾是中国北方规模最大的民间窑场，创烧于北宋时期，以生产白地黑花、划花、刻花等装饰的瓷器闻名中外，其瓷器风格质朴而豪放，具有浓厚的民间生活气息。

▲ "巡长芦仓"铜印
清代负责巡视监管长芦盐业的御史使用的铜印。

> **危楼新建枕芦洲，过客登临即胜游。倚醉北瞻天柱近，凭高东望海门悠。**
>
> ——《登沧州南川楼》清·冯惠

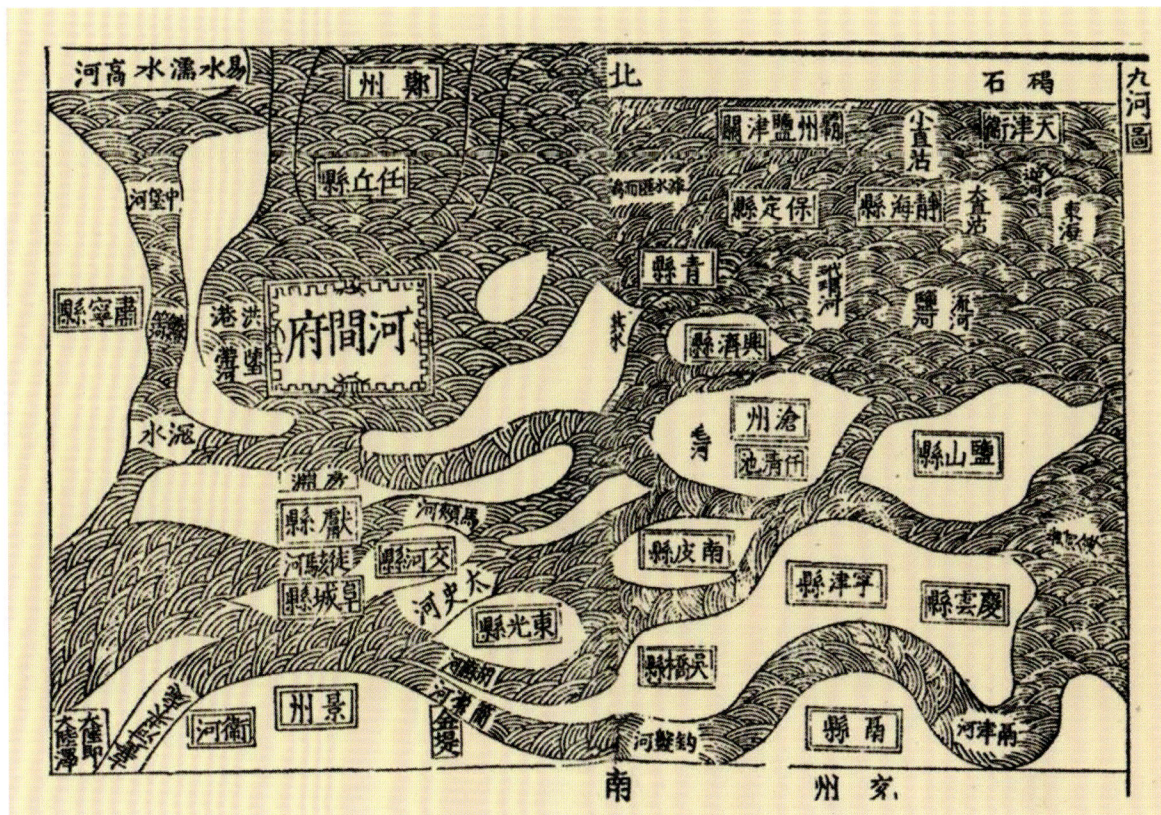

▶《河间府志》中的《九河图》
在这张明代绘制的地图上，沧州及其附近的县镇，包括发现沉船的东光县，以杂技出名的吴桥县都清晰可见，更有直接以"盐"命名的盐山县。

煮海为盐

煮海为盐自古就是河北沿海地区的传统，位于渤海之滨的沧州也不例外。这里海滩宽广，日照充足，曾出产名号响当当的"长芦盐"。

"渤海岩疆笔底收，长芦名郡今沧州"，今天沧州市区所在的位置，北周时曾取水边芦苇茂盛之意，设置了"长芦县"。长芦的名称一直沿用至今。明清时期的沧州长芦镇是全国最重要的食盐产区之一，也是御用盐的唯一来源地。明代在此地运河之畔设立了"北平河间盐运司"，后改名为"长芦都转运盐使司"（简称长芦盐运使司）。矗立于沧州运河边的南川楼始建于明代嘉靖年间，曾是当时长芦盐运使司的隶属建筑。

到了清代康熙年间，长芦盐运使司的官署由沧州迁到了天津，但仍保留了"长芦"之名。清代食盐的质量有"广不如浙，浙不如淮，淮不如长芦"之说。长芦盐的品质远超其他产区，尤其是经过精细煎煮的白盐，晶莹如雪，细腻纯正，被誉为"芦台玉砂"，专供皇亲国戚食用。清代顺治年间，每年经运河输送进北京的长芦盐，多达70多万斤，可见其受欢迎的程度。

没有吴桥不成班

来往于运河之上的除了食盐等沧州特产，还有杂技。在"杂技之乡"沧州吴桥出土的东魏时期壁画中，便可见到人物倒立、转碟、骑马的形象，足以说明吴桥杂技的历史悠久。

"上至九十九，下至刚会走，吴桥耍玩意儿，人人有一手。"翻跟头、变戏法的杂技刚开始或许只是当地人谋生的一技之长，后来也随着运河的南来北往发展壮大，逐渐成为家家户户的谋生方式。"小小铜锣圆悠悠，学套把戏江湖走……南北二京都不收，条河两岸度春秋。"这首吴桥"锣歌"中提到的"条河"，指的就是大运河。水陆交通带来了频繁的货物输送、人员流动，也为沧州本地的人文传统和民间习俗创造了展示和传播的舞台。它们沿着运河走出沧州，走向了世界。

◀ 长芦黄骅盐场收获春盐
长芦盐场是我国海盐产量最大的盐场，至今仍然存在。其分布从渤海沿岸的河北黄骅向北绵延数百千米，直到山海关南。

县滑

内黄县

清丰县

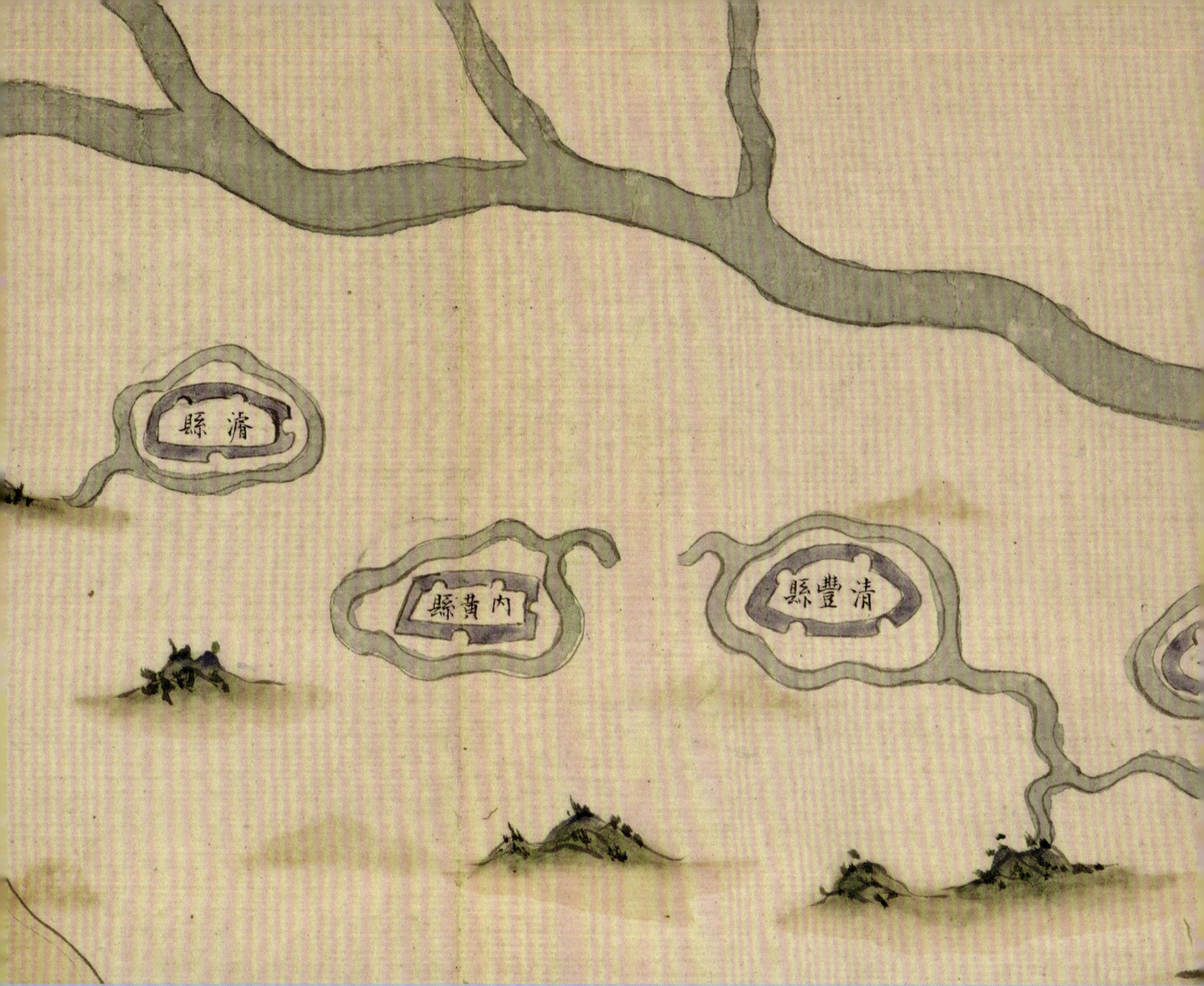

卫河由历史上的白沟、永济渠、御河相继演变形成，持续利用至今，时间长达1800余年。它流经河南的焦作、新乡、鹤壁、安阳及河北邯郸等地，将河北地区与中原腹地连接起来，是中国古代具有重要军事战略意义的水路要道。

卫河的前身是曹魏时期开凿的白沟。到了隋代，在白沟基础上开凿的永济渠贯通华北平原，是隋唐大运河的重要组成部分，也是向北方运输军需粮饷的重要干线。宋元时期永济渠更名为御河，明代又改称为卫河，直到20世纪70年代一直都是区域性的水运要道。

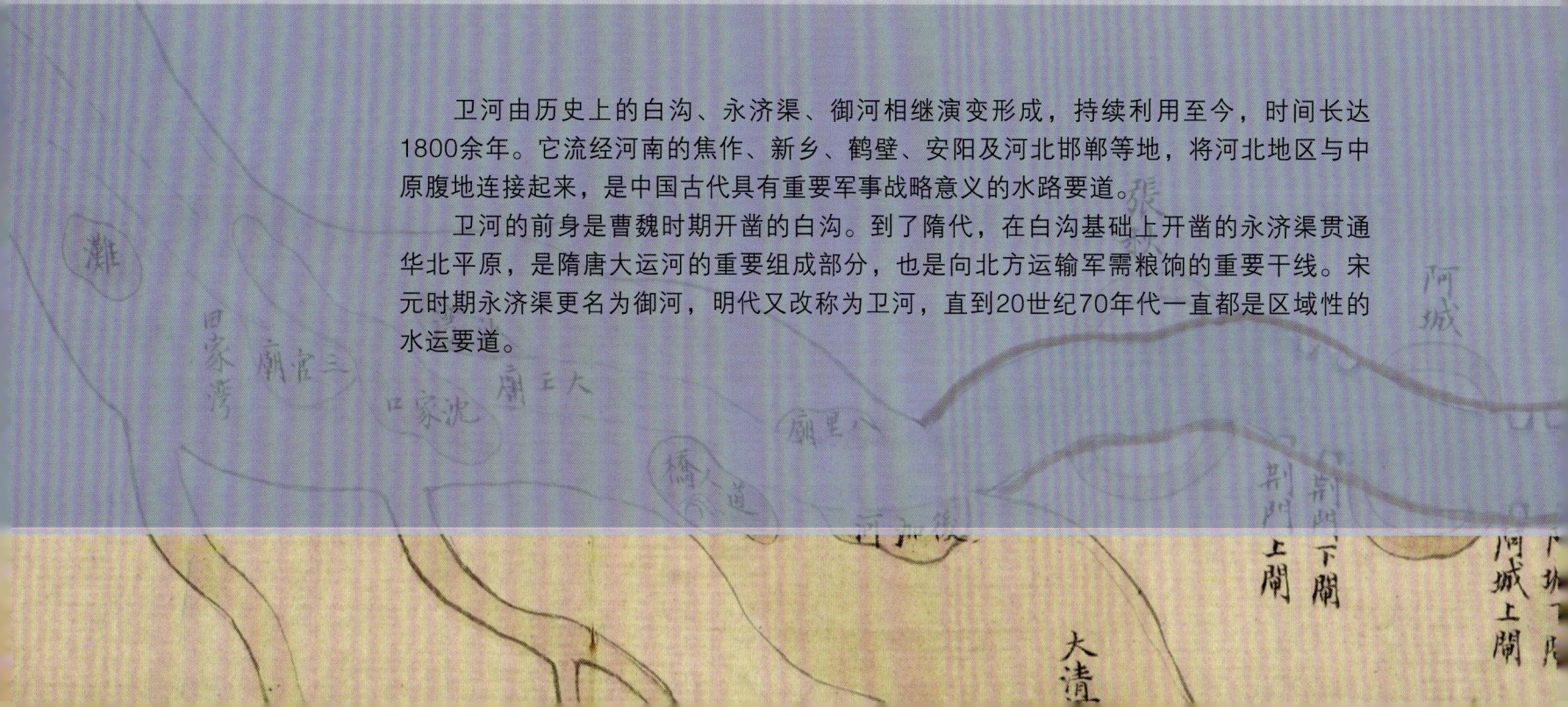

滩

白家湾

三官庙

沈家口

大王庙

八里庙

一道石桥

阿城

张

广粮门下闸

别门上闸

阿城上闸

阿城下闸

大清

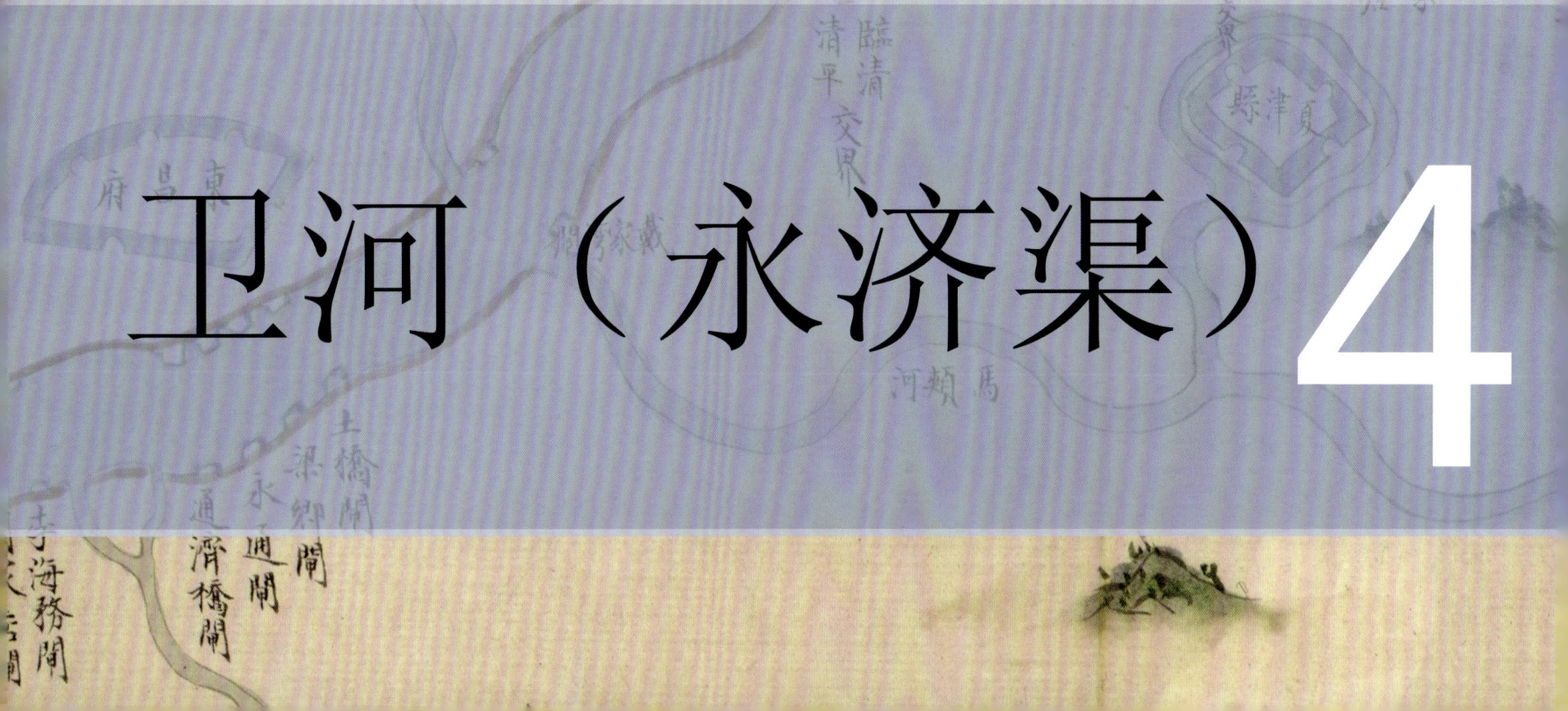

卫河（永济渠）4

安阳 鹤壁

安阳与鹤壁都位于太行山东麓，古黄河与古淇河曾在这里交汇。安阳是商代晚期都城殷的所在地，鹤壁在一些文献中被认为是商代晚期陪都朝歌的所在地，两座城市都留下了古老殷商文明的印迹，也保留着隋代开挖的永济渠现存最完好的河段。

1928年，考古人员在安阳小屯村铲下第一锹土，此后90多年里，对于殷墟的考古发掘几乎从未中断，逐渐揭示出一座包含宫殿宗庙、王陵、洹北商城、甲骨窖穴、居室道路、手工作坊等众多遗址的大型商代晚期都城遗址，让殷商时代的面貌走出传说、日渐清晰。

盘庚迁殷

古代典籍曾记载"殷人屡迁"。商人兴起于黄河下游，随着势力的强盛逐渐向西迁徙。公元前1600年，成汤建立商朝，定都于亳，有史料认为它在今天河南郑州一带。商建立之后，又曾经五次迁都，其中较为人所知的，便是商代第20任国王盘庚迁都于殷的那次。迁都是一件大事，除了有政治上的考量，降雨多少、治水难易等因素也很重要。殷商时期气候较为温暖，而背靠太行山脉、东临古黄河的安阳地区，在当时正是水草丰沛的富饶之地，盘庚因此选择这个地方作为新的都城。此后200多年的时间里，商王朝一直都以殷为都，所以商也被称作"殷"。

淇水汤汤

隶属于今天鹤壁市的浚县，在商代属于王畿之地，据说商代的钜桥仓便位于这一带。《史记·殷本纪》中记载，商纣王横征暴敛以"盈钜桥之粟"，钜桥仓可以称得上是中国古代最早的漕运仓储，储存在这里的粮食可以通过淇河、漳河、古黄河等水路转运至都城殷以及陪都朝歌。周武王灭商之后，便将钜桥仓的存粮分发给百姓。周武王还将纣王之子武庚分封在朝歌故地，并在周边设"三监"，即卫、鄘、邶三个诸侯国来监视武庚和商的遗民。后来，武庚与"三监"联合殷商旧地东夷发动叛乱。周公东征平叛，令殷商遗民迁居到洛邑（今河南洛阳一带），又把自己的弟弟康叔分封于此，称为卫国。隋唐时期，浚县地区被称为黎阳，是永济渠沿线的军事重镇，同时这里还建有国家级粮仓。

听·文物故事

◄ "妇好"青铜鸮尊
商代铜尊，安阳殷墟妇好墓出土，是中国古代青铜文化中的精品。

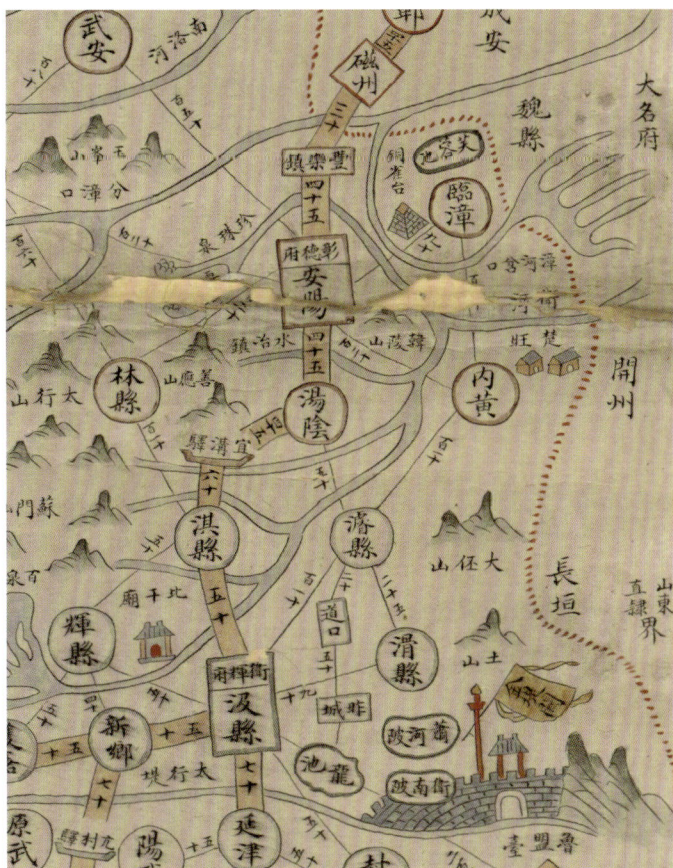

> " 瞻彼淇奥，绿竹猗猗。有匪君子，如切如磋，如琢如磨。 "
>
> ——《诗经·国风·卫风·淇奥》

◀《豫省舆图》（局部）
清代地图，描绘了河南省境内的山川及行政区划，并标出了各个关隘之间的道路里程。

▶ 西周康侯斧
出土于浚县，青铜斧上有"康侯"铭文。

卫河畔的繁忙小镇

宋元时期，永济渠被更名为御河，主要承载粮饷的水路运输，并担负着向北方边境地区运送物资的重要任务。明代改称为卫河。

元代以后，尽管大运河改道山东，但卫河一直是重要的航道，粮食和各类南北货物在卫河上穿梭来往，浚县、滑县等地依然是商贾云集的交通要冲。尤其是在天津港口以及长芦盐场的辐射带动下，产生了曾有"小天津"之称的滑县道口镇、五陵镇，浚县的新镇、淇门镇等名镇。

道口烧鸡的进京之路

大运河也是美食的"传送带"。安阳滑县的道口烧鸡是当地传统美食。相传清代嘉庆帝沿运河巡游至位于滑县西北的道口时品尝烧鸡，赞为"色、香、味三绝"，道口烧鸡从此成为清廷贡品，沿着运河直抵京城、名扬全国。

卫国"居河、淇之间"，流经于此的淇河古称淇水，是诗歌文化的重要源头，"毖彼泉水，亦流于淇"，《诗经》中有39篇直接描绘了淇河两岸的自然风光和风土人情，其中，《诗经·国风·邶风》中还收录了许多卫地的土风歌谣。

古黄河和古淇河的交汇曾经造就了鹤壁地区的水乡风情，也孕育出"死生契阔，与子成说。执子之手，与子偕老"（《击鼓》）、"静女其姝，俟我于城隅"（《静女》）等浪漫诗篇。

▶ 淇河风光
流经鹤壁地区的淇河是卫河的支流，早在7000多年前就有人类在此地繁衍生息。

永济渠的变迁

中国早期的运河往往具有强烈的军事目的，例如春秋时期的邗沟、鸿沟，秦代的灵渠，都是为了开疆拓土的需要而开凿的，用以运送军队、补给军粮等。其中，由曹魏白沟、隋代永济渠演变而来的卫河就是体现军事用途的代表性河段。

图 例

○ 居民地

⊢⊢⊢ 运河

── 其他水系

涿郡（幽州）

渤海

信都郡（冀州）

平原郡（德州）

渤海郡（棣州）

魏郡（相州）

武阳郡（魏州）

济北郡（济州）

黎阳

东平郡（郓州）

汲郡（卫州）

东郡（滑州）

板渚

河内郡（怀州）

荥阳郡（管州）

东都（洛阳）

沁河

▲ **隋唐宋时期的永济渠城镇相对位置示意图**
南宋时期的一次黄河改道，让卫河失去了黄河的水源，这对之后卫河沿线的城镇格局产生了重大影响。部分地名在隋唐宋时期发生变迁，图中括号外地名为隋代称谓，括号内为唐代改名后称谓。

古人开凿运河的工程大多是在自然水道的基础上进行的，卫河的形成与黄河的变迁有着密切关系。黄河被称作中华民族的母亲河，但也以"善淤、善决、善徙"著称。历史上的黄河曾多次改道，卫河的前身白沟就是黄河故道经过整治后形成的。

曹操开凿白沟

东汉末年战乱频繁，诸侯割据，为了扩大自己的疆域，各路诸侯都在自己控制的地区疏凿运河，以便运送军队和物资，为南征北讨提供有利条件。

204年，曹操为了扫除袁绍的势力，北征邺城，他在枋头（今浚县西南）筑堰横拦淇水，引淇水向东北流入白沟，以通漕运，由此打通了向华北地区运粮的水路，曹操很快就夺取了邺城。213年，曹操又开利漕渠引漳水入白沟，逐渐形成以邺城为中心的水路网络，为后来控制和统一北方打下了基础。

建安七子之一的王粲曾跟随曹操出征，写下"朝发邺都桥，暮济白马津""连舫逾万艘，带甲千万人"的诗句，描绘出当年白沟之上大军浩荡、舳舻千里的壮阔景象。

▶ 鸟瞰卫河（永济渠）滑县段
这一段是现存卫河（永济渠）保存完好、文化遗存丰富的河段之一。

沟通河北与关中

隋炀帝时期曾经多次征伐辽东地区，为了保障大军的粮草供应，608年，隋炀帝下诏广征黄河以北民众百万余人开凿永济渠，"引沁水，南达于河，北通涿郡"。永济渠借

浚县泥咕咕

作为战略重地，黎阳曾是铁马金戈的激烈战场，无数将士埋骨于此。相传有些心灵手巧的瓦岗军士就地取材、用当地的黄土胶泥，捏塑成士兵和战马缅怀阵亡的战友。据说这就是浚县民间流行的玩具泥咕咕的来历。泥咕咕（见下图）色彩艳丽，造型生动而多样，在今天仍然广受欢迎。

用了曹魏时期的白沟故道以及一些自然河流，向北抵达涿郡，向南连通洛阳附近的黄河，从而将河北地区与中原地区连接起来。隋唐时期的河北是国家重要的物资储备地，号称"天下北库"。永济渠开通之后，河北的粮食既可以供应东北地区的驻军，也可以直达政治中心洛阳，同时涿郡也随之发展起来，为后世王朝定都北京打下基础。

黎阳仓

2011年，考古人员在浚县城关镇东关村发现一处古代粮仓的遗址。经过考证，人们发现这处遗址就是史书上屡屡提起的黎阳仓。黎阳仓是583年隋文帝为保障京城粮食供应下诏修建的国家粮仓，粮食储量可供6万成年人食用一年。它西临永济渠，东侧则是黄河，水运十分便利。隋代时，从黄河以北各州征收的粮食都要先运至黎阳仓存放，之后根据需要，既可经黄河或永济渠运至洛阳，又能沿永济渠向东北地区运送军粮，当时便有"黎阳收，固九州"之说。

战略地位如此重要的黎阳仓，在隋末农民起义的战争中扮演了重要的角色。617年，瓦岗军首领李密派大将徐世勣攻占黎阳仓，开仓放粮，赈济饥民，短短10天的时间里，就有20多万人前来投靠，瓦岗军声势大振。后来瓦岗军因内乱而兵败，河北起义军首领窦建德占领黎阳，势力也因此大为扩张。

◀ 黎阳仓遗址
黎阳仓内部呈圆形，口大底小，最常见的口径为10米左右。

甲骨刻春秋

安阳殷墟系统性发掘的缘起是甲骨文的发现。19世纪末，时常被当作药材的有字甲骨引起了金石学家们的注意。1899年，殷墟甲骨文被鉴定为古文字，王懿荣、刘鹗为最早辨认甲骨文和收藏甲骨的人。甲骨被大量收藏，学界对于甲骨文的研究也由此拉开了序幕。

甲骨文是目前发现的中国最早成系统的文字，指的是商周时代契刻在龟甲、兽骨上的文字。甲骨文也被称作"卜辞"，这是因为它们绝大多数都是商代人的占卜记录。

洞悉裂纹的秘密

商代的人对占卜非常重视，无论是战争、祭祀等国家大事，还是生育、疾病等日常生活，都要用占卜来判断吉凶。占卜使用的材料绝大多数都是龟腹部的甲片或者牛、羊等动物的肩胛骨。这些甲骨需要先行处理。占卜者通常会在准备用来占卜的甲骨背面挖出一些圆形或长椭圆形的小坑，甲骨学家称其为"钻"和"凿"。占卜的时候，占卜者用火去烧灼这些小坑，烧灼到一定

"王往逐兕"甲骨拓片（局部）

龙骨

甲骨文的发现和一味被叫作"龙骨"的中药材密不可分。龙骨指古代哺乳动物象类、犀类、鹿类、牛类等骨骼的化石。安阳小屯村的农民曾经把发现的甲骨当作龙骨卖给中药铺，然而，只有刮去字迹的甲骨药铺才肯收购。因此在甲骨文得到认识之前，恐怕已经有数不清的珍贵甲骨误被药用了。

▶ "作册般"青铜鼋
甲骨只是商代文字的载体之一，除此之外，他们也会把文字铸在青铜器上。

程度之后，甲骨表面会产生裂纹，占卜者根据裂纹的长短、粗细、走向等来判断卜问事项的吉凶。占卜的事项和结果则会被刻写在甲骨上，因此从卜辞中，我们可以窥见商代人生活的方方面面。

◀ "王往逐兕"甲骨
这片牛肩胛骨上有多条卜辞。

"王往逐兕"
甲骨拓片（局部）

藏在卜辞里的故事

　　甲骨文如同一把打开3000多年前古老大门的钥匙，从一行行卜辞中还原出生动鲜活的商代生活。例如在左边这片保存完整的牛肩胛骨上，我们读到了许多条"卜旬"的记录，这是商代人常规的占卜询问方式，卜问接下来的10天里是否会有灾祸。其中一条占卜显示出了凶兆，并且第二天就得到了应验。

商王出门狩猎，在追逐犀牛的时候发生了"交通事故"，一位小臣驾的车撞上了岩石，商王乘坐的车也被殃及。在甲骨左侧放大的拓片局部中，我们还能看到这辆"事故车"在文字上的体现（　　）：它的车轴断裂了。另外一条显示为凶兆的卜辞也同样得到了应验。甲骨右侧放大的拓片局部显示，商王在举行一场祭祀仪式的时候，摔倒在了台阶上。

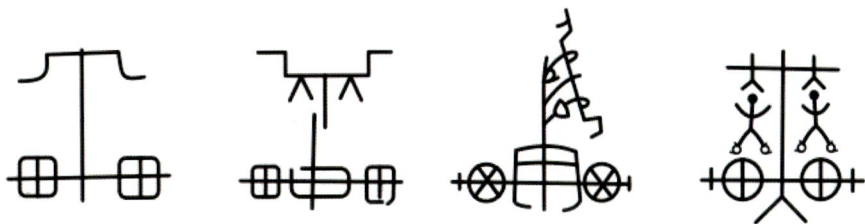

车的基础字形及其演变字形

舟的基础字形及其演变字形

◀ 车与舟的演绎图
甲骨文字已经具备了象形、会意、指事等不同的造字方法，且异体较多，可通过笔画细节的改变描绘不同情景。

运送士兵的战车

可移动的
瞭望台

云梯

护城河

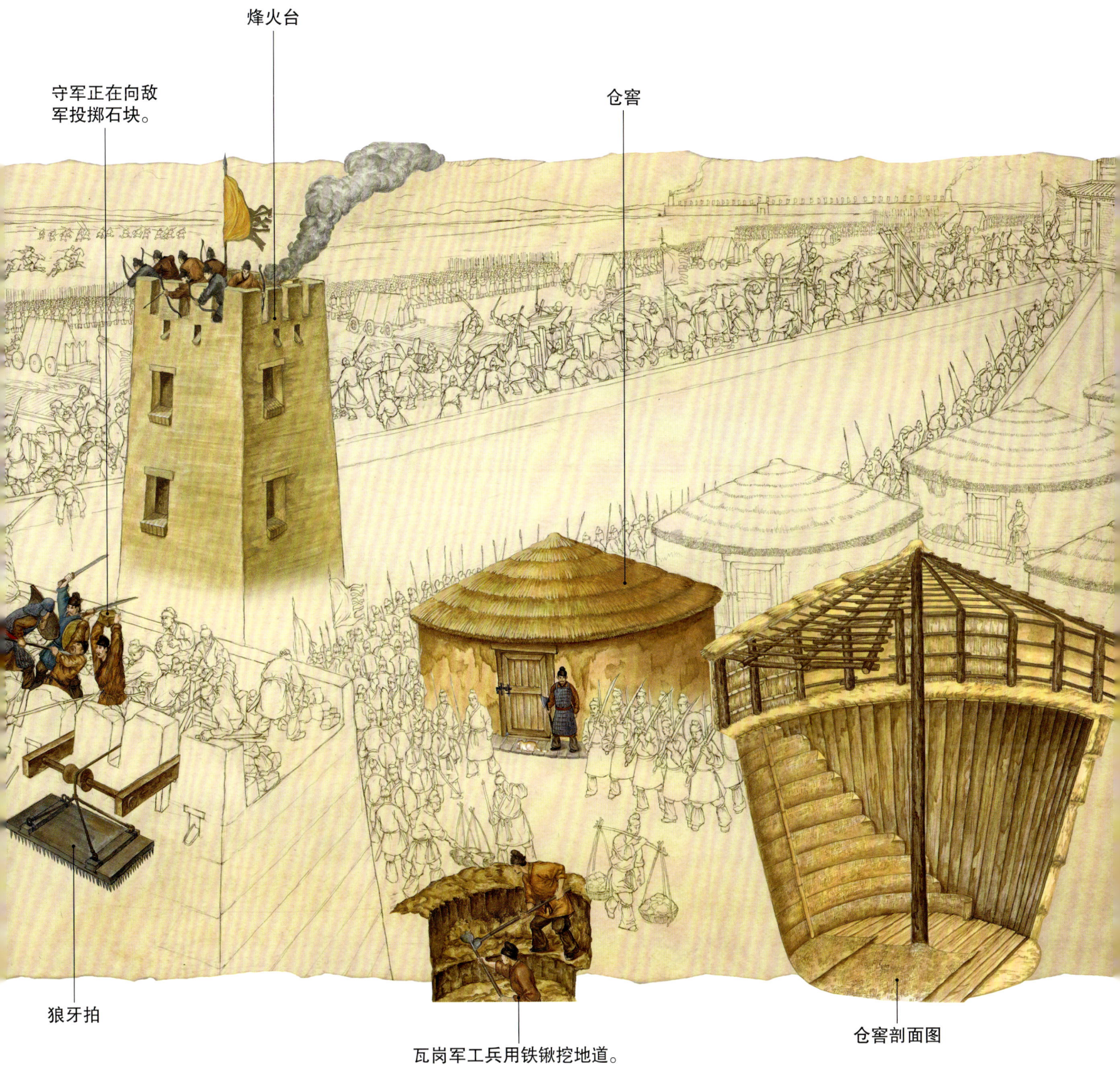

烽火台

守军正在向敌
军投掷石块。

仓窖

狼牙拍

瓦岗军工兵用铁锹挖地道。

仓窖剖面图

▲ **物资争夺战**

黎阳仓，是隋唐时期大运河
沿岸重要的国家粮仓，也
是战争的物资供应基地。因
此，它成为了隋末各方势力
角逐的地方。

观·运河画卷

通济渠是隋唐南北大运河的首期工程，体现了中国古代早期规划思想和建造工艺的技术高峰。它分东中西三段：西段起自洛阳西苑，东段起自荥阳板渚（今郑州荥阳西北），中段利用了黄河的自然河流。全长650千米，沟通了黄河与淮河两大水系。

通济渠东段可追溯到战国时期开凿的鸿沟，西段始于东汉时期开凿的阳渠。隋代在前代区域性运河的基础上于一年之内修成通济渠，并疏通了邗沟，洛阳至扬州自此贯通。唐宋时期，通济渠继续发挥着重要的漕运功能，成为支撑国家经济的交通动脉。北宋《清明上河图》中繁忙的汴河，正是通济渠。此后，由于黄河泛滥、泥沙淤积，通济渠逐渐淤废。明清时期，尽管成为贾鲁河一部分的通济渠郑州段曾一度复兴，但也难续其昔日辉煌。

通济渠 5

洛阳

洛阳位于河南西部、黄河中游，因地处洛水之阳而得名，是华夏文明的重要发祥地。先后有13个王朝在此建都，隋唐时期更是洛阳历史发展的巅峰。同时，隋唐大运河以洛阳为中心，分向南北，在中国大地上形成一个大写的"人"字，见证着洛阳的发展变迁……

洛阳拥有5000多年文明史、4000多年建城史。洛阳也是我国建都最早、历时最长、朝代最多的都城，夏都二里头、偃师商城、东周王城、汉魏故城、隋唐洛阳城五大都城遗址沿洛河一字排开，"五都荟洛"，世所罕见。

最早的"中国"

泱泱华夏，择中建都。自夏代开始，统治者就有了"求中"的实践。洛阳是夏王朝立国和活动的中心地域。古人择中建都的另一鲜明印证来自青铜器何尊内底部所铸的"宅兹中国"铭文。这与成周洛邑密切相关，也是目前所知"中国"一词的最早来源。

约公元前1046年，武王伐纣，西周代殷。何尊记载的铭文提到："唯武王既克大邑商，则廷告于天，曰：'余其宅兹中国，自之乂民。'"意思是武王攻克商之后，就在太室山告祭说："我要居

◀ 何尊
西周的青铜酒器，铭文记载了周成王营建洛邑的重要历史事件。

于天下之中，在这里统治民众。"周成王时，为加强对东方的控制，周公在洛水北岸修建洛邑。自此，周对黄河下游的控制日渐牢固。以洛邑为中心，东部的河洛一带也成为保卫宗周和镇抚东方的重镇。

汉代以来的通都大邑

司马迁曾在《史记》中称"洛阳东贾齐、鲁，南贾梁、楚"。桓宽在《盐铁论》中也称"三川之二周（洛阳），富冠海内"，为"天下名都"。东汉定都洛阳，陆路和水上交通都十分便利。一方面，作为丝绸之路东端的起点，宏大的城市、发达的文化和繁荣的商贸使洛阳闻名于世；另一方面，洛阳所在地区河流众多，黄河、洛河、伊河等水系为发展航运创造了条件。东汉时期开凿阳渠，以沟通洛水（今南洛河）与黄河，洛阳成为中国最大的漕粮集中地。来自黄河的大型漕运船可以直抵洛阳。洛阳不仅成为陆路交通的枢纽，同时还有着东达江淮，西通关中的舟楫之便。

在长达300多年的魏晋南北朝时期，洛阳仍是当时的通都大邑，北魏时，洛阳城人口接近100万。《北史》中曾有这样的记载："崤函帝宅，河洛王里，因兹大举，光宅中原"，高度概括了洛阳的文

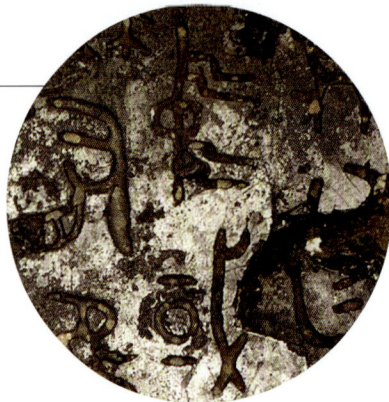

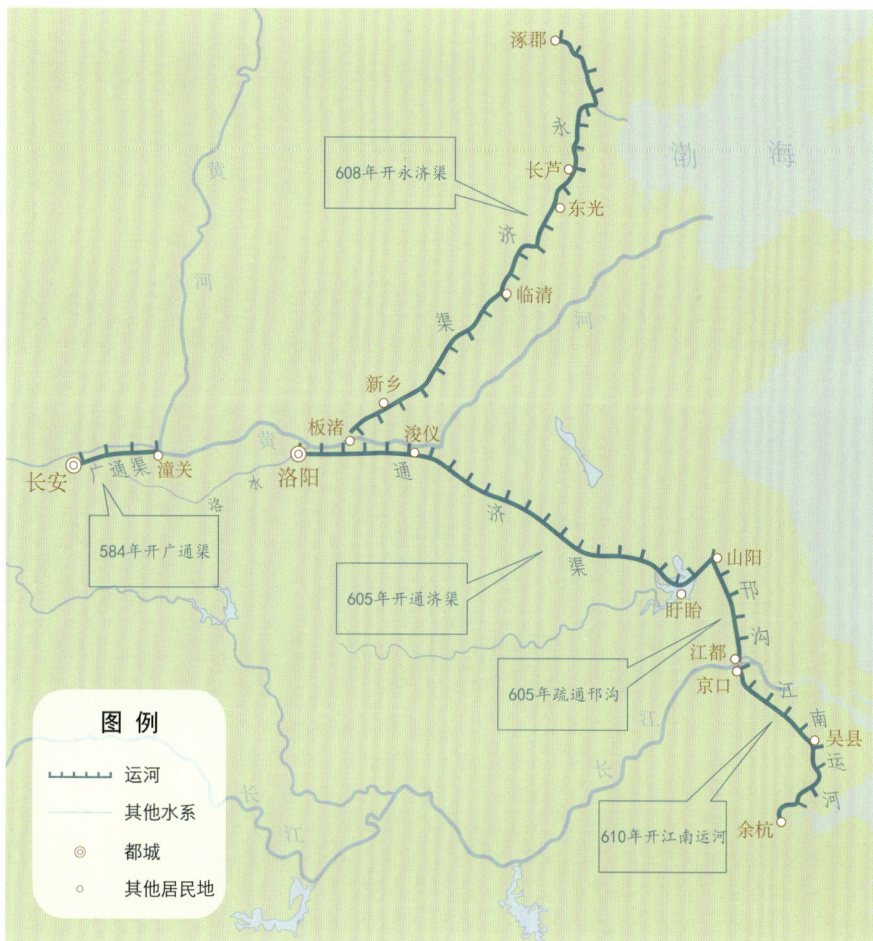

◀ 隋运河示意图

7世纪初，中国大运河第一次全线贯通。图中显示出隋代运河开凿的不同时段。

隋代大运河的修建带动了运河沿线地区的经济与社会繁荣，东南地区依托运河得到进一步开发，汴州（今河南开封）、宋州（今河南商丘）、楚州（今江苏淮安）、润州（今江苏镇江）、常州、苏州等地都由此兴起。大运河贯通后，中原同江南、河北和关中地区连接起来，在中国历史上第一次建成从南方重要农业产区直达中原地区政治中心和华北地区军事重镇的内陆水运交通动脉。

化特征、地理优势和政治地位。北魏孝文帝推行汉化改革，494年下诏从平城迁都洛阳，更证明了"天地之中"洛阳持久的吸引力和影响力。

开通南北运河

开通大运河和营建东都是隋代规模最大、最有影响的两项工程，它们几乎同时进行。

南北大运河的开通并非一蹴而就，先后分四段完成。605年，隋炀帝命人开凿从洛阳到山阳（今江苏淮安东南）的通济渠。史料记载，通济渠宽60～80米，可容纳规模很大的船只通航。此后，又疏通和改造从山阳到扬子（今江苏仪征东南）的山阳渎（即春秋时吴王夫差所开的邗沟故道），渠旁筑御道、栽柳树，可临江赏景。608年，由洛阳北上到涿郡的永济渠开通，这也为涿郡发展和东北边疆巩固提供了历史机遇。610年，政府还重新疏凿

和拓宽长江以南区间的运河古道，由京口（今江苏镇江）开江南运河到余杭（今属浙江杭州），"八百余里，广十余丈"的河道龙舟通行无阻，沿途又设置了行宫、驿站。

前后6年，一条南起余杭，中经江都（今江苏扬州）、洛阳而北达涿郡，全长2700多千米的运河形成了。它成为南北交通运输的大动脉，对密切南北经济交流，促进社会文化发展起了关键作用。

▶ 隋炀帝像

隋炀帝杨广对于大运河的贯通贡献很大，这是唐代《历代帝王图》中隋炀帝的形象。

> ❝ 若问古今兴废事，请君只看洛阳城。❞
>
> ——《过故洛阳城》宋·司马光

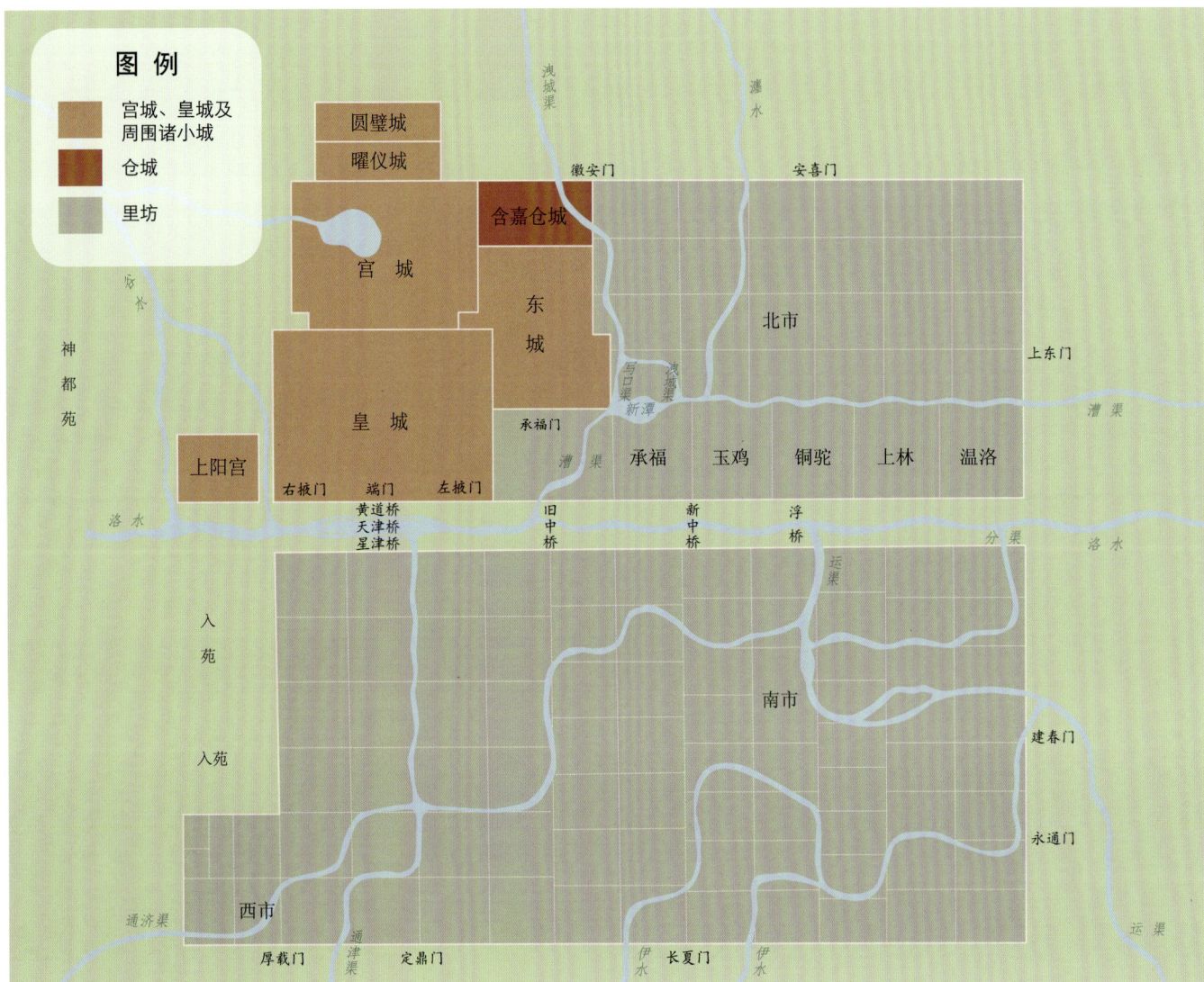

▲ 唐洛阳城示意图
考虑到通济渠、永济渠的漕运功能和漕船的停泊需求，宫城、皇城等重要建筑都被设计在洛阳城的西北角。

隋唐洛阳城

隋唐两代继承汉代的东西京制度，以洛阳为东都。605年，隋炀帝诏令尚书令杨素、将作大匠宇文恺等营建新都。每月役使工匠200万人，开启了大规模工程营建，用时不到一年，建成了东都洛阳。唐代加以扩建，使其北倚邙山，南至伊阙（今洛阳龙门），扼东西交通要冲。

洛阳的皇城和宫城均不居中，而是位于城西北角的高地上，但整个洛阳城的规划仍力求方正、齐整。洛阳城分为宫城、皇城和外郭城。洛水自西向东贯穿全城，把洛阳分为南北二区。洛阳城北区有28个坊，1个市；南区有81个坊，2个市。里坊平面为方形或长方形，周围有墙，每面开一门。

运河开通以后，江南物资北运，供应充足便利，洛阳日渐繁荣。富商大贾齐聚，能工巧匠云集，人烟阜盛，百业俱兴。洛阳城内更是房屋宅舍，鳞次栉比；大街小陌，纵横相对。洛阳由此成为中国的政治、经济、文化中心。

运河上的盛唐

洛阳地处大运河的中枢位置，在隋代运河的基础上，唐代致力于维护漕运畅通，积极兴修水利、修建粮仓。城内的运河与自然水系交错贯通，洛水从城中横贯而过，北岸有漕渠、写口渠等，南岸有通济渠、运渠等，城内渠道如网，处处通漕。密集发达的水运交通网使洛阳城内"船车贾贩，周于四方"，来自全国的丝绸、茶叶、瓷器等经运河在此转运，西域而来的香料、马匹、玻璃制品等殊方异类也在此集散。

城内有通远（北市）、丰都（南市）和大同（西市）三个集市。南北二市分别位于南区和北区的东部，西市位于南区西南角上，三市附近都设有码头。新潭码头就是其中之一，它集停泊、装卸、转销于一体，被称为天下舟船入洛阳的"第一站"。

新潭码头是在武周时期开凿的。码头开通后，漕运更加畅达，带动了洛阳三大集市的商品流通，形成了"天下之舟船所集，常万余艘，填满河路，商旅货易，车马填塞"的热闹光景。南市市场内有"一百二十行，三千余肆，四壁有四百余店，货贿山积"，南市附近有波斯胡寺和祆祠，外国商人多在这一带。洛水两岸坊内有商行，如北岸的承福、玉鸡、铜驼、上林等十分繁华热闹。最盛之时，洛水南北两市连成一片，"昼夜喧呼，灯火不绝"。

因为漕渠与汴河、永济渠的贯通，以洛阳为中心的一张商路网就此铺开，这里成为当时海内外最繁华的商埠之一。

唐代不仅经济活跃，而且文化开放。作为大运河的枢纽和丝绸之路的东方起点，沿运河而来的还有海外商人、日本的遣唐使以及西域胡人。他们旅居于此，带来了独特的文化风俗，丰富了洛阳的城市生活，又把中国的先进文化和技术带到世界各地，促进了文明互鉴。大运河连接起陆海丝绸之路，东西方物质文化在此交融，洛阳城内一派国际大都市景象。

大运河洛阳段的兴衰沉浮和古都洛阳的历史命运息息相关。隋唐之际，大运河这条经济带和文化带是生命线，造就了隋唐两朝的鼎盛和辉煌，也为维护大一统的政治局面发挥了巨大作用。

唐代中后期至五代，藩镇割据，战乱频仍，大运河洛阳段的漕运日渐衰落。北宋起，伴随洛水水患和政治中心的迁移，漕运时断时续，洛阳难以恢复昔日盛唐交通枢纽的中心地位。自元代起，洛阳不复为京，降为河南府治。加之海运扩展和大运河裁弯取直，隋唐大运河洛阳段辉煌不再，但它仍为元代大运河的开凿打下了坚实基础。

洛阳，作为隋唐大运河的中心城市，亲历了大运河的繁荣发展和古代中国的历史变迁。

" 三年一上计，万国趋河洛。"

——《奉和圣制送十道采访使及朝集使》唐·张九龄

听·文物故事

▶ **出土于洛阳的唐代三彩黑釉马**
唐三彩最早、最多出土于洛阳，也称洛阳唐三彩。

▼ **应天门**
应天门始建于605年，是隋唐两京考古发掘出的第一座宫城门阙遗址，也是隋唐洛阳宫城——紫微城的正南门。应天门是中国古代规格最高的城门，被誉为"隋唐第一门"。

仓窖里的隋唐命脉

隋唐的经济命脉，一半在地上——大运河，一半在地下——粮仓。隋唐大运河贯通后，河洛地区成为漕粮运输的枢纽地带。在运河转运体系中，粮仓既是物资调配的终点也是起点。而含嘉仓等一系列大型粮仓在漕运过程中起着重要的支点作用，其科学管理也为隋唐经济发展提供了有力保障。

▶ 隋代粮仓分布图
隋代是中国古代大型粮仓建设的顶峰时代。

"漕运者，水道运粮也。"农业和漕运关乎国计民生，粮食的积累和储备对国家统治和运行至关重要，用于运粮的漕运也被视作"天下之大政"。由此，作为中转站的粮仓就成为了这两项国家事务密不可分的连接点。

隋唐漕粮的运输力

隋代继承了前代分段转运的漕运方法，又在运河沿线增设了许多粮仓作为配套设施。隋代进行了一系列漕粮仓储的建设，初步形成了漕粮运输仓储管理体系。

在隋代基础上，唐代有效利用和发挥了大运河的漕运优势，并将其视作政府经济部门中的重要一支，漕运管理体系日渐成熟。洛阳不仅发挥着连接南北的纽带功能，也起到沟通东西的作用。

唐代政府把漕运重点放在南方，优化漕运线路，逐渐由秦汉的东西向变为东南、西北向。此外，设置水陆转运使，专门督办漕运事务；

扩充漕运范围，输送包括粮食药材、绫罗绸缎、瓷玉珍宝在内的所有物资。最重要的是唐代时还改扩建了洛阳含嘉仓、长安（今陕西西安）太仓等多个大型仓廪。漕船运粮至此纳贮，或换船候水转运，或改陆运避开险要河段再换船。这种方式称作"转般法"，实现了仓储与水陆联运相互配合，最大化利用运河转运优势。自此，运河漕运蓬勃发展。开元、天宝年间，漕粮的年运量最高时升至400万石，达到了唐代年漕运量的顶点。

唐代"天下第一粮仓"

洛阳周边分布着许多仓城，内设仓窖存粮纳谷，以供东西两京口粮、薪俸和军需之用。洛阳的仓城大致分城外、城内两大类：城外有河阳仓、洛口仓、回洛仓；城内有子罗仓、常平仓和含嘉仓。

含嘉仓位于隋唐洛阳城宫城外东北角，是隋唐大运河沿线的大型官仓之一，是当时农业发展和漕运畅通的代表性物证。含嘉仓城南北长725米，东西宽615米，现已考古探明的仓窖287座。仓窖口径一般在8～16米，深5～7米。史料记载，749年，全国主要大型粮仓的储粮总数为1260多万石，而含嘉仓就存有580多万石，其储粮几乎是全国储粮总数的一半，由此可见，唐王朝直接控制的粮食数量巨大。

◀ 含嘉仓窖藏结构防潮处理示意图
"席子夹糠"法最大限度地实现了粮食的干燥封存。

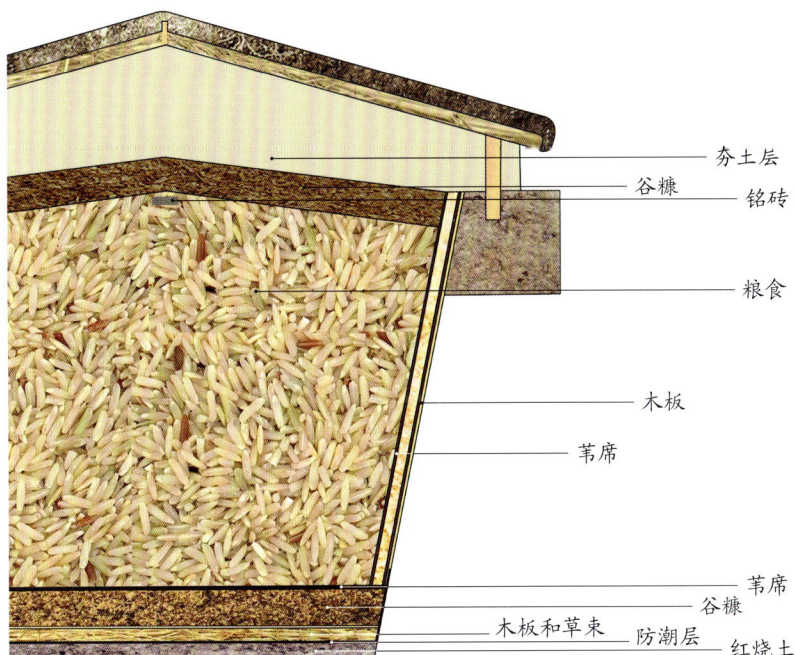
夯土层
谷糠
铭砖
粮食
木板
苇席
苇席
谷糠
木板和草束
防潮层
红烧土

仓窖里的科学

含嘉仓被发掘时，仓窖里堆积着大量炭化稻谷，按160号仓窖内出土的谷物量推算，它们在当年储藏时的体量约有250吨。

粮仓建造有一套标准的作业工序。圆缸形的仓窖经过加固夯实，并用火烘干，变得坚实板结，从而有效防止地下水分蒸腾。窖壁和窖底重叠铺设木板、谷糠、干草、席子等防潮用品。粮食入窖后，同样采用"席子夹糠"法覆盖，最后用泥土密封窖口，使整个仓窖防潮、封闭、阴凉，粮食得以妥善保存。

含嘉仓管理严密，通过铭砖为每个仓窖建立储粮"档案"。由铭文可知，含嘉仓贮粮丰盛，来源广泛，南到太湖流域，北到渤海湾，粟、米、豆等不同品种的粮食通过大运河配送到洛阳。此外，粮食的授领有了责任制，足见当时粮食的储存已相当科学和规范。

整个仓城呈长方形，分为粮窖区、生活管理区和漕运码头，窖间小路遍布其间。漕运码头在仓城东南侧，分别与瀍河、洛水相通，当年从江南来的运粮船可以直接经通济渠驶入含嘉仓卸货。大窖储粮万石以上，小窖数千石。洛阳含嘉仓规模巨大、储粮丰富，是中国古代最大的粮仓，也是唐代使用的最大、最重要的官仓。

听·文物故事

▲ 含嘉仓铭砖（复制品）
铭砖一式两份，一份在粮食入窖时投入窖内，另一份在仓窖密封后将其立于窖外。铭砖上记录了粮食来源、品种、数量、入窖时间、仓窖位置和授领者的信息等。

▼ 含嘉仓遗址
含嘉仓始建于隋大业年间，唐代不断修筑、扩建，现遗址位于今洛阳老城区的北侧。

◀ 东汉彩绘陶仓
汉代已有一套科学的粮食仓储方法。

平座

"仓廪实而知礼节，衣食足而知荣辱。"

——《史记·管晏列传》西汉·司马迁

运河遗珍 洛阳倩影

宋代以后，随着政治中心的转移，通济渠的漕运地位不断减弱。元明以后，大运河裁弯取直，虽然洛阳凭借水陆辐辏的地理优势在经济上仍有不俗表现，但隋唐大运河洛阳段却早已风光不再。1400多年的发展历程中，运河沿线留下的不少与古运河有关的历史文化遗存，仍值得今人去发掘与珍惜。

《大业杂记》载："洛水有天津浮桥，跨水长一百三十步。"这座隋代架设在洛阳皇城南门外通济渠之上的桥梁，为何称作"天津桥"？

洛阳有座"天津桥"

"天津"为中国古代星官名称，意为"银河渡口"。桥的设计者杨素和宇文恺把洛水比作银河，洛阳如同神话传说中天帝的居所紫微宫，洛水贯都，这座横跨其上的浮桥便取名"天津桥"。天津桥桥北紧邻皇城，是进出皇城的重要通道。

作为沟通洛阳城南北的重要通衢，天津桥上人流如织。桥南是繁华的里坊区域，天津桥畔成了包罗万象的综合集会地。李白也曾造访过这里的酒楼，留下"忆昔洛阳董糟丘，为余天津桥南造酒楼"的吟咏。隋唐时，"天津晓月"的景致使天津桥吸引了众多官吏文人在此登临游乐。白居易曾有诗赞曰："津桥东北斗亭西，到此令人诗思迷。"

从隋时由铁链连接船只架成的浮桥，到唐代改建而成的石桥，再到唐宋之际对久遭水患而破损的石

▲ 唐代铁细腰

出土于洛阳，细腰多见于古代石质桥梁上，嵌在石块之间以起到连接作用。

桥的不断修复重建，直至金元时期最终被废弃，天津桥历经沧桑。考古发现，在今洛阳桥附近的洛河北岸仍有唐宋时期天津桥遗迹残存——青石桥墩，供人凭吊和遥想。

南关码头与洛汭严关

洛河北岸的新潭在金元时期荒废，后来，人们又在这里建起了南关码头。南关码头是明清时期一处重要的水运码头，这里是各处杂货的集散地，漕船穿梭往来，在此停靠接卸。一直到20世纪50年代，这一带仍有船只往来。

◀ 《黄河地图》（局部）

在这幅明代绘制的河流图上，可以看到洛水与黄河交汇，洛阳便位于河洛地区的中心。

流光溢彩的琉璃照壁

照壁是指建在院落大门内或外、与大门相对起屏蔽作用的墙壁。洛阳山陕会馆的琉璃照壁与山门相对而立，照壁南面为素面青砖墙，北面墙面镶嵌琉璃构件，洛阳人称它为"九龙壁"，实则是一座多彩釉陶和雕砖相结合垒砌而成的"装饰墙"。壁身中央为三方琉璃图案，形式均为内圆外方，其上装饰有"双龙戏珠""狻猊娱子""云龙戏水"等形象，人物、花卉、奇珍异兽组合在一起，璀璨夺目，寓意深刻。

> **" 津桥春水浸红霞，烟柳风丝拂岸斜。"**
>
> ——《天津桥望春》唐·雍陶

明清时，南关码头北侧修建了一座关楼，名为洛汭严关（"汭"指河流汇合或弯曲的地方），有验货、收税及安保功能，犹如南来北往的通行关卡。关楼建筑为二层砖石结构，大青砖砌筑。在关门上方，有两块石头匾额，石刻铭文分别为"洛汭严关"和"邶保"，字迹漫漶，题刻年代约为明代崇祯年间。有推测认为，"邶保"可能是四周有防御性城垣的村寨，这与门楼在古代具有的防御关卡作用非常吻合。时光荏苒，洛汭严关遗址至今仍伫立在洛河北岸，见证着过往的历史。

山陕会馆

明清时期的洛阳商贾云集，山陕会馆、潞泽会馆应运而生。山陕会馆就建在水陆通汇之便的洛水之滨，邻近当时的南关码头和洛汭严关，其东不远处潞泽会馆与之遥相呼应。山陕会馆为清初山西、陕西商人共建，建成后满足了沿途南下的秦晋商人经商、聚会和住馆之需。他们在这里"通商情、叙乡谊、祭关公"，不仅食宿便捷、物流通达，还能够互通有无、解决商业纠纷。会馆的活跃极大地助益了洛阳商贸复兴，在清代洛阳一度成为周边商埠的中坚。

洛阳山陕会馆是一个庙宇与会馆相结合的古建筑群，整体呈中国传统的中轴线对称分布。会馆内，仪门、琉璃照壁、山门、舞楼、厢房、拜殿、正殿等建筑从南向北错落分布，前密后疏。院落内的装饰汲取了中原和秦晋建筑的精髓，建筑尽显雕刻、彩绘、琉璃等工艺之妙，几乎做到了无木不雕、无石不刻。脊檐、照壁、碑刻等印证着昔日洛阳社会经济的富足和商旅们追求兴旺发达的美好祈愿。现存两进院落内坐落着洛阳隋唐大运河博物馆，展现着洛阳与隋唐大运河的前世今生。

▼ 洛阳山陕会馆的琉璃照壁
琉璃照壁立面呈"凸"字形，自下而上分为青石须弥座、壁身、硬山瓦顶三部分。

河洛崤函 硕儒渊源

洛水之北的洛阳是一座底蕴深厚、名贯古今的历史文化名城。洛水滋养了古都文明，流淌出了悠久的文化历史。它一路奔腾在中原大地上，在尽头与黄河碰撞出中华文明的根脉。从孔子问礼于老子，到东汉太学创设，再到宋代新儒学的阐发，洛阳在儒学的奠基、弘扬、创新中接受着东方哲学的洗礼。

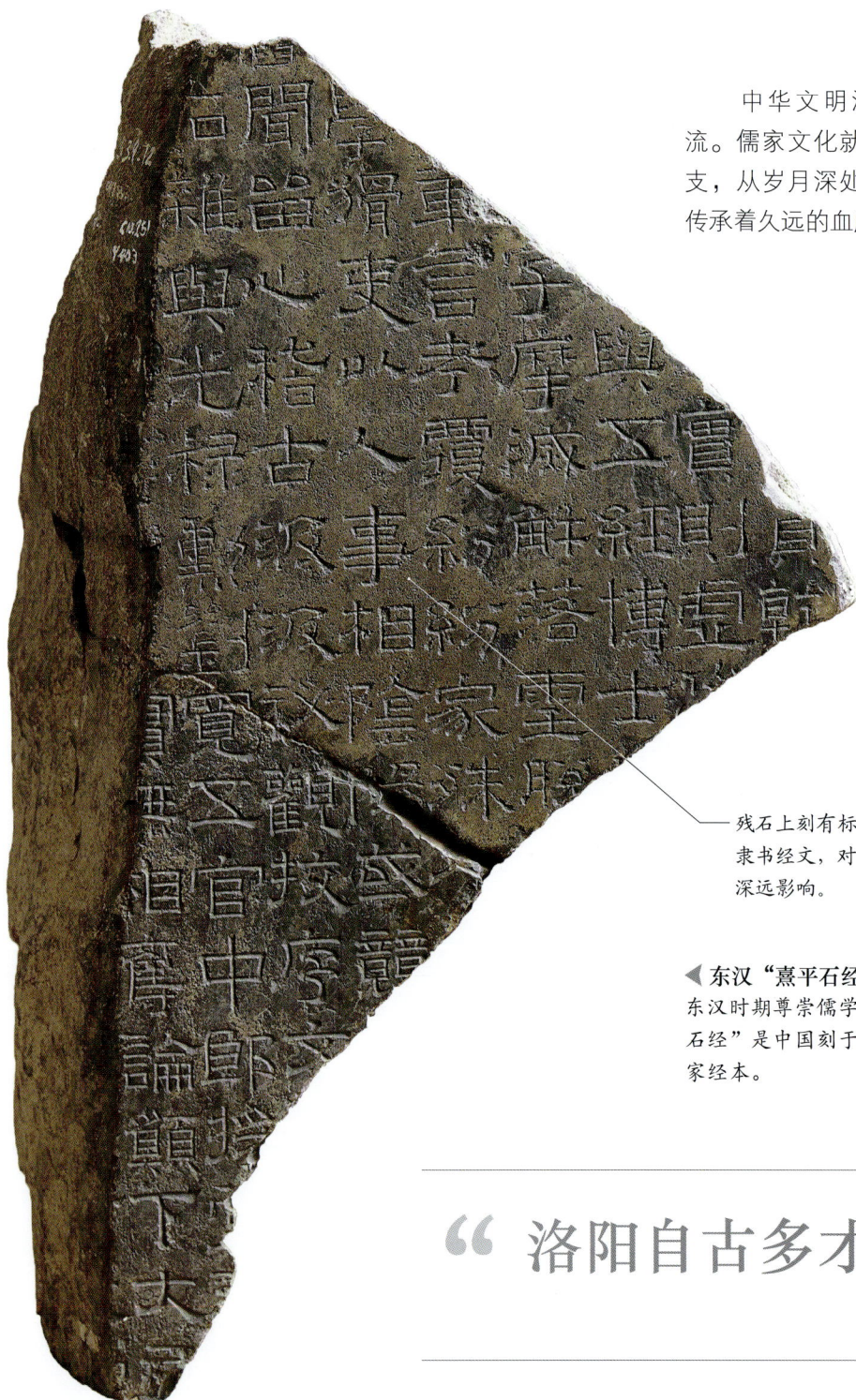

中华文明源远流长，从未断流。儒家文化就是其中最绵延的一支，从岁月深处走来，汩汩流淌，传承着久远的血脉……

残石上刻有标准的八分体隶书经文，对后世书法有深远影响。

◀ 东汉"熹平石经"残石
东汉时期尊崇儒学、经学发达，"熹平石经"是中国刻于石碑上最早的官定儒家经本。

孔子洛阳求学

周公营建洛邑后，依据周原有制度，有所增减，建立各项典章规范，是为礼乐制度。周礼体现在生活的各个方面，包括祭祀、丧葬、宴飨、赏赐等。礼之所及，乐必从之。周代重礼乐以维护统治秩序，西周时期贵族的音乐主要是配合礼仪演奏的，曲调平稳，严肃。礼乐在春秋战国时期被称为"雅乐"，可在庙堂上制造出一种天、地、人浑然一体的庄重氛围。

周敬王时期，孔子得到鲁君的支持，与南宫敬叔来到周的国都洛邑。相传孔子在周，问礼于老子。老子是道家学派创始人，时任周守藏史，即管理藏书典籍的官吏，相当于国家图书馆馆长，熟知周礼。孔子入周问礼后，增加了对周礼鼎盛时期的崇尚之心。这次深刻的思想交汇和碰撞，让孔子备受启发，学业精进，广招弟子，传播儒学。

> " 洛阳自古多才子，唯爱春风烂漫游。"
>
> ——《和秋游洛阳》唐·徐凝

经学的"官方教材"

作为中国传统文化的代表，儒家学说在汉武帝时期逐渐成为正统思想。汉武帝采纳董仲舒"罢黜百家，独尊儒术"的建议，设置五经博士专门讲授儒家经典，从此经学成为中国传统文化的正统，儒家经典成为官方指定教材。

东汉初年，光武帝在洛阳偃师一带建立官方最高学府——太学。汉顺帝时，对太学进行了重修和扩建，学生人数最多时竟达3万人。由于当时经书都是互相传抄，难免会出现错误。175年，汉灵帝命蔡邕等人以隶书写定《诗》《书》《易》《仪礼》《春秋》《公羊传》《论语》等经书，写定的经书被刻在46块石碑上，立在太学，以便读经人校对正误。《后汉书》记载，熹平石经公布后，每天有上千辆私人车马载人而来，大家在石碑前围观抄写，一度造成交通拥堵，成为当时洛阳城内的一件文化盛事。

▼ 青铜编钟

周公制礼作乐，以乐辅政，建立起了中国第一个宫廷雅乐体系。这套战国时期的编钟出土于河南信阳。编钟、编磬是周代贵族礼仪活动中主要的打击乐器，其演奏之声被称为"金石之音"，象征着内涵深厚的礼乐文化。

▶《二程夫子画像》
程颢、程颐两兄弟少年时代同受业于周敦颐，因是洛阳人，人称其学说为洛学。

程门立雪

进士杨时为了丰富自己的学问，和朋友游酢来到洛阳（一说是嵩阳书院）拜师程颐，但是正遇上先生闭目养神。这时，外面大雪纷飞，两人恭立一旁，静候求教。先生醒后，门外的积雪已经一尺多厚了。后来，杨时学得真谛，德望日重。"程门立雪"的典故就化为了尊师重道和诚心求学的千古美谈。

"二程"与宋代新儒学

从西汉到隋唐的1000多年间，儒家学者偏重于名物制度、章句训诂，讲究的是师承家法，对经义本身并无多少争论，从而治经道路越走越狭窄，汉唐儒学这种旧传统亟待变革。北宋中期起，儒学领域出现了新的气象，群儒奋起，从儒家经典中寻找新答案，汲取新的养分，逐渐形成了带有两宋鲜明时代特征的新儒学——包括各种儒家学派在内的宋学。神宗前后，宋学进入昌盛时期，以程颢、程颐为代表的洛学是其中一支。宋学发展至南宋，正式衍生出理学，并成为宋学中的主要学派，二程则是这一发展过程的先驱人物。

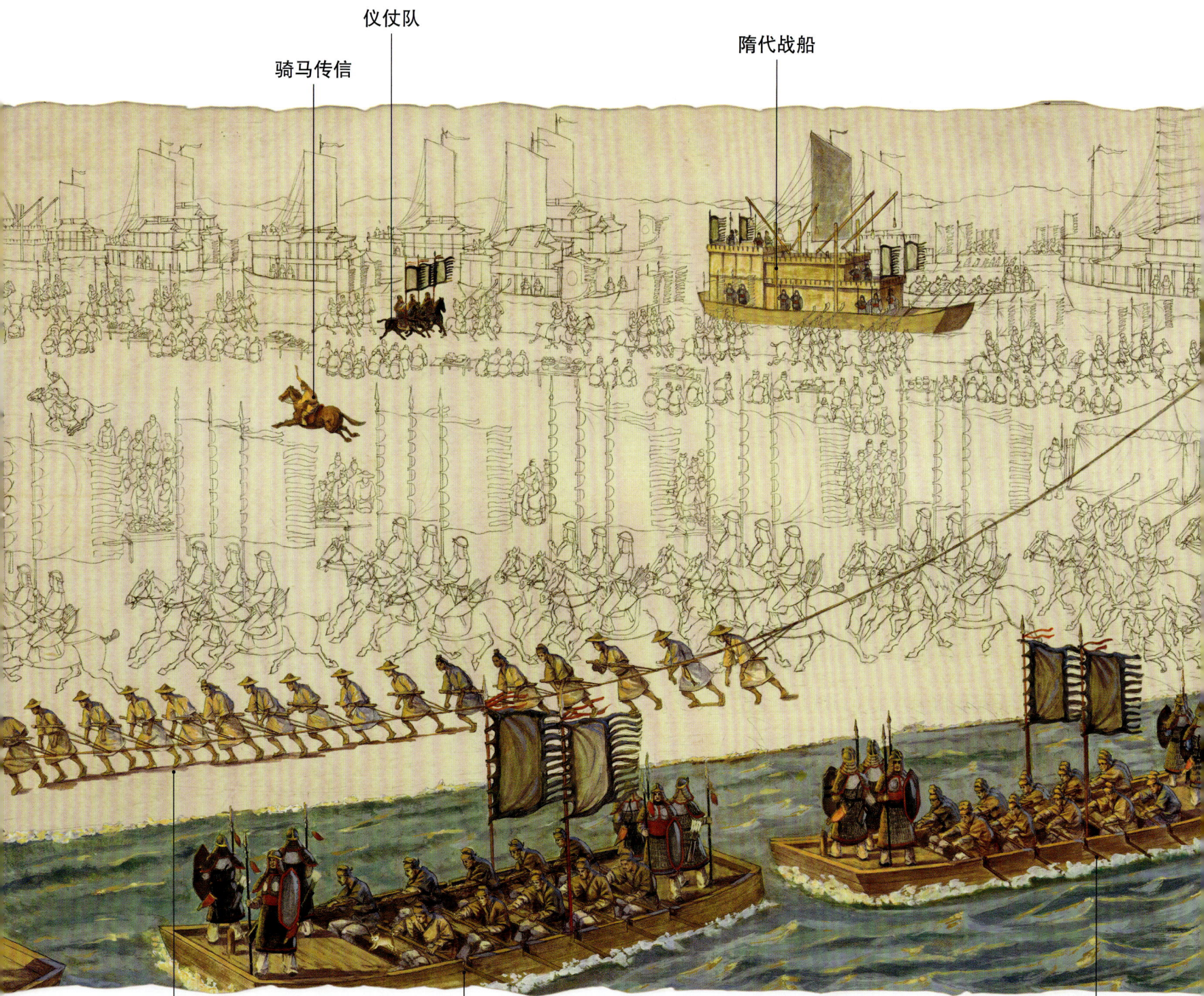

仪仗队

骑马传信

隋代战船

纤夫为龙船提供动力。

护卫船

隋炀帝乘坐龙船南下巡视。

凤船

到洛阳城进行贸易的西域商人也随船前行。

▲ 水上宫殿

隋炀帝疏通大运河，从洛阳乘龙船南下江都，龙船上有四层建筑，像一个庞大的水上宫殿。

观·运河画卷

还原"洛阳八小景"之一"瀍壑朱樱"

昔日，瀍水发源孟津，流经邙山，形成沟壑。瀍壑两岸种满樱树，暮春之际，樱花怒放，初夏时节，樱果累累，形成了有"洛阳八小景"之称的"瀍壑朱樱"。如今，该景观位于瀍河与洛河交汇之处，别苑、塔、阁、桥等建筑与水相映成趣，颇具古韵。

郑州

郑州，东衔黄淮平原，西接中岳嵩山，傍于黄河南岸，素有"雄峙中枢，控御险要"之称。夏、商两朝及管、郑、韩三国曾在此地建立都城，秦汉时期置郡县，魏晋南北朝及隋、唐、五代、宋、金、元、明、清时期曾为州的辖地。黄河在此奔流过境，与保留至今的大运河郑州段共同见证着郑州跌宕起伏的变迁。

1950年，在郑州发现面积达25平方千米的商代遗址，其中有一处筑有内、外城的商代前期城址，高出地面的城墙至今仍有残存，成为早商文明和早商都城存在的历史印记。大量的青铜器、兵器和生产工具等金属铸件、一些陶文符号和古文字遗存、多处与礼制有关的祭祀坑遗迹，展现了郑州商城的文明化进程，使人们得以了解早于安阳殷墟200多年的商代前期王都风貌。

荥阳故城

郑州地区在春秋战国时期，先后更迭为郑国和韩国。郑、韩地处中原，万商辐辏，物流通达。尤其是战国时期魏国开凿鸿沟，连接了济、汝、淮、泗四大水系，韩国则在魏国鸿沟的基础上进一步开通水道，形成以位于今天郑州西北古荥镇的荥阳故城为中心的航运网络，使其成为战国时期中原腹地的商贸中心。

汉魏晋时期，鸿沟水系进一步完善，地处鸿沟与黄河交汇处的荥阳继续发挥水陆交通优势，在促进郑州地区的经济发展上作用显著。《汉书》中记载，秦代时荥阳便拥有冶铁基地和大型粮仓，而粮食的转运、冶铁原料的输入及冶铁产品的输出都有赖于便利的水路网络。

《盐铁论》中提到，大夫桑弘羊称"燕之涿、蓟……韩之荥阳……富冠海内，皆为天下名都"，并且还专门指出它们的富庶并非因为农桑，而是因为占据水路交通要道，即"居五都之冲，跨街衢之路"。

从鸿沟到贾鲁河

鸿沟在秦汉魏晋南北朝时期，是黄淮间主要水运交通线路之一，郑州段运河始于鸿沟水道。隋代开凿的通济渠，东段自板渚（今郑州荥阳西北）引黄河水沿鸿沟旧道注入淮河，流经郑州的这段航道就成为了隋唐大运河的重要组成部

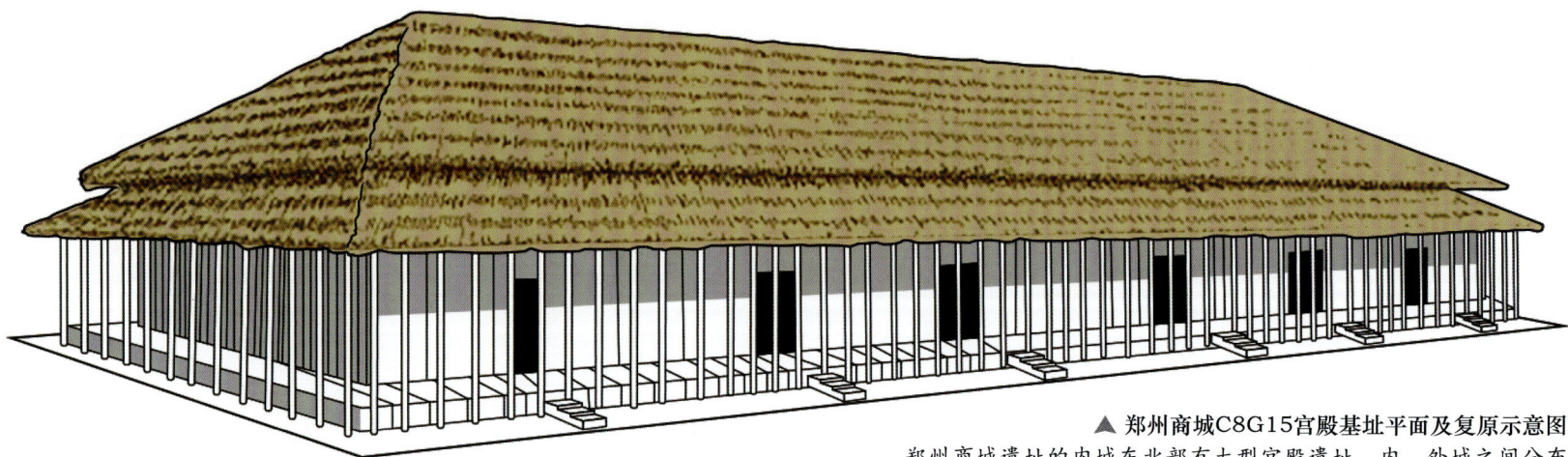

▲ 郑州商城C8G15宫殿基址平面及复原示意图

郑州商城遗址的内城东北部有大型宫殿遗址，内、外城之间分布有各种手工业作坊遗址。其中规模较大的C8G15基址东西长超过65米，南北宽13.6米，可以复原为一座周围配有廊庑的长方形建筑。

▶ **大运河通济渠郑州段**
现今河道被称为索须河，西起惠济区北部的丰硕桥，向东在祥云寺村汇入贾鲁河，全长约15千米。

分。唐代时往两京（长安、洛阳）漕运物资需从郑州段西入黄河，往北方运送物资也需从郑州段北入永济渠，河道内"商旅往还，船乘不绝"。

　　宋代时通济渠被称为汴河，郑州段运河作为汴河上游，在国家漕运中发挥了重要作用。南宋时期的一次黄河大改道，使汴河逐渐掩埋于黄河泥沙之下。1169年，南宋使臣楼钥在出使金国的途中，曾描述过

朱仙镇水运时代的见证——大石桥

元末明初之际，伴随贾鲁河的疏浚，朱仙镇因水而盛，逐渐奠定其"四大名镇"的地位。当时，贾鲁河上舟楫忙碌，载客运粮，一派繁荣景象。贾鲁河贯通朱仙镇南北，为便利运粮河畔的交通，明初在河上修造大石桥。桥为五孔石拱桥，呈东西走向，长30米。如今，大石桥依然矗立在这里，成为见证昔日朱仙镇繁忙水运的重要历史遗迹。

汴河的淤废破败，留下了"河益堙塞，几与岸平，车马皆由其中，亦有作屋其上……汴河底多种麦"的记录。到了元代，由于深受河患困扰，元顺帝命贾鲁主持治理黄河下游河道，在疏通故道、开凿新河道

的基础上沟通了黄淮水系，漕运得以复兴通畅，造福一方。后人念及贾鲁治理河患、疏导河运有功，将流经郑州、朱仙镇等地的这段河流命名为贾鲁河，它在元明清时期有力地推动了沿线的发展。其间，贾鲁河沿岸的周家口和朱仙镇的河港经济就是借着运河漕运的东风起飞的。

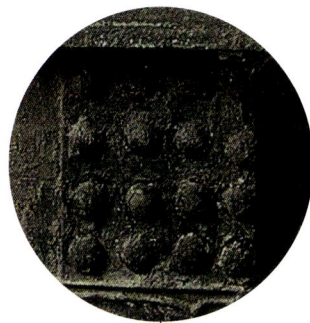

乳钉纹

▶ **乳丁纹青铜方鼎**
又称杜岭方鼎，出土于郑州，是目前已发现的商代前期体积最大的青铜器，应是商王室的宗庙重器，表明这里曾是当时商代的统治中心。

饕餮纹

> **泛舟入荥泽，兹邑乃雄藩。河曲间阎隑，川中烟火繁。**
> ——《早入荥阳界》唐·王维

守望运河的千年石桥

郑州惠济桥作为隋唐大运河通济渠郑州段的桥梁遗存，因其合理的建造技术屹立至今。它曾承担着沟通南北交通的功能，目睹了当时漕运的盛况；同时，惠济桥周边也是当地物资和人员的集散中心，由此衍生出极具地方特色的桥市、狮舞等多元文化。

▼ 维修后的惠济桥
20世纪50年代，惠济桥桥基被淤泥淹没，桥体残破，桥楼不存，整体保存状况不佳。2013年，有关部门对其加固修整，采用科技和传统相结合的方式，弥合桥面断裂、复原桥楼、铺设河底桥基等，使惠济桥重现光彩。

通济渠郑州段是全渠要冲。它北濒黄河，水陆线交错，江南与冀北的物资都在此转运。惠济桥就位于今郑州市惠济区惠济桥村，古时这里为惠济镇，属荥泽县。

"烟火千家，贸迁万种"

清代《荥泽县志》称惠济镇"诚一邑之雄镇也"。"附居者烟火千家，往来者贸迁万种"，运河的开凿带动了沿岸商业的兴盛，惠济镇上车水马龙，店铺鳞次栉比，涉及丝织、盐业、烟草等各行各业。考古发现，惠济桥上还留有深深的车辙痕迹，印刻着当年桥两岸商旅往来贩运的繁忙；桥周边还散布着粮仓、码头遗址，也为我们勾勒出当时漕运的盛况。

"长桥飞架卧碧波，疑是彩虹落天河。凭栏远眺频惊叹，美哉运河胜景多！"惠济桥西曾有一处叫"南大馆"的古代驿站，可供车、马投宿，往返京都的官吏、商旅、文人墨客等曾在此下榻、落脚。小憩之后，还可一赏惠济桥美景，顺道在桥市上游玩采买。诗歌里昔日运河的浪涛声和古桥初建时俊美的风貌早已远去，但屹立至今的惠济古桥仍诉说着那些逝去的繁华。

桥辫与狮舞风俗

除了发达的商品经济，惠济桥两岸丰富多彩的民俗活动也颇具特色。

到了清代，惠济镇的双日集已成气候。其中，惠济桥附近的桥市在兴旺的运河经济助推下，成为商人云集、商品荟萃之地。商贸集市中既有南来北往的运河物资，又不乏当地特产百货，比如惠济桥"桥辫"。荥阳地区的农妇利用麦秆手工掐制成草帽辫，经进一步加工成为草帽类日用编织品。史志记载掐辫制帽最早始于惠济桥一带，故称"桥辫"。因其草质坚而韧，柔

▶《豫省舆图》（局部）
黄河贯穿河南全境，图中可见荥泽、郑州、朱仙镇、贾鲁河、郭店驿等地标之间的驿路里程。

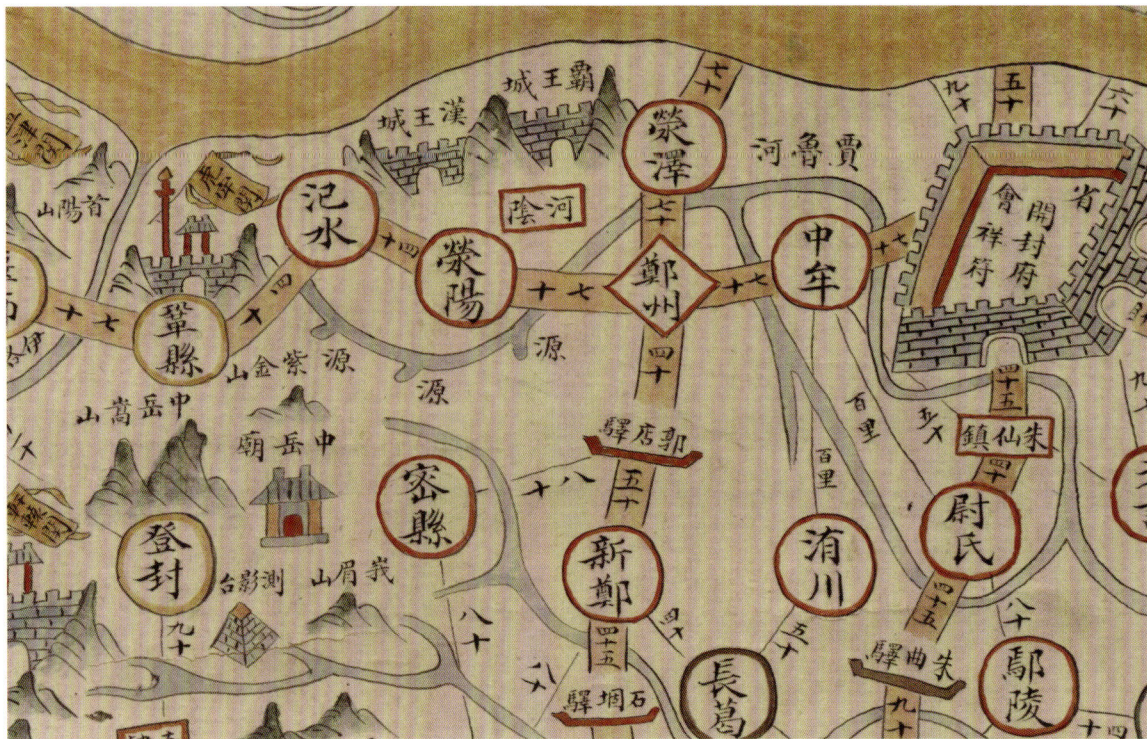

赶集也分单双号？

以前，交通条件欠发达，人们步行去周边赶集，一天通常只能去一个地方。为便利物资交易，做到管理有序，集市组织者就把场期协调排开。有分农历单、双日的，也有逢五、十日的。大家约定俗成，交叉开市，按期赴会。如果恰巧遇到农历二十九和初一相连，实行单日集的便可连去两场。而实行逢五逢十集的，当月因为没有农历三十就要少一场。虽规定了场期，但当天开、罢市时间取决于"人气"，人多即开市，人散即罢市。

而润，远销各地，代代传习。《清明上河图》中不少戴草帽的路人，他们头上的草帽或许就来自惠济桥市。

由惠济桥衍生出的非物质文化遗产还有盛行一时的狮舞风俗。惠济桥狮舞产生于清代中期，已有200多年历史，据传是源于镖行的镖头在押镖时用舞狮卖艺来隐藏货物的"小

妙招"，舞与武、舞与乐有机结合，套路丰富，师徒传承，延续至今。如今维修后的惠济桥，立柱上雕刻着狮子形象，仿佛是将昔日舞狮的盛况长久地定格于此。

屹立不倒的惠济桥

这座运河故道上的石拱桥历史悠久，具体建造年代史志中已无明确记载。2012年在惠济桥的桥面、桥侧河道及河堤处发掘出唐代至清代的文化堆积层及大量遗物，其中元明两代遗物最为丰富，桥墩则叠压在元代堆积层上，结合桥的建造形制，学者推测石桥应为元代所建、明代重修。惠济桥饱经岁月剥蚀，屹立至今，这与它科学的建筑位置、精湛的建造技艺等息息相关。

◀乾隆《荥泽县志》卷首《荥泽八景》
中绘制的惠济长桥
桥为三孔拱桥，两侧各有六组望柱和石栏板，桥中孔券装饰有兽面雕刻，首尾两端立高大桥楼。

《荥泽县志》记载："惠济桥，在县东八里许。昔贾鲁河经流其下，今河徙而南，止存石桥。"由此推测，惠济桥所跨河道可能是通济渠引河入汴的故道。运河在此经历回环曲折之后，水势减缓，惠济桥合理的选址，弱化了河水穿桥而过的冲击。在建造过程中，工匠们采用了木桩技术，石磉筑基，垂直承重墙的迎水面做成船形的分水尖，纵连式的砌拱法使整个拱券紧密连成整体，对桥身和桥基的稳固起到了有效的保护。

在惠济桥的前世今生中，它予人恩惠的同时，也得到了运河沿岸一代又一代民众的营建和修护，留下了许多"惠"与"济"的故事。它没有因破败失修而湮没在历史的洪流之中，而是作为运河文化的载体，在运河沿线成为民众心中一架屹立不倒的精神之桥。

> ❝ 彩虹天半落何年，惠济佳名到处传。❞
>
> ——《惠济长桥》清·崔淇

开封

开封坐落在广袤的豫东平原上，依傍黄河之滨，素有八朝古都之称，文物遗存丰富，城市格局悠久。历史是她的灵魂，水则是她的命脉。鸿沟使开封成为水运网的中心，坐享通衢之利；北宋定都又以汴河水运为依托，孕育了东京繁华与宋都风雅。

自夏王朝在开封一带建都起，战国时期的魏国，五代时期的后梁、后晋、后汉、后周，再到宋和金等，都曾把都城设在开封。这座古城风貌浓郁，其繁荣兴旺和水密切相关。

大梁初建，鸿沟开凿

开封是古代中国较早开凿运河的地方。战国七雄之一的魏国将都城迁至今开封一带，营建起坚固恢宏的大梁城（位于今开封西北），与此同时，还兴修了最早沟通黄河与淮河两大水系的人工运河——鸿沟。

鸿沟的开凿，为中原地区铺开了一张四通八达的水运交通网。水利既兴，农业、商业得到极大发展。魏国的船只从大梁出发可以直接驶入韩、楚、卫、齐、鲁等国，促进了魏国与周边国家的往来联系。凭借巨大的交通优势，大梁成为当时繁华的名都大邑。魏国也由此在政治和军事上迅猛发展，富甲中原，迎来了霸业的巅峰。

宋都东京

960年，后周禁军统帅赵匡胤在陈桥驿（今河南封丘东南陈桥镇）发动兵变，建国号宋，史称北宋。北宋以东京开封府（后又称汴京、汴梁）为都城，开封迎来了其建都历史上的高光时刻。

东京城为东北西南走向的长方形，建有宫城、内城和罗城。宫城，时称"大内"，为朝会之所和内宫所在。它一改早期都城以土筑为主的建造方式，采用砖砌城墙。

▼《大驾卤簿图书》卷（局部）
这幅画卷表现了北宋皇帝前往城南青城祭祀天地时的宏大场面。

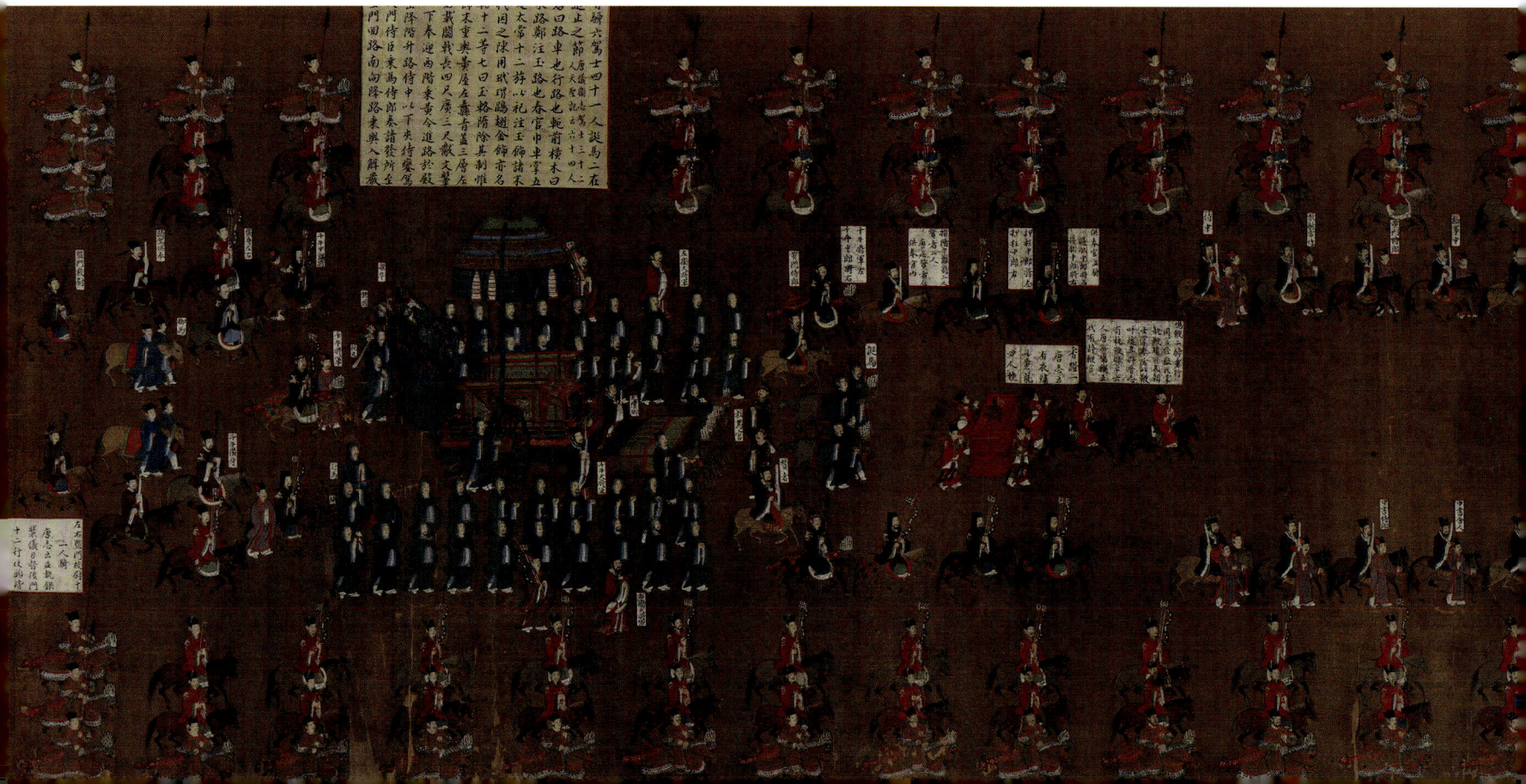

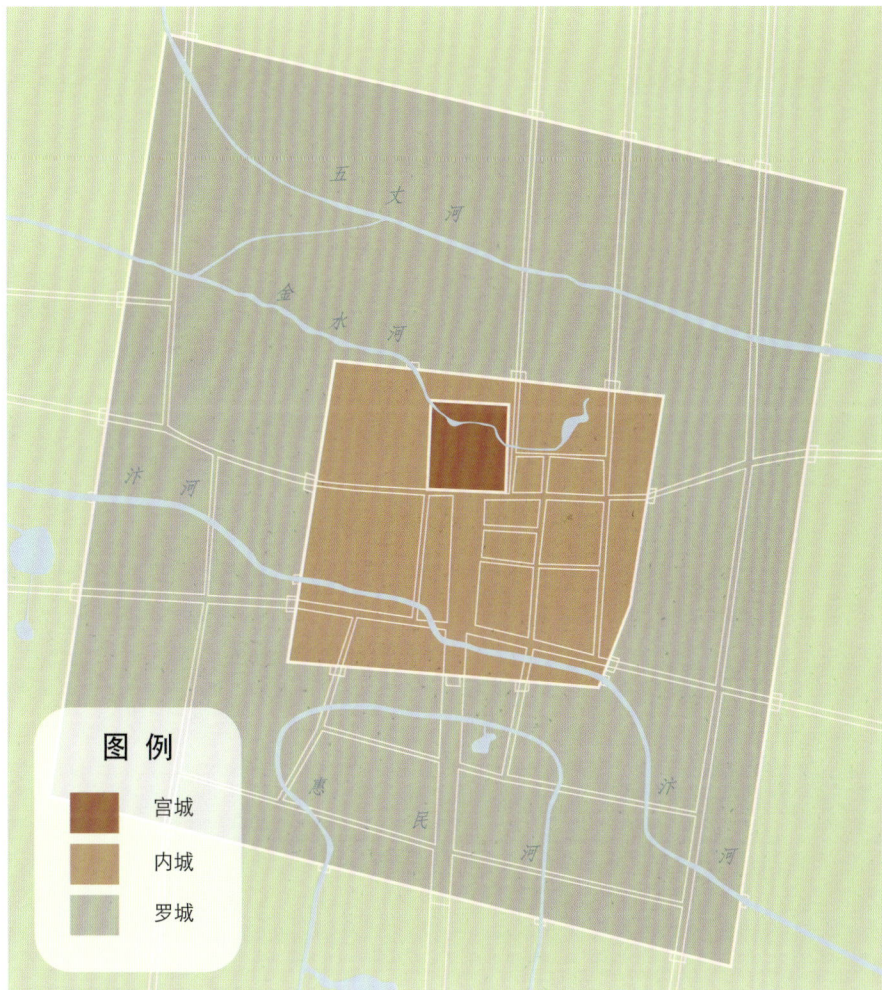

▲ 北宋东京开封府示意图
北宋东京城中许多城门都是因河而置。其三重城布局对后世的都城建制影响深远。

内城，是东京的商业中心和居民聚集区。由于突破了坊和市的界限，店铺临街而立，商品交易繁盛。罗城扩建后在东部设有仓库和水运码头，接纳来自运河的船只与货物，带动了集市的兴旺，城区内一派富丽景象。宋人有诗"曾观大海难为水，除去梁园（开封别称）总是村"来慨叹东京城的恢宏是其他城市所无法比拟的。当代学者通过考据与对比分析，指出当时东京城人口最盛时超过100万，东京无疑是当时世界上最繁华的都市之一。

北方水城

北宋东京城内汴河、惠民河、金水河、五丈河四大漕渠贯通，有"四达之会"的称号。

《马可·波罗游记》曾这样形容汴梁的水运："汴河直通运河，北连通州、南通杭州，城内六条水系，和我的故乡威尼斯何其相似！"

龙纹砖

开封灌汤包

通济渠畔的灌汤包子是一道著名的运河小吃。记录开封府城市风貌的著作《东京梦华录》就多次提及开封的包子和包子铺。"提起来像灯笼、放下像菊花"正是对开封灌汤包的形象表达。

发达的水运体系是古代开封发展的重要依托。正因如此，北宋东京城借助四通八达的水陆交通，积聚起四方财富，完成了政治中心和经济重心的贯通。汴河是北宋运河漕运的主干道，也是东京开封的生命线。汴河自西向东穿城而过，东京每年所需的江淮粮米、丝茶百货等各种物资都通过汴河漕运输送。河畔两侧成为货栈摊贩、市集驻扎的最佳选择，这极大地促进了东京的经济发展和商贸繁荣。清明时节，每年的第一批漕船如约而至，城内百姓齐聚汴河两岸，熙熙攘攘。

遗憾的是，由于战争和水患的原因，北宋东京繁华的一切如今被深埋在淤泥之下。位于今天开封城区内东北角的开封铁塔成了东京所剩不多的"目击者"。

▶ 开封铁塔
始建于宋太宗时期，最初是木塔，后来改建为砖塔。其外壁镶嵌着赭色琉璃砖，宛如铁铸，因此俗称"铁塔"。

> ❝ **万艘北来食京师，汴水遂作东南吭。** ❞
>
> ——《汴河》宋·黄庶

一城宋韵半城水

宋代汴河流经开封的里外城，水陆交通的便利造就了赵宋之世革新鼎故的时代氛围和开封创新图变的文化气质。水利之士治黄通汴，汴河通，开封兴；变法图强刺激了以开封府为国家中心的北宋在经济上的繁荣；宋代文化科技也因此走向兴盛，杂剧艺术、自然科学等成就突出。

历史学家陈寅恪曾说："华夏民族之文化，历数千载之演进，造极于赵宋之世。"事实证明，繁荣的海上丝路、精湛的五大名窑、奇巧的科技发明、蓬勃的文化艺术在这个时代大放光彩，而开封如同万花筒一般，透过它可以领略到流光溢彩的大宋文化。

汴河上的水利工程

"汴河通，开封兴。汴河废，开封衰。"从这首在开封流传的歌谣中，可以看出汴河对于古代开封的重要性。

东汉时期，开封周边水网密布，作为漕运要道的汴渠（唐宋以后称为汴河），它的畅通离不开水利名臣王景的功劳。由于黄河决口，水侵汴渠致使漕运困难。汉明帝时期，面对肆虐已久的水患，王景在对汴渠裁弯取直、疏决壅积、加固险段的同时，又采用"十里立一水门"这一独到的修治方法，控制水流，缓解了水漫冲堤和泥沙淤积的风险。此后，黄河两岸得以重新耕种，汴渠漕运恢复畅通。

北宋依托汴河择都开封，对于汴河的治理从未懈怠。熙宁年间，黄河泛滥一度危及东京。科学家沈括精通水利，奉命疏浚汴河。其首要工作就是进行河道测量。汴河下游从开封到泗州（今安徽宿州及江苏淮北一带）地形复杂，为此他采

范仲淹治水

北宋名臣范仲淹除文学方面的成就外，在任苏州知州时，还曾因治水有功，调回京师，升任过权知开封府。当时苏州水患严重，范仲淹以"修围、浚河、置闸"为治水方略，倡议兴修水利，导引太湖水入海。最后积水退去，良田重现，他的治水方略也流传了下来。

用"分层筑堰法",使河道形成分级阶梯。他通过逐段测量,累积测得开封和泗州之间地势高度相差十九丈四尺八寸六分。沈括治水测得的数据,单位精细到寸分。这不仅有助于清淤造地,引水淤田,也为后续的导洛清汴工程打下了基础。

为了进一步改善汴河条件,保障漕运交通和京都供应,到了神宗年间,水利专家开封人宋用臣决定撇开黄河,引洛水入汴河。此举使河道泥沙大为减少,汴河航道得以改善,漕运顺畅。

大宋改革家

北宋初期,面对"冗官""冗兵""冗费"的窘境,一些有识之士积极呼吁实行变法。范仲淹和王安石是其中的代表人物,他们的改革大业就是在开封进行的。

为了解决财政危机和军事危机,1043年,范仲淹提出十项改革建议,史称"庆历新政"。新政虽遭到保守派强烈反对而失败,但为王安石的全面改革奠定了基础。

1069年,王安石开始进行一系列变法,目的在于富国强兵,扭转"积贫积弱"的国势。新法实行十余年,取得一定成效。新法遭到反对派攻击最终被

▲《清明上河图》清院本(局部)
该图描绘了大运河影响下的北宋都城东京开封府的盛况。东京及汴河两岸的商业景象和自然风光、东京城内丰富的文化生活和人文风貌跃然纸上。

废除,但大宋改革家锐意进取的精神和积极解决社会危机的胆识为后人所称颂。

开封城里的戏曲"名角儿"

北宋时期,城市经济繁荣,市民阶层的文化生活需求随之增长,东京开封府兴起了专门的"演艺中心"——瓦舍勾栏,其间表演说唱,耍傀儡戏和杂技等,精彩纷呈。宋杂剧就是在瓦舍勾栏中,综合各种伎艺之长形成的戏曲艺术形式。宋代也被认为是中国戏曲艺术的形成期。

据《东京梦华录》记载,皇帝曾登临宝津楼观看丁都赛等杂剧艺人表演。丁都赛是迄今所知中国戏曲史上第一位有形象传世的杂剧表演女艺人(见右图)。

听·文物故事

▶ "丁都赛"戏曲雕砖
该砖雕出土于河南偃师一座宋墓中。图中丁都赛头裹软巾,上簪花枝,身穿圆领长袍,腰系帛带,背插团扇,足蹬筒靴,拱手作揖状。

大运河在开封形成纵横交错的水网，
与含沙量大的黄河相连。

这种长柄刀刀身很重，
用于攻打敌方骑兵。

炭火盆

兵器被放置在木架上。

赵匡胤的手下把黄袍披在他身上，拥立他为皇帝。

宋代以后，凳子成为一种常见的坐具。

▲ 陈桥兵变

960年，陈桥驿发生兵变，赵匡胤以运河城市开封为首都，建立宋王朝。开封依托发达的运河水运，成为当时世界上最繁荣的城市之一，旷世驰名的《清明上河图》也得以成就。

观 · 运河画卷

北宋州桥堤岸石壁重见天日

北宋东京城州桥遗址是北宋东京城中轴线御街与大运河汴河段交汇处的标志性建筑。州桥东侧的汴河河道两岸发现大型浮雕石壁，每组为一匹海马和两只仙鹤环以祥云组成，与《东京梦华录》"近桥两岸，皆石壁，雕镌海马、水兽、飞云之状，桥下密排石柱"极其吻合。

淮北

"橘生淮南则为橘，生于淮北则为枳。"这里的"淮北"，是指地理范围上淮河以北的地区。中华人民共和国成立后，"淮北"才真正成为一座城市的名称。淮北位于安徽省北部，毗邻江苏和河南两省。隋代通济渠开通后，大运河流经淮北的百善、四铺等城镇，造就了这里经济的繁荣，也塑造出淮北这座城市的样貌。

淮北古称"相邑""相城"，得名于佐夏有功的商先公相土。相传相土发明了交通工具马车，并辅佐夏王朝开疆拓土，因此在《诗经》中留下了"相土烈烈，海外有截"的功名。

宋共公时局下的权衡

20世纪60年代，淮北还存有春秋战国时期的古城墙遗迹，城墙用夯土修筑，主要用来防御。2009年，考古人员在淮北发掘出战国时期的石砌排水设施，即用于排放城市积水的水门。这些遗迹表明，春秋战国时期的相城已初具城市规模。

春秋战国时期，相城波谲云诡。时属宋国的相城，因地理位置的重要，成为各方诸侯的必争之地。史书记载，宋共公为躲避水患，将都城从睢阳（今河南商丘）迁到相城。当然，更重要的原因是，宋国虽为周天子分封的诸侯国，但实力弱小，一直周旋于各诸侯国之间。宋共公迁都，也可能是在动荡时局中不得已做出的选择。

通济沿岸的人烟阜盛

自隋代到宋、金时期，通济渠塑造出淮北独特的地貌，也带来了城市持续的繁荣和活力。流经安徽的运河总长约180千米，而淮北段就占据了约42千米。作为漕粮运输的必经之地，这里舟船络绎不绝，人口物资不断聚集。运河沿岸分布着百善、铁佛和四铺等大规模的集镇，想必那时店铺鳞次栉比，商贸活跃。

◀ "宋公栾"青铜戈
春秋时期的青铜兵器。根据错金铭文可知，器物主人为宋公栾。宋公栾是宋国第27任国君宋景公。

◄ 淮北隋唐运河古镇
淮北隋唐运河古镇的主体建筑仿照唐代建筑风格，镇中还复原了斗门船闸、拖船堰埭、转般漕仓等运河遗存，现已成为淮北旅游文化名片。

> " 陴湖绿爱白鸥飞，濉水清怜红鲤肥。 "

——《醉后走笔酬刘五主簿长句之赠兼简张大贾二十四先辈昆季》唐·白居易

茶香弥漫的临涣

隋唐大运河开通后，淮北的临涣古镇就成为商贸往来的交通要埠。明清之际，为适应经济生活的需要，商贾从南方将饮茶习俗带到这里，于是临涣古镇出现了众多具有地方特色的茶馆和茶楼。临涣人最喜欢喝"棒棒茶"，茶叶主要来自大别山下的六安。这里自古多名泉，甘甜爽口的优质泉水也滋养了临涣的茶文化。

运河堤坝北高南低，一到汛期，南岸常常决口，因此大水裹挟着泥沙就会冲向决口的两边，形成众多今天仍能见到的湖洼地。

明代初年的"移民潮"

元代末年，由于长期战乱和连年的水旱蝗灾，中原地区人口锐减，久而久之，土地荒芜。明代起，为休养生息和巩固统治，朝廷做出了移民屯田的决定，洪武年间多次从山西南部招徕移民到华北、江淮地区开垦荒地，并给予一定的优待政策，也由此兴起了一场大规模的移民潮。

明代，淮北隶属凤阳府。祖籍淮北地区的明太祖朱元璋格外重视这一地区的农业发展，严格推行移民屯田政策，同时免除一定的赋税，促使淮北地区的经济逐渐恢复。如今，淮北濉溪的蒙村还留有一座明代洪武年间从山西洪洞县迁居到这里的张氏一族为祭祀祖先修建的老祠堂。

卫辉府

雕龙图案

雕龙图案

右侧刻"山西泽州建兴乡大阳都为迁民事侨汲县西城南社双兰池居住"，中间刻里长、甲首和户主的姓名，左侧刻"大明洪武贰拾肆年中秋 月 日碑记，石匠王恭"。

► "汲县移民碑"拓片
碑文记述了1391年山西某地111户村民集体迁往河南居住的史实，是明代初年大规模移民的重要物证。

柳孜运河码头

20世纪90年代末，考古人员在淮北濉溪县省道改建时发现了柳孜运河遗址，这是隋唐大运河建筑遗址的首次发现。唐宋时期的石构建筑、沉船以及数量惊人的陶瓷器、铜钱等被挖掘出来。随着考古的深入，柳孜的面貌、当年的水工技术、通济渠河道的走向与规模也逐渐清晰地呈现在世人面前。

历史上记载不多，地名又变更频仍，隋唐大运河通济渠的流经线路一直存在争论。

解锁运河流向之谜

一部分学者支持"北线说"，即通济渠出河南商丘后，经江苏徐州、泗洪，汇入淮河。而"南线说"则认为，通济渠出河南后，向东南方向进入安徽濉溪、泗县，再流向淮河。柳孜运河遗址的发现，证实了运河故道曾途经"南线"的安徽。无独有偶，2006年和2012年

考古人员又先后在安徽宿州、泗县发现了运河遗迹，为"南线说"提供了确凿的证据，破解了长期困扰人们的运河流向之谜。

柳孜"看得见"的繁华

柳孜史称"柳子"，又称"柳江口"，位于今天淮北市濉溪县百善镇内，通济渠自西北向东南贯穿这座村镇。

在柳孜遗址，考古人员发现了8条唐宋时期的木质沉船，尽管这些船体多有破损，但仍可辨识出它们

顺着河道密集地排列，几乎船头接船尾。这直观地展现了《元和郡县志》中描绘的"舳舻相继"，漕运繁忙的盛景。据专家考证，这些船只都是典型的内河船，既有货船，也有客船。船身狭长，恰好适应通济渠河道不宽的特点。借运河之便，方圆百里的货物在柳孜的码头中转，再行销到南北各地。

此外，考古人员还发现，在柳孜遗址的河道中，散落着数以吨计的瓷器和瓷片。这些瓷器既有市井百姓的日用品，也有精美完好的陈

▼《清明上河图》
（局部）
通济渠上曾修建了很多这种如彩虹飞跨的木拱桥，但在南宋与金、元对峙时，均毁于战火。

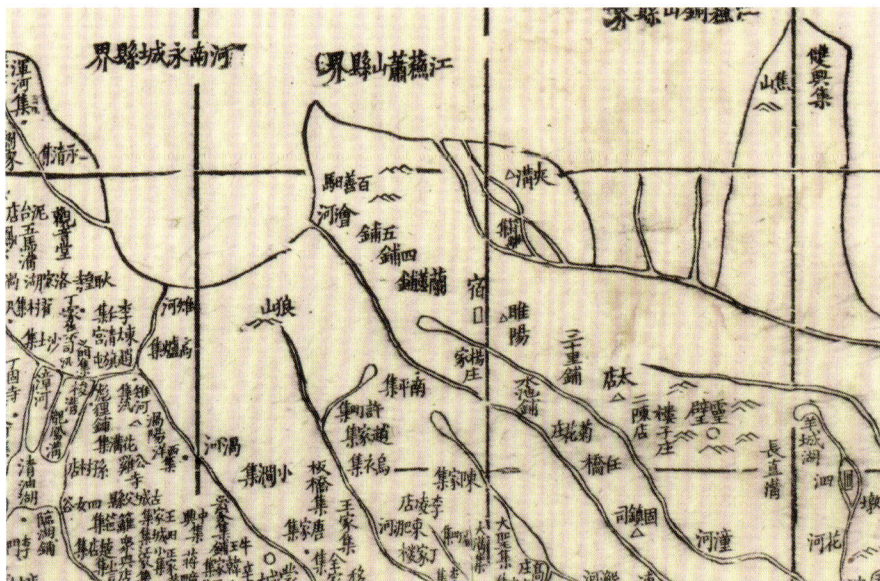

木岸狭河

考古人员在第二次发掘柳孜运河遗址时，意外地发现河道宽度仅有20米左右，且散落着大量成排的木桩，这证实了"木岸狭河"这一创造性治河技术的存在。宋代时，运河宽阔的河道受到黄河泥沙的影响，经年累月地淤塞。水利人员为解决这个问题，对河道进行治理。他们用成排的木桩护岸，使宽阔的河道变窄，水位抬高，水流增大，航运也因此得到改善。

▲《安徽全图》（局部）

清代同治年间绘制的地图。百善镇位于濉溪县中部偏北。通济渠开通后，这里设立了柳孜镇，也就是今天的百善镇。

不是码头，是桥墩！

《清明上河图》中有一座热闹的虹桥，横跨汴河两岸。两侧尽是生意繁忙的店铺，桥面上往来的人群熙熙攘攘。与此相隔200多千米外的柳孜，也曾发现一座很大的石构建筑，当时被专家认为是运河码头。但码头作为船只停泊的重要建筑设施，为方便人和物资的运输，迎水面往往会设计成台阶状，柳孜发现的石构建筑却是陡直的，与形制不符。2012年，在对柳孜遗址进行二次发掘时，考古人员在河岸的另一侧，又发现了相似的石构建筑。根据体量大小和砌筑方法，专家最终确定了它们的用途。原来，宋代时柳孜也曾建有一座形如彩虹的木制拱桥，架在石头砌的桥墩上，而这两个石构建筑就是当年拱桥的桥墩。

设瓷，甚至还有用于娱乐的棋子、儿童的瓷塑玩具。经研究发现，这些瓷器跨越时空，来自20多个不同的窑口，例如安徽本地的寿州窑、萧窑，北方的磁州窑、定窑，甚至还会有南方的长沙窑、越窑等。如此多样化是以往考古发掘所罕见的，因此人们赋予它们一个特别的名字："运河瓷"。唐宋时期，中国制瓷业发达，南北各地的窑场如雨后春笋般涌现。大运河的贯通，为瓷器铺设了广阔的销路。各地瓷器在柳孜销售和中转，进而产生巨大的商贸利润，也因此造就了柳孜经济的繁荣。

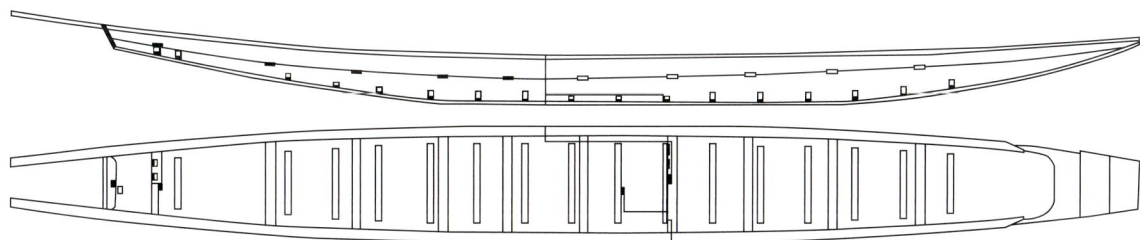

▶ 1号沉船与全船构造复原图

柳孜遗址出土的沉船既有独木舟，也有中、大型运输船。上图为1号沉船构造复原图，下图为出土的1号沉船，这是柳孜运河遗址中较早发现的一般较为完整的唐代木板船。

会通河取"会通天下"之意而得名，开凿始于元代，又称山东运河、鲁运河，北起聊城临清市，南至济宁微山县，全长400多千米。会通河穿越运河全段地势最高的山东丘陵西部，沿线工程密集，是大运河工程技术最复杂的河段之一。

元代以前，大运河以洛阳为中心，元代定都大都，江南漕粮向大都转运需绕道至河南。元代政府在山东境内开凿会通河后，受自然条件限制，有的航道难以持续运行。1411年，明代政府对会通河进行了系统性的疏浚和整修，通过南旺枢纽和节制闸群等关键工程，维持了会通河5个多世纪的持续通航。

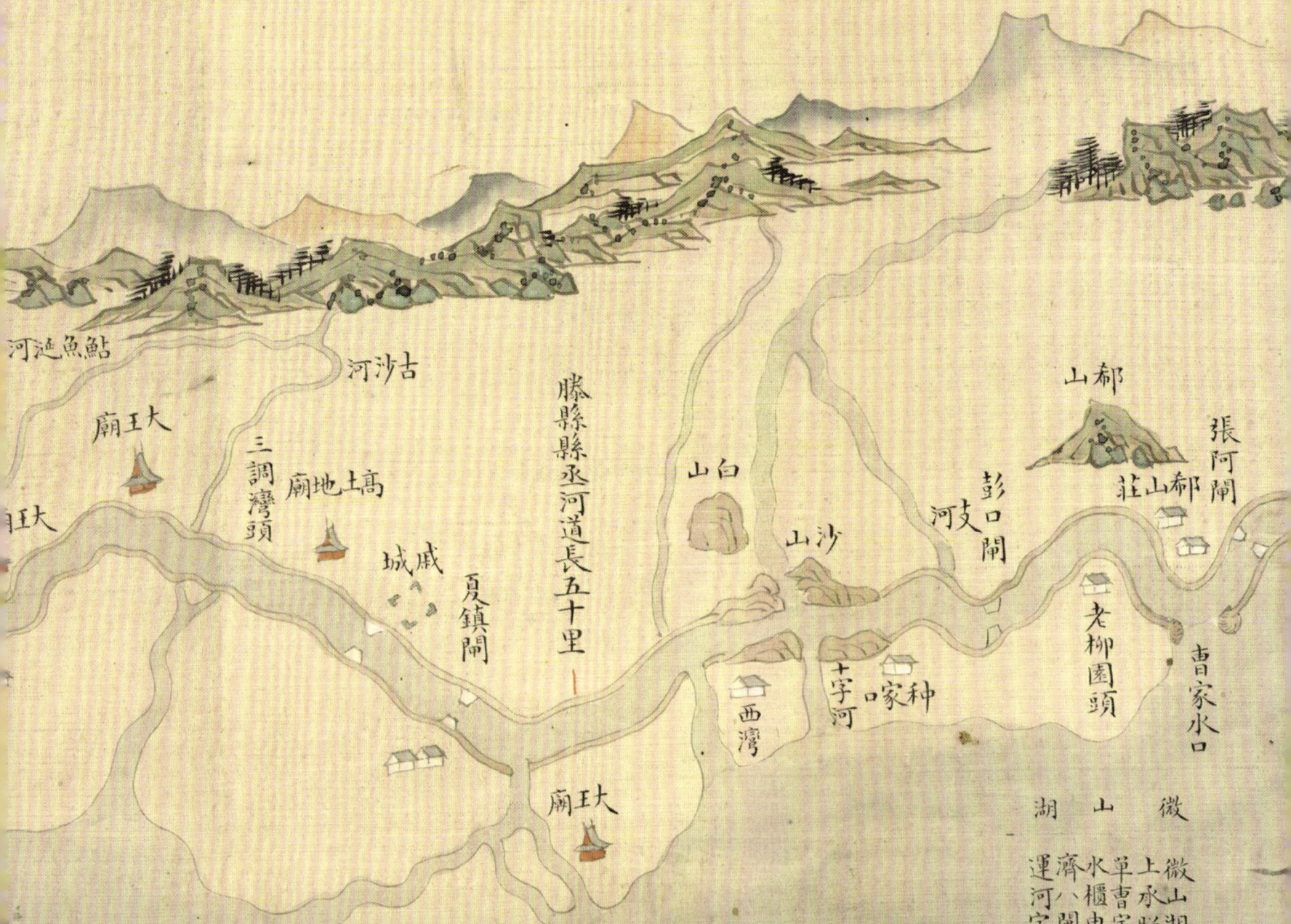

河延魚鮎

古沙河

滕縣縣丞河道長五十里

都山

張阿閘

王大廟

三調灣頭

高地廟

白山

彭口閘

莊郜山

河支閘

王大

戚城

沙山

老柳園頭

曹家小口

夏鎮閘

十字河

种家口

西灣

王大廟

微山湖

微山湖周圍一百
上承昭陽南陽諸湖
單曹宋等州縣水
水櫃由八閘正江
濟水八閘南口雙閘
運河宋誌收水一邱宿
五

会通河

6

临清

临清位于山东省西北部，处在卫河、南运河与会通河的交汇之处，连接着南运河与会通河，是大运河上的咽喉要道。明清时期这里得益于发达的漕运，经济社会繁荣达500余年，缩毂南北、商贾云集、市肆栉比、繁盛非常。临清因河而生，更因河而盛，目睹了运河的兴衰，诉说着历史的变迁。

明清时期的临清十分兴盛，是当时重要的漕运中转枢纽和商贸重镇，这里储存的漕粮一度占到全国漕粮总额的四分之三，享有"南有苏杭、北有临张""繁华压两京""富庶甲齐郡"等美誉。

从无名到有名

"临清"一词最早出现在东晋十六国时期，是"临近清河"的意思。元代以前，临清一直籍籍无名。会通河开凿后，河道途经临清，随后，它便成为了拱卫京师的重要屏障。由于受到水源不足、地势起伏等自然因素的影响，元代的会通河始终存在通航能力不足的问题。因此元代的漕粮运输采用河运、海运并行的方式，临清也并未得到充分发展。直到明代永乐年间，在宋礼的主持下，经过多年的治理和疏浚，会通河全线通航，临清才真正成为名副其实的交通要塞，并逐渐发展成北方著名的商贸重镇。

◀《鸿雪因缘图记——临清社火》
本图出自清代官员、学者麟庆编纂的作品。会通河入城后，在鳌头矶处一分为二，南北分流。1843年，麟庆从清江浦沿运河北上回京，行经鳌头矶时曾望见河岸上热闹的社火表演。

漕帮的守望相助

因漕运聚集的船员、纤夫等人员构成了一个特殊群体，他们"靠河吃河"，以漕运为生，产生了许多不同的帮派，被称为"漕帮"。漕运重地临清自然也是漕帮活动频繁的地方。临清还留下了一块"协公济约碑"，碑文中记载着德州、临清等六地的漕帮约定守望相助、合作运送漕粮的协约。

◀ **18世纪末西方画家笔下大运河岸边的临清城风光**

画中始建于明代的舍利宝塔为"运河四大名塔"之一，另外三座分别为通州燃灯塔、扬州文峰塔和杭州六和塔。

> **❝ 十里人家两岸分，层楼高栋入青云。官船贾舶纷纷过，击鼓鸣锣处处闻。❞**
>
> ——《过鳌头矶》明·李东阳

▼ **临清城内主要商业街市分布图**
"粮行""花行""南货"是清代临清商业的三大宗。

先有仓后有城

作为漕运中转库，仓储设施的重要性不言而喻。为了能够妥善保存大批粮食，明代洪武年间人们便开始在临清建造粮仓。朱棣迁都北京之后，临清作为南方漕粮供给京师的必经之地，一跃发展成拱卫京畿的重镇，临清仓的重要性也进一步提升，仓廒数量不断增加，仓储量一度达300万石。

出于保护仓储的需要，从明代正统年间开始，人们就在临清修建城墙、城门、护城河等防御工事，1450年，临清始筑砖城。后来随着运河的畅通、商业的发展和人口的增加，临清在原有的砖城之外，又形成了新的商业区，因而1511年在砖城外始筑土城。

明清的商埠重地

1542年临清又扩建城垣，比原来的砖城面积扩大了数倍，卫河与会通河穿城而过，将城市分割成几个不同的商业区。其中两河环抱的中州地区最为繁盛，绸缎、皮货、靴帽、瓷器、纸张、南北杂货等各类店铺鳞次栉比，如同一个巨大的百货市场。城市的东、西、北部也分布着粮食、棉花、茶叶等不同货物的集中交易区。作为南来北往的水陆要冲，临清市场上的货物来源极广：既有江南的丝绸、茶叶、瓷器等，又有来自辽东的人参、毛皮等。大量货物的汇集还促进了临清当地手工业的发展，临清生产的手帕、哈达、毛毡、皮衣等都十分畅销。

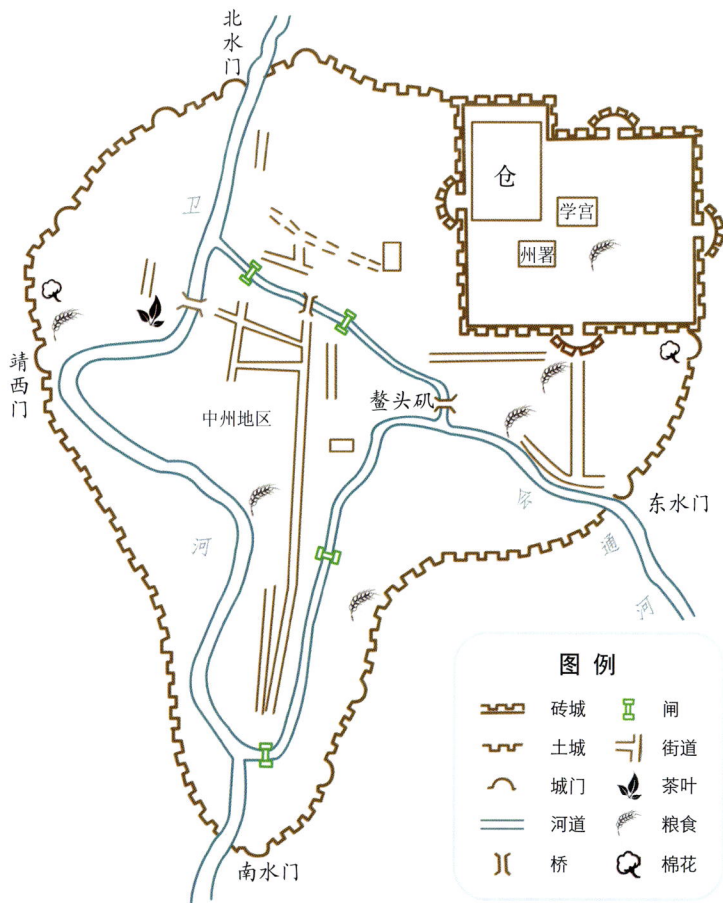

图例

砖城		闸	
土城		街道	
城门		茶叶	
河道		粮食	
桥		棉花	

忙碌的钞关

大运河是南北经济交流大动脉，商贾往来十分频繁，明代政府在运河沿岸设置了专门征收船税的机构——钞关。其中，临清运河钞关设立时间最早，规模最大。它坐落于会通河临清段西岸，迎接着南来北往的商船，也见证了漕运的兴盛。

临清钞关为国家带来大量财富，明代万历年间，这里每年所征税额达到白银8万余两，占到全国钞关税额的1/4，是山东全省课税的10倍。

钞关的来历

钞关隶属于户部，也被称作户关，是明代重要的税收机构。之所以叫作钞关，是因为它在设立之初只收取大明通行宝钞，也就是当时发行的纸币。

世界上最早的纸币，是北宋时期四川地区使用的交子。元代把纸币作为国家法定货币，其中流通最久的叫作至元通行宝钞。明代初年颁布钞法，在全国发行大明通行宝钞。然而，由于无节制的发行，大明通行宝钞迅速贬值，民众不愿意使用，钞关的建立，最初便是疏通钞法的一种手段。

明代前期设立钞关，对运河上的往来船只征收过境税，并且规定必须用大明通行宝钞缴纳。这种过境税被称作船料。到了明代中后期，钞关也开始负责征收货税。尽管后来钞法被废除，钞关这个称谓却被沿用了下来。

▶ **会通河临清段**
时至今日，这段河渠的流向始终未变，沿河的老城格局被完整地保存下来。

钞关的日常

船只到达钞关口岸后，船户便要离船上岸，到关口的阅货厅填写船单，里面要写明船户的姓名、籍贯、船只式样、货物名称、梁头尺寸、需要缴纳的钞银数额等。税额按照搭载人员及货物数量来计算，为了操作方便，通常采用丈量船头尺寸的方式，按船头的大小来收取。船单被填好、呈交后，税吏便带着办事人员上船，对照船单进行查验，无误后，船户再去柜台缴税，然后领一支船筹当作凭证，等到开关放行时交筹过关。

由于运河上船只众多，为避免争抢和拥堵，不同船只的通航和过关都有相应次序，贡鲜船、漕船、官船等都排在民运商船前面。官方船只还享有免税特权，为了避税，有的商人通过贿赂，将自己的货物装在特权船只上，有的则会花钱请一位官员坐在舱中，假装自己的商船是官船。

大明通行宝钞印钞铜版
大明通行宝钞有6种不同面值，最大的是1贯，合1000文或银1两。左图为面值40文的宝钞铜印版。

听·文物故事

传教士的运河之旅

明代，来自意大利的传教士利玛窦曾两次沿着运河北上进京，希望觐见当时的万历帝。第二次旅程中，他在临清遇到了一些麻烦。

一位名叫马堂的太监被派到这里督查钞关的税收情况。利玛窦一行携带的来自西方的新奇贡品激起了他的贪欲。他虚情假意地表示要亲自保管这些贡品，却在抵达天津后将其据为己有，还把利玛窦关在一个破庙里。

直到很长一段时间以后，万历皇帝才想起自己曾看过一份奏折，一个外国人不远万里要来北京给他献上一座自鸣钟。终于，利玛窦得偿所愿进入了京城，马堂也不得不把他扣下的所有礼物悉数归还。

▼ 临清钞关旧址
明代全国八大钞关中，除九江关设于长江航线外，其余7个都在运河沿线，从北至南依次是：崇文门、河西务、临清、淮安、扬州、浒墅、北新。

钞票的由来
钞票一词最初指宝钞和官票。1853年，清政府发行大清宝钞和户部官票，当时人们把它们合称为"钞票"。这个名词一直沿用到今天。下图为壹伯文大明通行宝钞，壹伯文即100文。

紫禁城上有临清

临清的街头巷尾流传着这样一句民谣："临清的砖，北京的城，相隔八百里，漕运六百年，紫禁城上有临清。"临清烧制的青砖"击之有声，断之无孔，坚硬茁实，不碱不蚀"，是明清两代皇家建筑的重要材料。当时的运河两岸曾经遍布砖窑，绵延数十里，这里生产出一块块青砖，沿运河一路向北，建造起雄伟的北京城。

临清贡砖的生产与使用从明代永乐年间一直持续到清代末年，其官窑规模宏大，最盛时"岁征城砖百万"。得天独厚的自然条件、复杂考究的烧造工艺、发达便利的运河交通，为这样大规模的贡砖烧制提供了有利条件。

一块砖的诞生

临清位于黄河冲积平原，河水在这里反复冲刷，造就了大量沙黏适中、质地细腻的淤积土。其层层相叠的结构就像莲瓣一样均匀清晰，被称作"莲花土"，是烧制青砖的绝佳材料。原料土经过选择、过滤、沉淀、踩踏等多道工艺，形成软烂熟化的泥，放置约半个月后再经反复碾压摔打，达到软硬适中的程度，才能用于制作砖坯。

制坯的操作要求十分严格：制作者取一块约30千克重的泥滚成团，用力将泥团摔到砖模里，并将砖模填满，一次成型，这样倒出来的砖坯才能光滑平整、棱角分明。即便是身强力壮的熟练工，一天最多也只能摔出400块砖坯。砖坯经过晾晒和检验后，被整齐码放到砖窑里，再经过历时1个月的烧制和焖窑，才能成为色泽豆青、温润如玉的临清砖。

踩泥

摔坯①
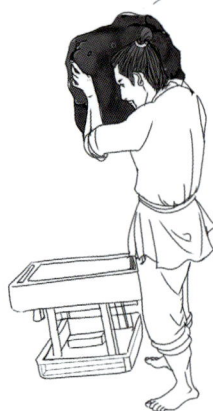

摔坯②

刮泥①

刮泥②

扣坯

▶ **临清砖的制作流程图**
为了保证质量，从原料的制备到最后的成型，贡砖的烧造有复杂的工序和严格的技术要求。

▲ 临清贡砖及砖上的铭文特写
贡砖上常常带有铭文，上面记录砖的用途和窑户名称等信息，例如"大工"是指用于建造皇宫，"寿工"则指用于建造皇陵。如今，不少地方的文物修复都重新启用了临清贡砖。

> " 秋槐月落银河晓，清渊土里飞枯草。劫灰爴尽林泉空，官窑万垛青烟袅。"
>
> ——《官砖使者行》清·袁启旭

贡砖的旅程

新砖出窑后还需层层筛选，有大约半数能够符合"贡砖"标准，它们被包上黄纸，盖上官印，踏上前往北京的旅程。一块标准城砖重约25千克，而内河船只通常体量较小，载重有限，为了能够满足北京城的用砖需求，同时降低运输成本，明清两代政府都曾经规定，所有在运河通行的船只都必须无条件夹带贡砖，按照船只的大小搭载10块到120块不等。沿着运河，这些贡砖一路"漂"向北京，到达通州张家湾后还需卸货进行二次检验，不合格的就地丢弃，通过验收的装上马车运到京城，真正成为这个城市的一部分。

临清砖"撑"起紫禁城

朱棣迁都北京，营建新都的浩大工程，为临清砖提供了广阔的舞台。在紫禁城的城墙与皇宫各大殿的墙体上，明十三陵与清东陵、西陵的陵寝地宫里，众多王公大臣的宅院中，都能见到临清贡砖的痕迹。这些砖块上往往镌有文字，记录着产地、年号和窑户姓名等信息，无声诉说着过往的记忆。

图 例

—— 运河
⌂ 砖窑遗址
○ 砖厂

清河窑
夏津窑
鲜家窑
张家窑
唐家窑
临清砖厂
王旬窑
白塔窑
王庄窑
吊马桥窑
河隈张庄窑

运河　卫　会　通

▶ 明清临清砖窑址分布图
临清砖窑沿河分布，繁盛时多达数百座，参与烧制贡砖的工人近万名。

砖窑

启秀楼

钞关

戏楼

鳌头矶

斗草是中国民间流行的一种游戏，双方手持叶柄，相互勾住拉拽，叶柄断者判输。

清真寺

马堂正在宴请利玛窦。

水闸的开合依靠两侧的绞盘牵引完成。

码放整齐的临清贡砖

▲ 征税关卡

明清政府在临清设立钞关征收船税和货税，此处运河闸坝设施重重，船只通过往往需要数天，旅客们可以在沿岸的旅馆和商铺打发闲暇时间。

观·运河画卷

运河畔的山陕会馆实景

东昌府（今聊城）也是会通河沿线的重要城市。同乡商人为了联络感情，衍生出一种特殊的社会组织——会馆，提供社交、存货等服务，举办祭祀等各类活动。聊城的山陕会馆是如今中国保存最完好的会馆之一，由清代的山西、陕西客商集资兴建，是明清时期当地商业文化发展的缩影。

济宁

济宁位于山东省西南部，素以"孔孟之乡"著称。元代京杭大运河贯通之后，位于运道中段的济宁作为南控江淮、北接京畿的运河要塞，是南北运输中重要的水陆码头和商品集散地，并逐渐成为运河沿线的重要都会。

▼ 济宁城内的古运河

运河畅通带来了城市的繁荣，作为北方城市的济宁，在明清时有"江北小苏州"之称。

济宁古称为"任"，曾有"任城"之名，后因济水得名"济州"，元代正式改称"济宁"并沿用至今。

4000年前的"蛋壳陶"

济宁所处的黄河下游地区，在新石器时代中晚期先后诞生了大汶口文化和龙山文化，它们是中华文明的重要源头之一。这里的先民非常擅长烧制陶器，其中龙山文化的黑陶尤其引人注目。

龙山黑陶的造型复杂多变，以素面或磨光的居多。它不使用彩绘来做装饰，而是采取封窑烟熏的方法，让微小的炭颗粒渗入陶器表面，逐渐变成漆黑的颜色。最优质的黑陶是用细泥来制作的，这种黑陶的陶土经过精细淘洗、轮制，胎体很薄，厚度不足1毫米，最薄的地方只有0.3毫米，且表面细腻光滑，被形象地叫作"蛋壳陶"，是龙山文化最有代表性的器物之一。

孔子的故乡

孔子是中国古代思想家、哲学家、教育家和政治家。他开创的儒家学派在汉代以后逐渐成为中国传统文化的核心，他所倡导的仁、礼、中庸等思想，对中国文化产生了非常深远的影响。

孔子是春秋时期的鲁国人。鲁国是周王朝的一个重要诸侯国，它的都城就在今天的济宁曲阜。作为"制礼作乐"的周公封国，鲁国

> **夜郎一去几千秋，尚有任城太白楼。身后功名空自好，眼前汶泗只交流。**
>
> ——《登太白楼》明·陆深

薄胎黑陶高柄杯

这种高柄杯是薄胎黑陶中的独有器型，制作于距今约4000多年的龙山文化时期。它只出现在少数大、中型墓葬里，应该是当时的一种高级礼器。

深厚的礼乐文化传统不但孕育了孔子思想的形成，还让这片地区始终拥有浓郁的文化氛围，并留下了孔府、孔庙、孔林等众多文化遗产。

南北通航后的济宁

济宁虽是一座历史文化名城，但在古代此地多数时候只是郡县级别，元代时改置济宁路，明代为济宁州，清代则升为直隶州。其政治、经济地位的提升主要得益于会通河的开凿。

南宋名臣文天祥被押解至大都途中经过济宁时，曾写下"路上无人行，烟火渺萧瑟"的诗句。后来济州河、会通河相继开凿，明代时描绘济宁的诗句就变成了"日中市贸群物聚""酒楼歌馆相喧阗"，可见运河直接促进了济宁城市的兴盛。

明代初年重修了济宁城墙，将原本的土城改为砖城，并扩大了城池的范围，南门之外的运河南北两岸成为商贾云集的商业区，人口规模也不断扩大。明清时期的济宁既是鲁西南地区的政治、经济、文化中心，也是全国性的漕运重镇。

太白楼上忆诗仙

太白楼据说原本是唐代的一处酒楼，李白经常来此饮酒赋诗。他曾在济宁居住了23年之久，对这个城市有着深厚的感情，留下了大量诗篇。到了明清时期，顺着运河来到济宁的文人雅士也会把太白楼作为聚会之所。

三人的衣袍上用工笔小楷书写着整部《论语》。

▶ **《三圣像》**

这幅明代画卷中间老者为孔子，其左右侧分别是弟子颜回和曾参。

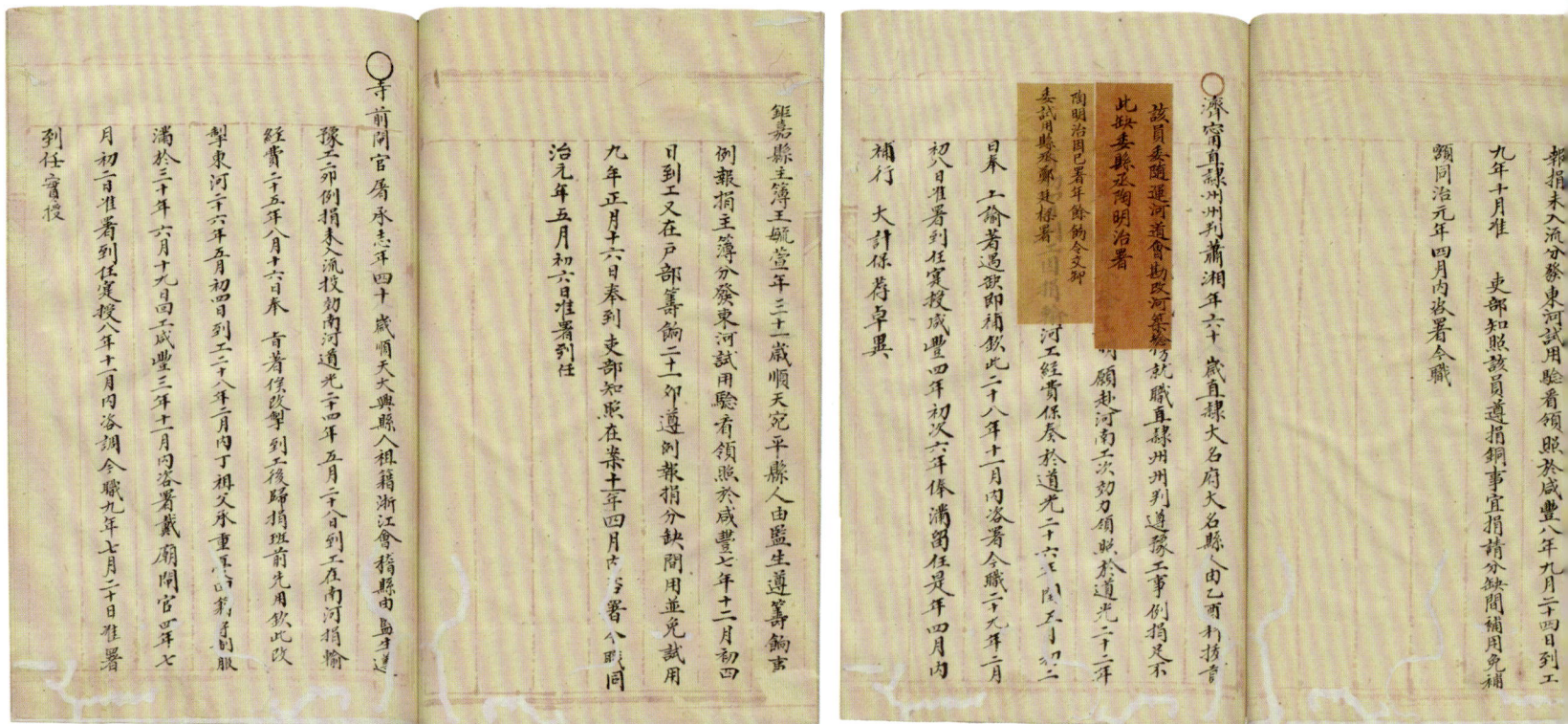

运河管理最高机构

治黄保运，济宁是关键地段，这里畅通与否关系到整条大运河通航情况的好坏，而这段河道又面临着水源缺乏、地势最高、黄河冲击等众多技术难题，依赖水闸调控的河段在管理上也极为复杂。元明清三代都把管理运河河道的最高机构设在济宁，这既促进了它的繁荣，也赋予了它"运河之都"的美誉。

康熙帝曾把三藩、河务、漕运作为三大朝政要务，可见运河及漕运对国家的重要性。元代政府将大运河裁弯取直，济宁的运河枢纽地位日益突显，从明代开始在这里设置总理河道，专门负责运河的管理。

《山东通省运河情形全图》（局部）
济宁一带河流湖泊较多，是设闸引水济运的关键节点。

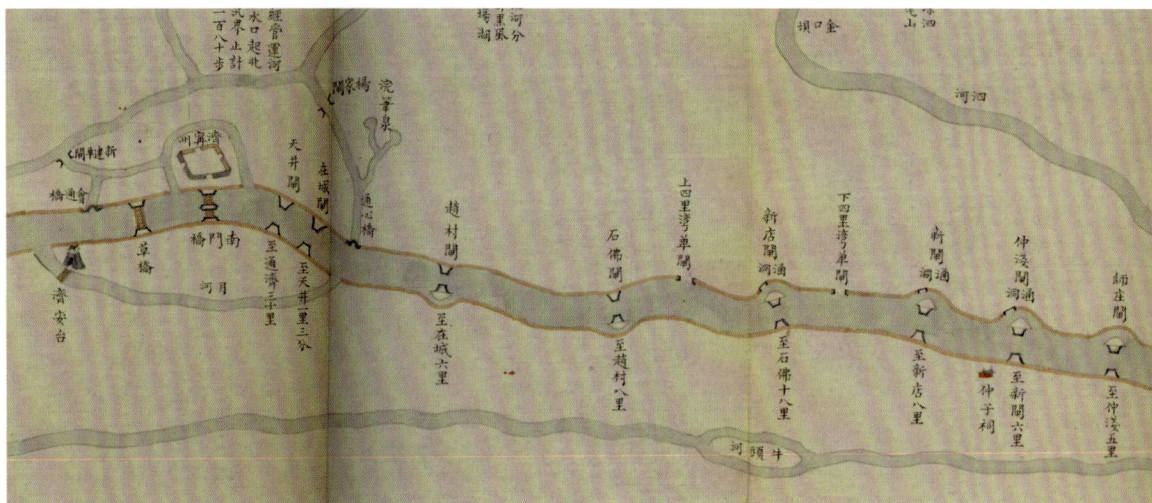

河道总督驻济宁

早在元代，掌管中国水政的都水监便曾经驻节济宁。明永乐年间，会通河重新疏浚通航，济宁"闭则为锁钥，启则为通关"的漕运咽喉地位愈加凸显，逐渐成为许多漕运、运河管理机构的驻地。

明代最初并没有设置专门管理河道的机构，运河及漕运事务都由漕运总兵官和漕运总督负责。后来由于运河事务越来越繁杂，政府于

天井闸官谢铞勲年四十五岁福建福州府长乐县人由监生通户部陪
铜局报捐未入流分发指省东河归筹饷例試用咸豊五年四月赴
那验看頒照於三月初五日到二十七年閏五月内咨署壹口閘官十二月二
十五日准署到任八年八月十九日止看到信懒
九年准署到任八年八月十九日止看到信懒

在城閘官席源年三十八岁順天大興縣人祖籍江蘇吴縣由監生在東
河捐輸經費議叙欽以未入流分发歸豫工二邜補用仍紀銀三次即又在
東河續捐經費道光二十五年八月十六日来 上諭分发未入流席源着
註明驳錄三次分发東河歸豫工二邜補用欽此此赴卯補照扵二十六
年正月十七日到二因在南河捐輸工經費於咸豊元年七月初一
日来 青准李未入流歸捐輸辦班前先列欽此十二月内咨署於咸豊二
年八月九月初次体滿調任

通濟閘官章維賢年四十岁安徽池州府貴池縣人由監生遠筹饷例
報捐未入流分发東河試用驗着領照於咸豊八年九月二十四日到工
九年十月推 吏部知照該員遠捐銅事宜捐補用缺間補用免補
頸同治元年四月内卷署令職

源窗真隸州判蕭湘年六十岁貢隸太名府大名縣人由乙酉科拔貢
辛卯奥科鄉試中式副榜就職直隸州州判遠豫工事例捐足不
輸貢单并捐分发呈明願赴河南次効力領照扵道光二十二
三月初四日到工因捐輸河工經費保奏扵道光二十六年閏五月二十二
日来 上諭著過欽咖補缺此二十八年十二月内咨著令職二十六年四月内
初八日推署到任寔授咸豊四年初次体滿留任至六年四月内

▲《运河文职官册》
（节选）
册中记录了包括济宁地方官和各水闸闸官在内的许多官员的简历。

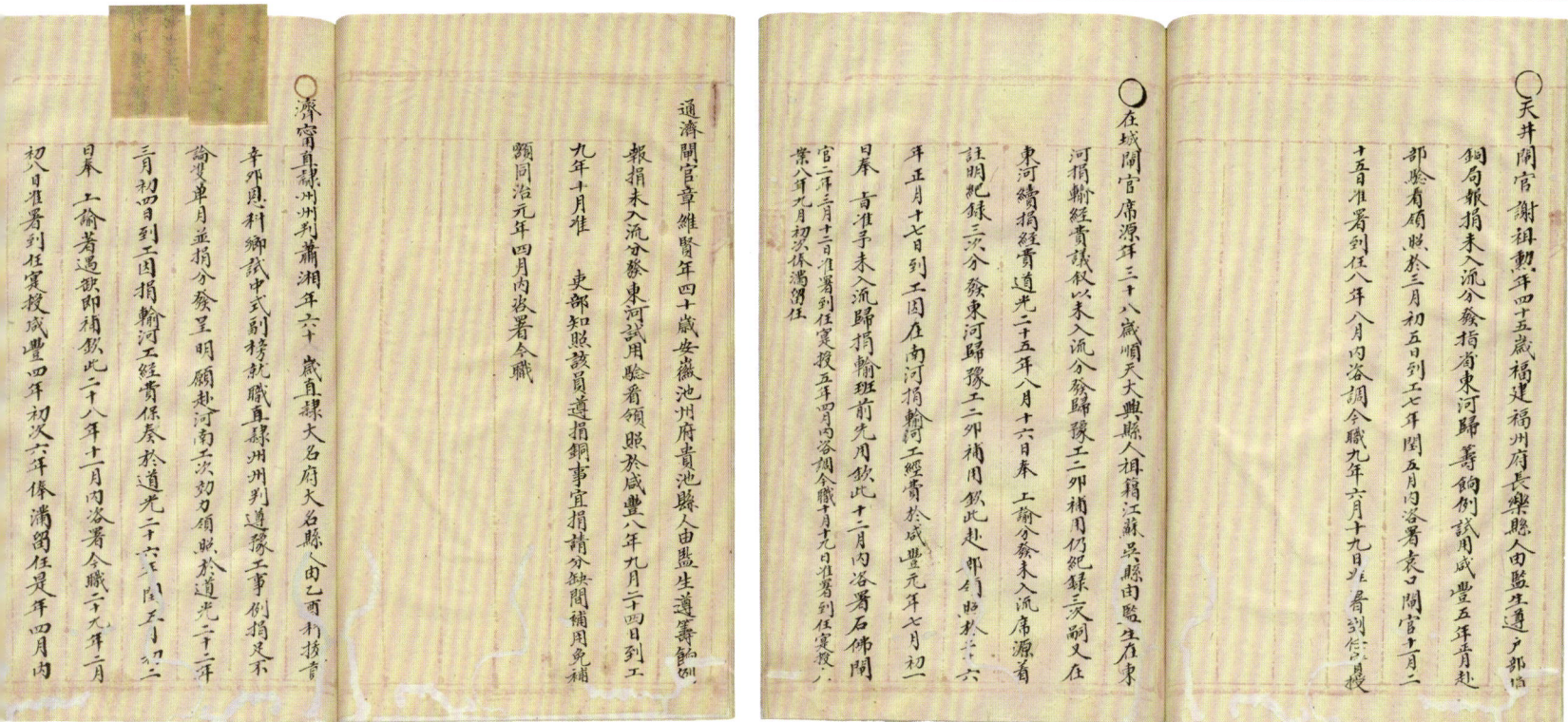

"行船无十日，守闸滞多时。"

——《守闸》元·王冕

1471年专门设置了总理河道一职，并于1516年将其定为常设官职，简称"总河"，衙署设在济宁，与驻节淮安的漕运总督相区分。清代时名称改为河道总督，黄河、运河相关事务均由其负责，后来政府又进一步细化了运河管理制度，分设"北河""东河""南河"多个河道总督府，"东河"仍驻济宁。河道总督的职权范围很大，不仅要管理运河，还要负责治理黄河、淮河等。诸如河道的挑挖疏浚、闸坝的管理、堤防工程的修筑、汛期的抗洪抢险等均由河道总督负责，因此下设的衙署机构也非常多。

一马当先的"马快船"

专门运送生鲜食品的贡鲜船拥有最优先的通行权，被称作"马快船"。利玛窦的两次运河之旅中，第一次坐的是普通商船，第二次则乘坐"马快船"，两次航行的速度差距很大。

与一般行政机构不同的是，河道总督衙门还拥有军事管辖权，负责运河沿线的军事防务，掌管催调及护送漕船等事务。因此济宁城内可谓衙门林立，当时有"七十二衙门"之称，至今济宁还保留着"察院街""厅西街"等源自运河衙门名称的地名。

水闸密集下的顺序通航

大运河作为沟通南北的经济动脉，全程并不是畅通无阻的，为了避免船只争抢和拥挤，运河上有着严格的通航秩序。会通河上水闸众多，管理尤为严格。例如清代规定，相邻的上、下两闸必须一启一闭，不得同时开启。水闸并非一船一开，而是要攒到一定数量才能开闸放行。所有船只都要有允许通行的文书，被查验过后在水闸前等待闸门开启，而这个过程往往非常漫长。会通河水源缺乏，要等闸内缓慢积水，到达一定水位才能放行，

有时需要在闸前等待好几天，好不容易通过了，到下一个闸又要继续等待。

运河上往来穿梭的船只众多，他们的过闸次序有着明确规定，最先通行的应当是贡鲜船，然后是运粮的漕船，再次是官员因公务乘坐的官船，最后才能轮到百姓的商船、民船。但实际上，贡船和达官显贵的官船常常会强迫闸官提前启闸并优先放行，导致后续船只的过闸时间又被延长而耽误漕粮的运输，所以在当时，政府时常下令禁止此类行为。

▼ 船只过闸
会通河上有相当多的水闸，以便调蓄水量、保障通航，部分水闸还可以在闭闸时放下桥板当作桥梁来使用。

水上屋脊

纵横南北的大运河水道上，自然环境的复杂多样给运河通航带来了巨大的挑战。其中，会通河流经山东西部的丘陵地区，是大运河地势最高的河段，位于济宁汶上县的南旺镇是整个运河的最高点，被称作"水上屋脊"。在这里修建的南旺分水枢纽水利工程，堪称中国古代水利建设史上一大奇迹。

▲《山东运河全图》（局部）
图中所绘南旺分水枢纽是世界范围内较早建设、成功有效解决运河供水问题的大型水利工程，比为法国米迪运河供水的黑山水源工程早了两个多世纪。

大运河是一条人工水道，没有自己的流域范围，水源的补充主要依赖沿线的自然水系。山东地处北方，存在水资源不足的困扰，因此为会通河寻找水源成为摆在古人面前的一个棘手问题。

泉河与闸河

元代时，人们采用将汶水、泗水引入会通河的方法补充水量，但效果不太理想，干旱时几乎无法通航。明代时，人们发现会通河流经的区域地下水富集，拥有众多泉源，于是想出了引用泉水接济运河的办法。经过勘察和疏浚，先后有100多处泉水得到开发利用，通过引水渠，泉水汇聚到河流或湖泊中，再被引入会通河，于是会通河常被称作"泉河"。

▼ 运河地势剖面图
贯通南北的大运河跨越了不同的地势高差，其中济宁南旺段是整个运河的最高点。该图原始数据出自1935年水利专家汪胡桢编制的《整理运河工程计划》。

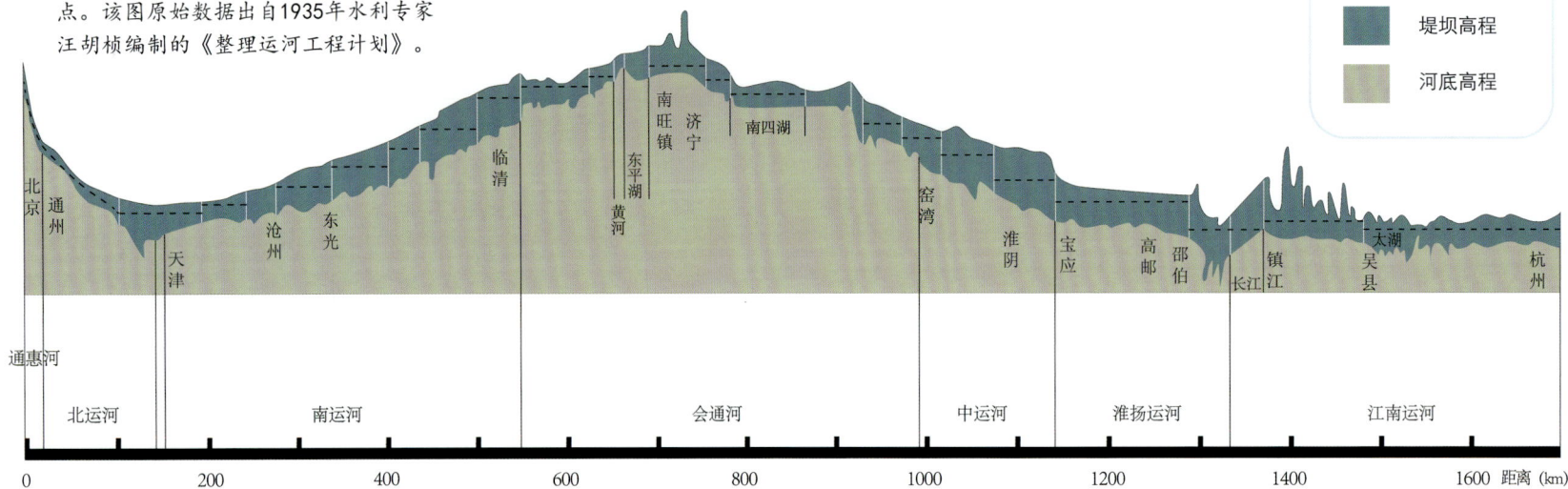

图 例
- - - 工程控制水位
■ 堤坝高程
■ 河底高程

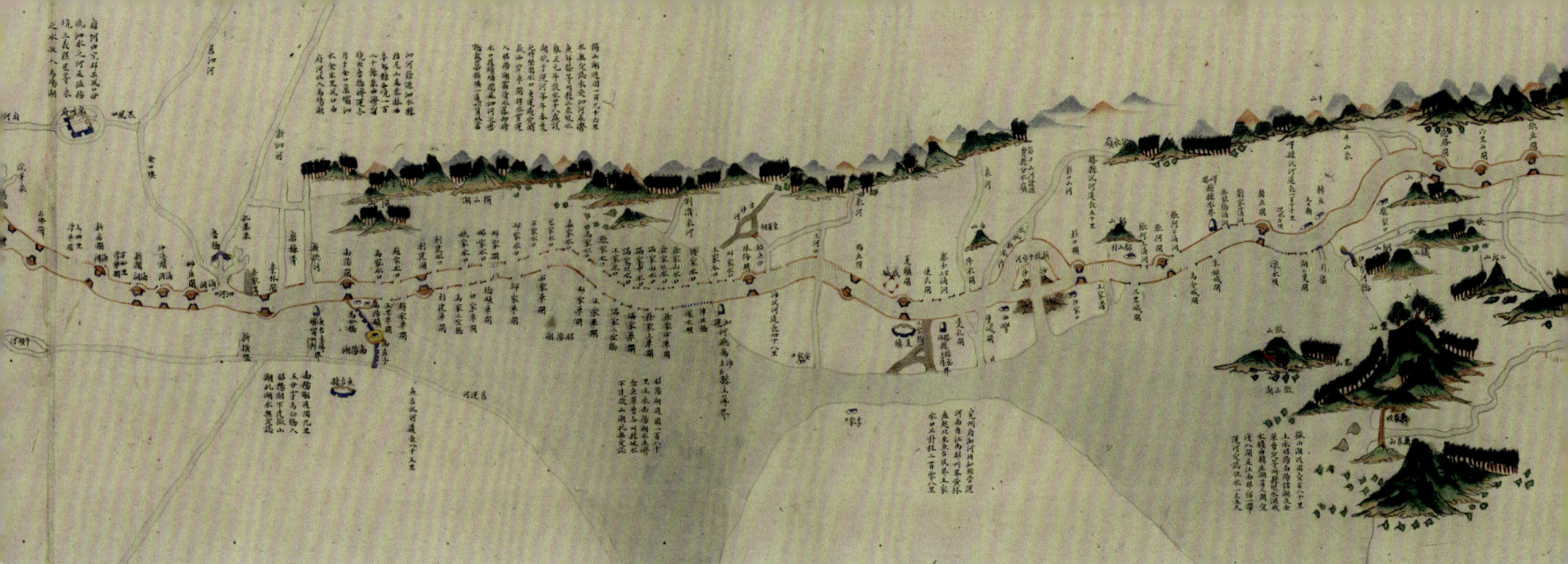

> **水柜**
>
> 为了储存和调节水量，古人会修整运河沿线的一些湖泊作为蓄水的水柜。运道上水流不足的时候就从水柜里放水补充，汛期的时候也能用来蓄洪，功能和现在的水库非常接近。

> 谁识庐中一老翁，尚书有梦访飞熊。
> 若愚大智劳心力，胼胝经营著茂功。
>
> ——《题白老人祠》清·张鹏翮

尽管采用了很多办法来解决水源问题，但由于自然条件的限制，河道的通航几乎全靠人工控制水闸来保障。会通河建有40多道水闸，十分密集，也因此有了"闸河"的称谓。

汶上南旺

如何让水翻越南旺这道高高的"屋脊"，成为运河全线贯通的关键。明代永乐年间，宋礼受命疏浚会通河，他请教了熟悉当地水文的大运河汶上段负责人白英，在白英的建议下修建了南旺分水枢纽，有效解决了运河翻越"屋脊"的问题。

南旺分水枢纽由引水渠（今小汶河）、南旺水柜、分水口和戴村坝4个部分组成。大汶河流经的戴村海拔比南旺还要高，在这里修建戴村坝截断汶水，在大坝上游位置修建引水渠，南旺镇附近的湖泊则被修建成水柜。通过引水渠把被截流的汶水引入水柜中蓄积，再通过分水口南北分流。

为了更精确地控制水流，分水口的南北两侧分别修建了柳林闸和十里闸两座水闸，关闭北闸的时候水就往南流，关闭南闸则水往北流。民间流传着"七分朝天子，三分下江南"的谚语，经过测算，实际的分流比例大约是六分向北、四分向南。会通河南北两侧的水量都得到有效的补充，从而保证了大运河的全线通航。

戴村坝最初是土坝，后来改建为石坝，三层坝体分级漫水，既保证了运河的水源供应，又能在汛期进行泄洪，避免运道被冲毁。

▶ **俯瞰戴村坝**
戴村坝的设计极具巧思，由高度不一的三层坝体组成：南端的滚水坝最低，中间的乱石坝最高，北端的玲珑坝略高于滚水坝。戴村坝至今仍发挥着稳定的水文调蓄功能。

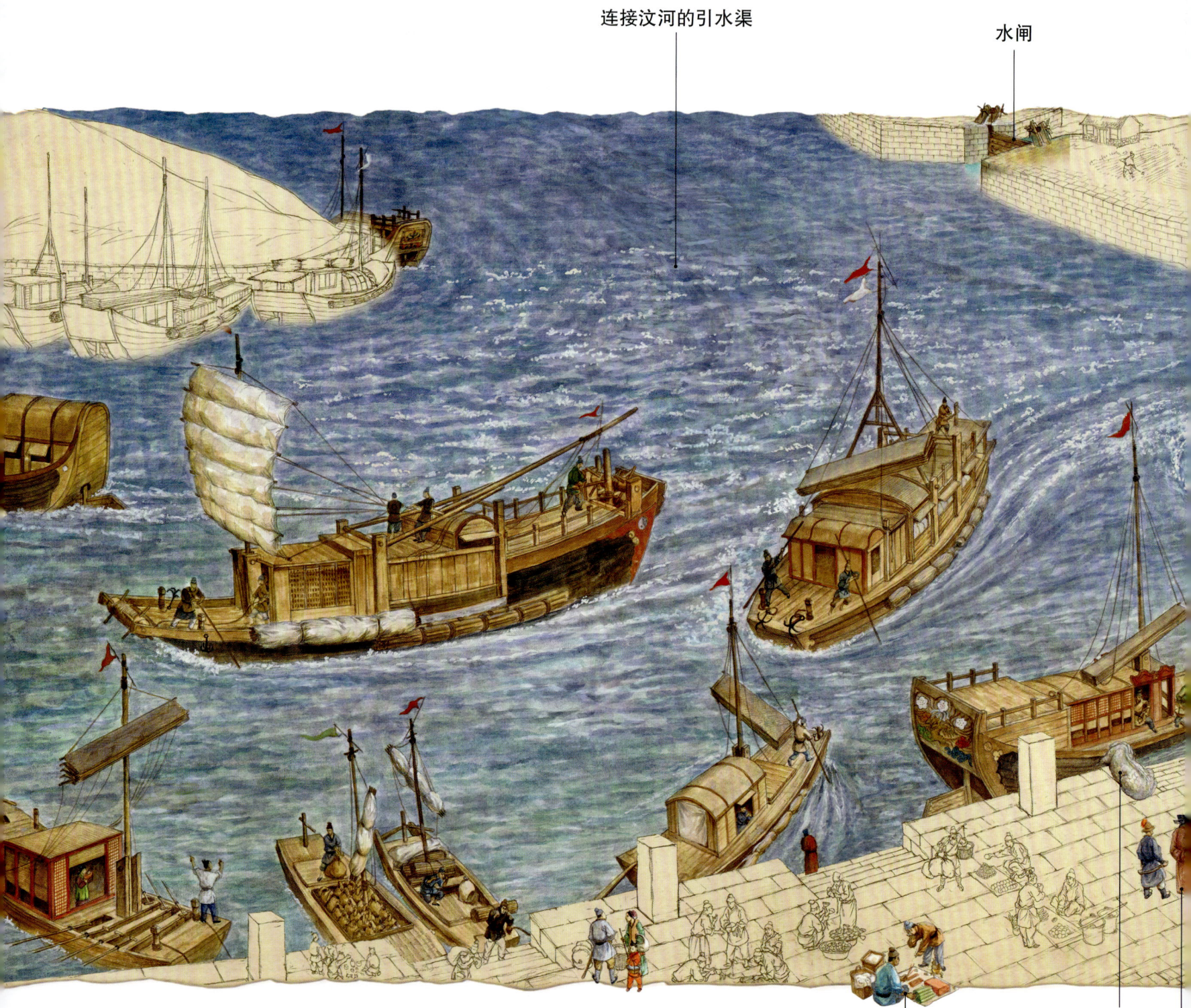

连接汶河的引水渠

水闸

相传这种镇水兽是龙的儿子，人们将其雕成石像放在河边，以防止水患。

"文房四宝"是中国传统书画材料，这个人正在挑选毛笔。

宋礼正在听一位向他介绍这座新龙王庙。

运河

脚手架

扁担是一种常用的运输工具，
制作简单、方便，使用轻巧。

龙王庙

▲ 水上屋脊
南旺分水枢纽，有效地
解决了运河供水的难
题。1420年，人们在分水
处建造龙王庙，纪念这项
伟大的工程。

观·运河画卷

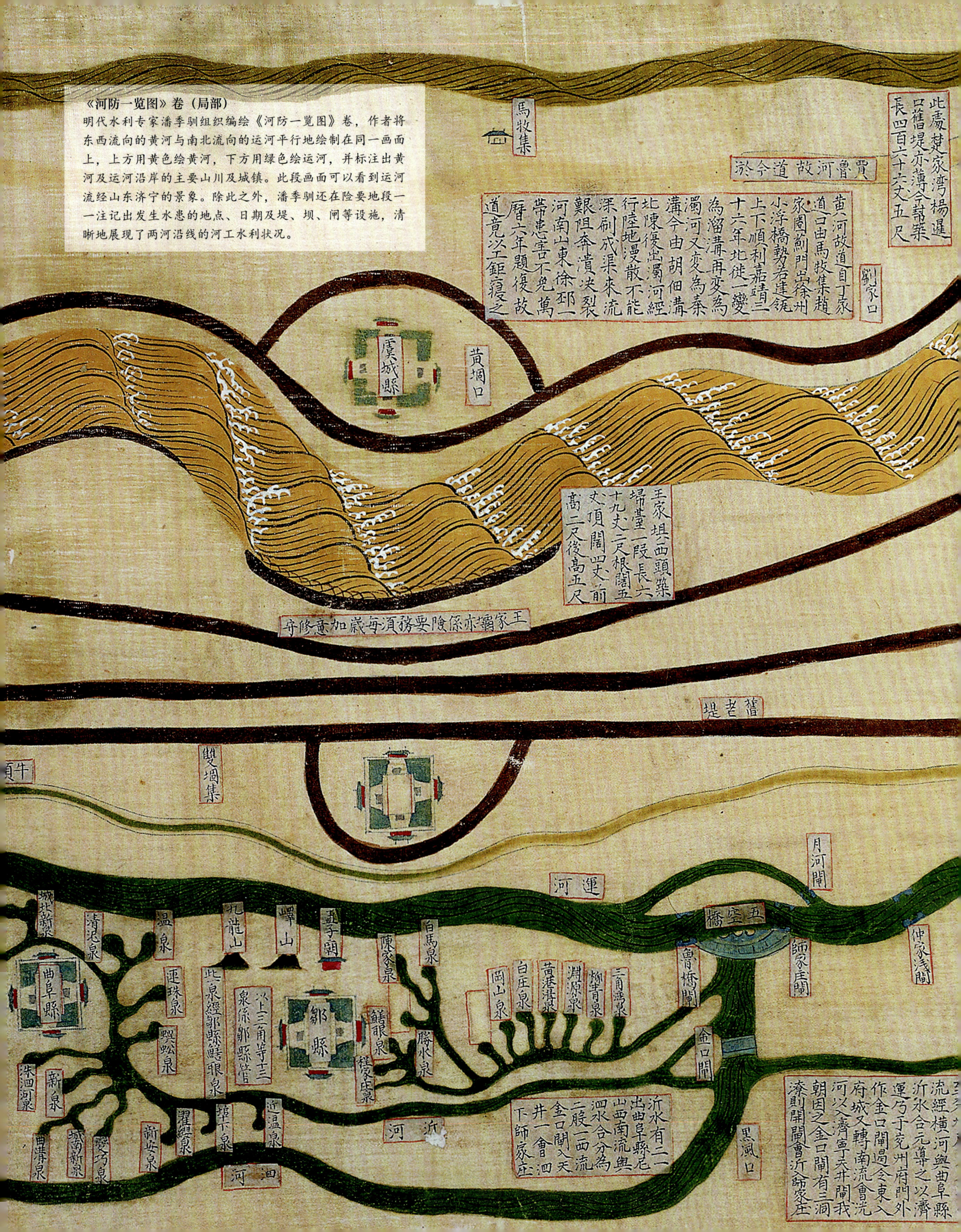

《河防一览图》卷（局部）

明代水利专家潘季驯组织编绘《河防一览图》卷，作者将东西流向的黄河与南北流向的运河平行地绘制在同一画面上，上方用黄色绘黄河，下方用绿色绘运河，并标注出黄河及运河沿岸的主要山川及城镇。此段画面可以看到运河流经山东济宁的景象。除此之外，潘季驯还在险要地段一一注记出发生水患的地点、日期及堤、坝、闸等设施，清晰地展现了两河沿线的河工水利状况。

马牧集

淤今道 故河鲁贾

此豪楚家弯迤口旧堤亦薄今翼築 长四百六十丈五尺

刘家口

黄河故道自丁家道口由马牧集赵家圈剑门岩桥小浮桥势会达铙上下顺利东经徐州十六年北徙变为溜满家河南山东徐邳一带患害不免万历六年题後之

虞城县

黄堌口

王家坝西头築一段长六十九丈项闊四丈前十丈定根闊五丈高二尺後高五尺

序修黄加岁每须务要险系亦王家坝

堤老舊

双堌集

贡午

月河闸

运河

五空桥

仲家浅闸

师家庄闸

青石桥闸

鲁桥闸

金口闸

黑风口

曲阜县

滩北新泉
清泥泉
温泉
珍珠泉
蜈蚣泉
新泉
米泗泉
城河新泉
瞿昙泉
新安泉
道温泉

九龙山
墨子庙
丑子庙
白马泉
陈家泉

邹县

鲤眼泉
鳀皮泉
腾水泉

泉源于邹县县管

沂

河

泗

河

白庄泉
黄庄泊泉
冈山泉
三角湾泉
青石泉

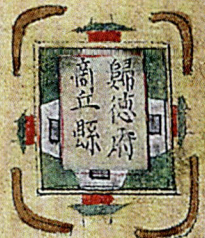

丁家道口

新集

梁靖口

歸德府商丘縣

牛市屯

劉福店月堤　王家廠　主簿廳　曹縣

嘉靖二十六

崔家壩

大王廟

洪武元年河道由曹州至碭山亳州口

孝城口

武家壩隆慶六年所築保迎溜去處最為喫緊萬一有失則金鄉等數邑悉成汕汕且遺惠于運河每歲慎加修守

正德七年築北大堤自提家灣起至雙堌集止長八里後又接築二十里

舊老堤三十舖至三十三舖曹家樓後止西面四百五十丈不足西南四百餘丈根闊一丈頂闊三尺高與舊堤相平

黃縣泗州所管阿忘

南城驛　下新閘　中新閘　上新閘　濟安橋

新牛坡閘

石佛閘　趙村閘　月河　小南橋門　南橋門

減水閘　減水閘　減水閘

封界高栁

二十丈西北受水之慶栽插封界高栁

新店閘　天井閘　在城閘

濟寧州

減水堤　湖

汶筆泉　泗河　吳泲閘　宮村閘

府州縣魚臺縣漷滋

泗止姜閘

沇河目寧陽縣北西南流循縣西又南至高吳橋會寧陽諸泉漕河水經濟寧城東與泗河合入天井閘

古河泉　西周泉　公家泉　老青泉

孫村泉　西崳泉　南陳泉

以上和莊等十四泉原新春縣管

林家泉　和莊泉

呂公泉　劉家泉

紙房新泉　驛後新泉

西北新泉　下橋泉　古溝泉

中运河，自山东济宁微山县起，经江苏徐州、宿迁，向南抵江苏淮安清口水利枢纽，全长186千米，是北接会通河、南连淮扬运河的纽带，也是完成大运河完全人工化的标志性河段。

　　明代初期到中期，从"借黄行运"到"避黄改运"，中运河兴盛一时。清代中期以后，其航运能力逐渐衰退。现如今，中运河通过治理已成为集航运、防洪、灌溉等多功能于一体的"黄金水道"。

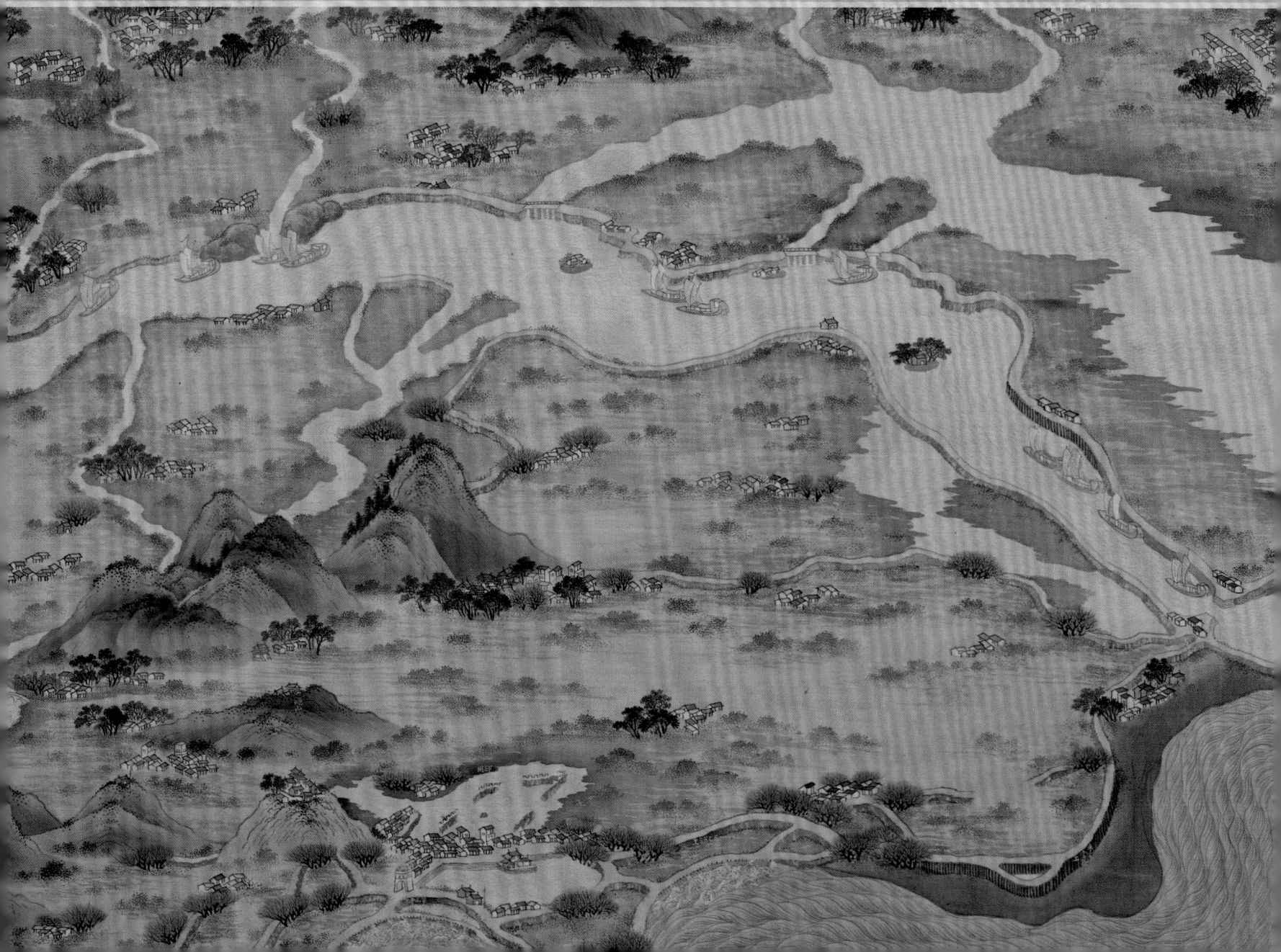

中运河

7

徐州

徐州，自古为华夏九州之一，享誉中外的两汉文化由此发祥。大运河中段傍城而过，水陆交通畅达。作为贯通南北的交通枢纽，徐州一直是兵家必争的战略要地。2600余年的建城史，使徐州融汇南北文化，形成了多元开放、兼收并蓄的城市特质。

《尚书·禹贡》有"海、岱及淮，惟徐州"的记载。传说大禹治水将天下分为九州，徐州就是其中之一。只不过那时徐州的范围远比今天广阔，包括了现在江苏、山东、河南和安徽的部分地区。

▼ 五省通衢的徐州
"五省通衢"指徐州可通达河北、山东、河南、安徽和江苏五省。图中牌坊后是在徐州穿城而过的古黄河。

"汴泗交汇"的彭城

徐州，古称彭城，得名于在此地建立彭国的彭祖。春秋战国时期，宋、楚、齐、吴等列国在这一地区长期争衡，塑造了多元文化交融的区域面貌。徐州地区水系纵横，很早人们就凭借天然河流进行漕运。战国时期，魏国开凿汴河，汴水和泗水在彭城交汇，便捷的水路交通使这座城市开始跻身商业都市之列。

秦王朝建立后，徐州地区隶属泗水郡和东海郡。秦代末年，随着农民起义的爆发，徐州成为反秦战争到楚汉相争的重要战场，突显出军事重镇的战略地位。两汉400多年，汴泗交汇处的彭城，作为江淮地区通往北方中原的交通枢纽，经济繁荣，文化昌盛。

苏轼治水建黄楼

隋代时，通济渠的开凿贯通了黄河与淮河。徐州在当时虽不是漕运主道，却舟车相继，商旅不绝。宋元时期，徐州屡遭黄河水患威胁，黄河多次夺泗入淮。南宋初

两汉文化看徐州

徐州是汉代重要的区域文化中心。来自沛县（今徐州下辖县）的汉高祖刘邦缔造了强盛的汉朝，璀璨夺目的汉文化也由此昌盛。徐州及周边地区分布着众多汉墓，大量精美的出土文物呈现出徐州地域文化的鲜明特色。

年，原泗水河道成为黄河河道，黄河在相当长的一段时间里被用作运河河道。

1077年，黄河决口，一泻千里，水势漫延到徐州城下。祸不单行，倾盆大雨下个不停，水位持续上涨。为安定民心，时任徐州知州的苏轼亲自坐镇城门，连夜指挥官兵和百姓修筑堤坝，抗洪抢险。待大水退去，苏轼上奏朝廷，请求增高、加固徐州城垣，避免徐州城再次遭到洪水的侵袭。城垣修筑好后，他又在东城墙上建起一座楼台，以黄土涂饰，用于观察古黄河水情，取名黄楼。苏轼关心徐州人民安危，深受百姓爱戴，当地百姓后将黄楼称作黄楼庙，世代纪念苏轼的治水之功。

广运仓

元代，随着会通河等河道的开凿，大运河流经徐州。此后直到明代中期，凭借徐州段运河与黄河河道的有效结合，徐州漕运畅达，造就了"五省通衢"的繁华。

"汴水流，泗水流，流到瓜洲古渡头，吴山点点愁。"

——《长相思·汴水流》唐·白居易

朱棣迁都北京后，每年有将近400多万石的漕粮经徐州北上。1415年，为加强对运河漕运事务的管理，明代政府在徐州运河沿岸设立粮仓广运仓，用来转运国家漕粮，其仓储也可用于赈济荒年中的黎民百姓。鼎盛时期的广运仓东西宽约480米，南北长约820米，占地约540亩，房屋多达1000间，规模十分壮观，可谓名副其实的"天下粮仓"。

明代天启年间，广运仓因黄河决口被吞噬，仅留下一方碑刻，即《徐州广运仓记》碑。石碑由成化年间徐州户部主事冀绮设立，它见证了徐州漕运的繁荣。

朝鲜人崔溥眼中的徐州

1488年年初，朝鲜王朝时期的文官崔溥在渡海返乡的途中，不幸遭遇风浪，获救后在中国官员的护送下，自台州走陆路经宁波、绍兴至杭州，由杭州沿运河一路北上，由此成为明代行经运河全程的第一个朝鲜人。回国后，崔溥用汉文以日记形式记录了自己在运河沿岸的所见所闻，名为《漂海录》。他在书中详细生动地描述了徐州等运河沿线城市的景象和水利交通情况，称这里"繁华丰阜，无异江南"。

▲《徐州广运仓记》碑
碑文详细记录了广运仓的兴建原因、位置结构和发展情况等。

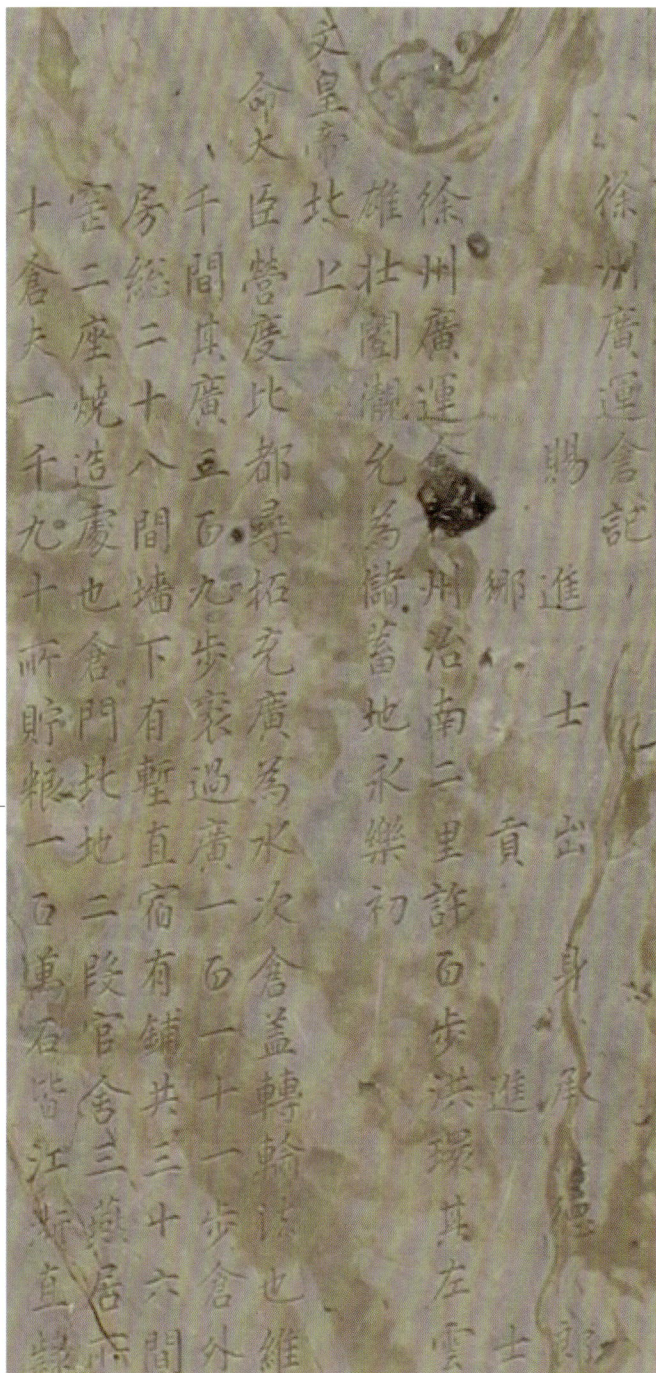

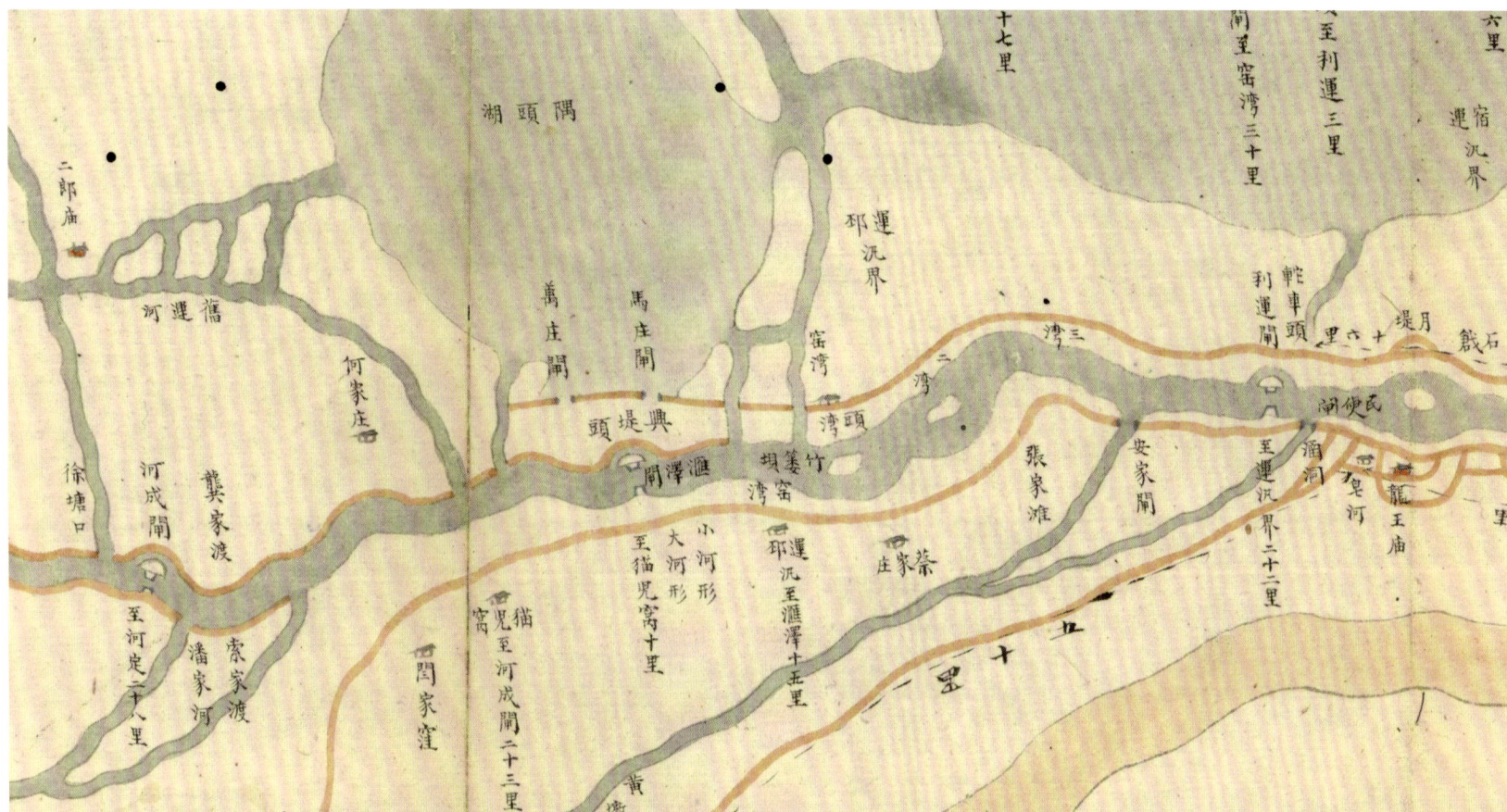

▲ 《四省运河水利泉源河道全图》
（局部）
这幅清代水利图卷中记录着窑湾一
带的地理情况。

摇身一变的窑湾

大运河推动了徐州商品经济的繁荣，很多沿河城镇发展成为新的商贸中心，窑湾就是其中的代表。窑湾位于徐州西南侧、大运河和骆马湖交汇之处。自明代中后期开始，运道的东移使窑湾地区商业兴盛。除了满足漕运和居民生活需求的各种商铺，古镇还设立了钱庄和典当行等金融机构，活跃的运河贸易为窑湾带来了财富。

窑湾地区自古便是水系交汇之处，"窑湾"之名的由来与沿河分布的窑群有关。唐代时这里正式设立了镇制，当时称隅头镇。黄河夺淮之后，沂河在窑湾东侧滞流积聚，形成骆马湖；明代中期开始，由于运河河道常受黄河水患危害，政府开凿了泇运河等新运道，运河新流经的地区窑湾成为了西、南临运河，东临骆马湖的天然良港，命运从此发生了改变。

窑湾有个"夜猫子集"

窑湾的码头每天停泊的往来于运河之上的商船就有三四百条，南来北往的商人在窑湾云集，粮盐、丝绸、漆器、陶瓷等各种特色商品在这里中转，窑湾的特产绿豆烧酒、甜油等也远销到全国。窑湾从昔日的普通村落一跃发展成为运河的商贸中心，享有"苏北水域胜江南""黄金水道金三角"等美誉。

畅通的运河给窑湾带来繁华，也为窑湾的生活注入了活力。"夜猫子集"就是清代初年窑湾码头热闹生活的缩影。由于过往商船通常会在窑湾停泊一夜，清晨开船前船工和脚夫要做好货物的装卸和食物的补给。"夜猫子集"应运而生。集

◀ **窑湾的甜油晾晒场**
窑湾甜油是喜食鱼虾的窑湾人餐桌上的"黄金配角"。

例如鳜鱼、银鱼、虾蟹、藕和菱角等就成为了船菜的主要食材。后来，随着水运的衰落，船菜的制作逐渐由水上转到陆地。

窑湾的酱油叫"甜油"

窑湾古镇的许多传统手工艺流传至今，其中窑湾甜油的酿造工艺已被列入徐州市非物质文化遗产保护名录。相传早在明代，喜食凉拌菜的窑湾人就在传统酱油酿造工艺的基础上，在原料中增加了发甜的发酵面饼，酿造出能使菜品达到色香味最佳口感的甜油。清代乾隆帝南巡时，曾将鲜美的甜油御赐为"御甜油"。到清代晚期，甜油已驰名运河南北。

市保持着每天半夜开张，天明罢市的传统，赶集的人像昼伏夜出的猫头鹰，因此窑湾的这种集市被称为"夜猫子集"。这种文化习俗直到今天还在延续。

码头兴起的船菜

窑湾因运河而兴，运河水也孕育了窑湾独特的饮食文化。船菜就是一代代窑湾人经过不断改良而形成的地方特色菜系。一听船菜这个名字，人们就会自然地联想到运河与码头，它指的正是厨师在船上烹饪，食客在船上食用的菜肴。这种餐饮模式起源于明代，后随着漕运的繁荣不断发展。由于窑湾南临骆马湖，水产丰富，湖中特色时鲜，

白银流通

财富随运河在窑湾积聚。从明代中后期开始，白银作为主要货币流通，其主要形式是银锭，外观似元宝，多数刻有铭文记录银锭的来源、重量、工匠姓名等信息。含银量高的银锭浇铸面通常会产生涡状细纹，因而又被称为纹银。下图为明代纹银小元宝。

> " 梆打三更满街灯，恭候宾客脚步声。四更五更买卖盛，十里能闻市潮声。"
> ——窑湾当地民谣

▶ **俯瞰窑湾古镇**
西依大运河，东邻骆马湖，老沂河傍城而过，窑湾三面环水。

淮扬运河由古邗沟发展而来，北起淮安的清口水利枢纽，向南经宝应、高邮，至扬州的瓜洲进入长江。从淮安到扬州这段总长170多千米的河道，是大运河中开凿历史最早的河段之一，生活在岸边的人们习惯称它为里运河。

　　淮扬运河见证了长期人工干预下河湖大规模变迁的过程。2000多年来，这条运河虽然经过了多次整治，但基本保持了春秋时期的大体线路。直到今天，它仍然承担着重要的航运任务，并发挥着灌溉和区域排涝等功能。

淮扬运河 8

淮安

淮安，位于淮河以南，是古邗沟开凿的终点。淮阴、楚州、淮安……历史上名称的变化体现出这座城市伴随运河治理而逐步成长的过程。时至今日，淮安境内68千米长的运河仍然肩负着水上交通运输的使命，储胥蔽日的清江浦更是这座繁华运河城市的不二名片。

得益于良好的水域环境，早在六七千年前的青莲岗文化时期，淮安地区便已有人类活动踪迹。春秋时期，这里又因为一条人工水道而被世人重视。

古末口与五坝

▼ 清江浦区里运河
清江浦楼，里运河上船只用以辨别方位的地标性建筑。昔日繁华的里运河已是今天的历史文化长廊。

邗沟的开凿，第一次沟通了淮河和长江之间的水上交通，末口正是邗沟汇入古淮河的水口。然而沟、河之间存在着较大的水位落差，湍急的水流影响航运安全。因此，当邗沟挖到淮安时，曾在河口处修筑北辰堰来挡水，后人惯称此处为末口。

随着漕运发展，历代在末口附近又兴建了很多水利设施。北宋初，北辰堰被改为石砌的水闸，并在河道上设立了前后两个拦水斗门，明代在末口两侧又相继修筑了仁、义、礼、智、信5座水坝。直到明清时期，末口还是盐运要津，淮北盐商聚居于河下乃至整个淮安城。至此，末口被先后使用了2000余年。

"淮安"的变迁

先秦时期的淮安地区是"淮夷""徐夷"等古部族的聚居地，战国时期这里先后归属吴、越及楚国，秦统一六国后设置了淮阴县，因地处"淮水以南"而得名。秦末汉初的军事家韩信就是淮阴人。西汉在此置临淮郡，东汉时这里则属下邳国及广陵郡管辖，南北朝时期由于战乱，建置归属变化频繁。

西晋末年"衣冠南渡"，大量北方士族向南迁徙。489年，南朝

▶《淮扬水道图》（局部）
这幅清代地图清晰绘有淮安府、惠济闸、末口五坝，以及黄河、淮河、运河、洪泽湖之间的水系关系。

齐武帝割直渎（今禹王河）破釜（今洪泽湖）以东淮阴镇下流杂（移民）100户置淮安县，这是"淮安"之名的首次出现。

隋唐时这里曾为楚州辖地，曾先后以淮阴县和山阳县为治所。明清时期，这里升格为淮安府，仅府治（地方政府驻地）山阳县的面积就达3.5万平方千米，是当时江苏境内面积最大的行政区。之后区划几经变革，今天的淮安市是2001年由淮阴市更名而来。

清江浦

清江浦原本是流经淮安老城的一条运河，明代之前曾长久淤塞不通，河道内的水闸年久朽坏，南北船只无奈只能绕行淮安五坝进入淮河。

曾整修过都江堰的明代水利名臣陈瑄被派到这里担任漕运总兵官，他疏浚河流、重修河闸并改革漕运制度，让漕船可以直接通过清江浦进入淮河，运河再次全线畅通。北上的船只到此处舍船登岸，改为陆路运输，南下的物资也在此处卸货上船，改为水路，从此成就了清江浦南北物流的枢纽地位。日渐繁华的商贸吸引了不少来此定居、就业的人，鼎盛时期这里的人口一度增至数十万，人们也将里运河流经的这片地区统称为清江浦。

" 淮水东南第一州，山围雉堞月当楼。"

——《赠楚州郭使君》唐·白居易

▶ 运河村战国墓木雕鼓车
这辆出土于淮安的木雕鼓车，是中国考古发掘中首次出土的保存有完整车舆、建鼓、鼓柱和鼓座的木雕鼓车实物。

南船北马 两督驻地

秦岭—淮河一线是中国南北的地理分界线，淮安正是这条横向分界线与纵向古运河相交的节点。对于这条南北交通的大动脉，古运河上的淮安就像天平上的支点，维持着南方经济中心与北方政治中心的平衡。因此，在明清两朝，主管河道和漕运的两大总督都曾坐镇于此。

运河沿线的重要节点不胜枚举，而淮安频频榜上有名。比如，淮安是运河沿线"四大都市"之一，淮安的丰济仓是明代全国屯集漕粮的四大名仓之一，淮安的清口水利枢纽是运河沿线大型综合性水利枢纽工程之一。优越的地理位置造就了淮安在运河交通上的重要地位。

舍舟登陆

作为地理上南北运河的分割点，淮安南北的水文特征完全不同。同一条运河，从南向北过了淮安之后，水量立刻变小，没有了强大的水流冲击，河道自然随之变窄，多数从南方而来的大型漕船已经不能从这里继续北上了，他们纷纷卸下船上的货物，从此舍舟上岸改为陆路运输，于是"南船北马"便成为了淮安这个地理节点的城市名片。

由于运河水量减少，明代成化年间规定，淮安以北的河段只允许皇家和三品以上的官员通行，他们可以乘船直达京城。今天，淮安以

▼ 淮安总督漕运部院
总督漕运部院是明清两代主管南粮北调等漕运工作的朝廷机构，是统管全国漕运事务的漕运总督官署。

▶《全漕运道图》（局部）

清代中国漕运线路图，图中清晰绘有盘粮厅。由于黄河、运河、洪泽湖交汇一带河患严重，朝廷历来都会在此区域构筑各类水利工事。

南的河段仍然承担着水陆运输的重要功能，而淮安以北的许多地区，只留下了干涸的故道和遗址。

两大总督坐淮安

淮安是淮河、运河、黄河3条大河的交汇点，又是运河南北水网分界点。特殊的地理位置，使淮安成为运河上重要的河道治理和漕运管理中心。隋炀帝开凿大运河时，就在这里设立了漕运专署。到了明清时期，总督河道部院和总督漕运部院两大部院都曾在淮安设立。

明代，运河上有漕军12万人，每年通过运河北上的漕粮有400多万石。清代，政府每年财政收入7000万两的2/3都需要通过漕运来实现。京城数百万石的粮食和大批的物资、军需等供应，都仰仗着从江南而来的漕运。为了保证国家稳定的收入，明清两代花费巨大的财力和精力在河道的疏浚和管理上，并将水利和运输这两大国家级管理机构都设立在淮安这座城市。

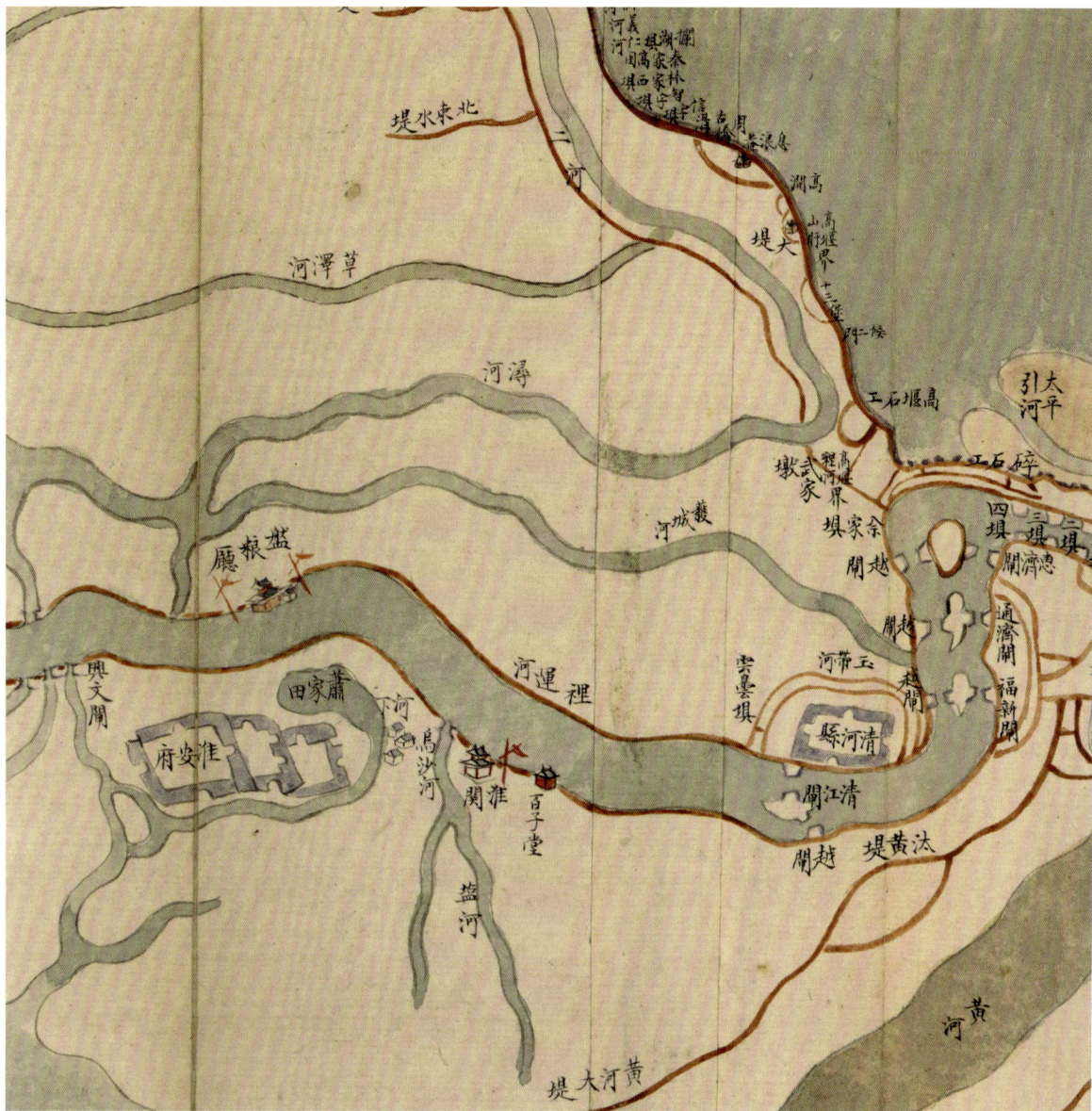

衙署园林——清晏园

清晏园（见下图）建造于明代永乐年间，是中国水利史和漕运史上唯一保存完好的衙署园林。明代该园隶属户部，清代经扩建后成为河道总督府的后花园，曾先后叫作"西园""澹园""留园"，后更名为"清晏园"。清晏园兼具北方园林的雄和南方园林的秀，乾隆南巡时曾6次驻足于此。

盘粮厅

关乎国家命脉的漕粮质量问题历来受到朝廷的高度重视，漕运总督对河道上南北运输的粮食还负有质量监督的责任，于是在淮安运河旁诞生了一个漕粮的质检机构——盘粮厅。它由康熙年间的漕运总督桑格在淮安首创。漕运总督每年会定期在盘粮厅亲自对过往的粮食逐一盘验，而针对盘粮厅运作的积弊，乾隆帝也曾下达过整改的旨意。

根据乾隆年间修撰的《淮安府志》可知，盘粮厅是由厅署、大楼、驳岸等建筑组成。2017年盘粮厅遗址被发现，已探明面积约800平方米，能清晰显示出砖石混砌的房屋基址，内部还有灶台水池、下水管道等配套设施，出土有御碑构件、城砖、石权等文物。

◀"顺治元年丰济仓记"铜印
明代永乐年间，在清江浦设立丰济仓，其储粮常年保持在300万石左右。

▲ 《乾隆南巡图》第四卷《阅视黄淮河工》（局部）

画面最右端呈黄色的为黄河，左边呈青色的是淮河，呈现出"青黄交汇"的景观。河水上游一片汪洋看不到边际的就是洪泽湖。

清口水利枢纽

运河流经淮安地区，与夺淮入海的黄河相遇，受黄河泥沙的影响，运河无法从淮河获得充足的供水。面对这样的难题，洪泽湖大堤与清口水利枢纽工程诞生了，它们协调黄河、淮河与运河的关系，保障了运河的畅通，堪称当时东方水利工程的科技典范。

洪泽湖大堤拥有1800余年的历史，与都江堰齐名，是世界上最古老的人工堤坝之一。东汉时期，广陵（今江苏扬州西北蜀冈）太守陈登在洪泽湖上建筑了一条土堤防止洪水侵入农田，取名捍淮堰，俗称高家堰。所谓高家堰，一个说法是，因防洪需要，河堤逐年加高而得名；还有的说法是，堰旁住有高姓人家而得名。早期的高家堰主要承担着屯田灌溉和村镇防洪的作用，经过千年的使用，到了明代中期部分堤坝早已被冲毁。

洪泽湖大堤

由于此前黄河多次改道、夺淮入海，受此影响，黄河泥沙大量淤积于淮河河道之中，运河无法得到淮河的供水，还常在汛期被黄河倒灌。同时高家堰以西的湖水水位迅速抬升，频繁冲毁高家堰堤坝，导致运河水位降低，无法保证漕运的畅通。

明代万历年间，曾4次出任河道总督的治水专家潘季驯提出"蓄清刷黄济运"的治水方略。他加筑高家堰，将淮河水蓄积在洪泽湖中，当洪泽湖的水位升高后，利用湖水和黄河水的水位差，引导湖水在清口流出，湖水下泄时高速的水流将黄河淤积的泥沙冲走，使黄河、淮河安然入海，保证了漕运的畅通。从此，高家堰的主要功能也从原先的"屯田防洪"转为"保障漕运"。此后的清代也一直使用这种"束水攻沙"的方式不断地增高加厚高家堰堤坝，确保漕运的畅通。

鉴于洪泽湖大堤的核心地位，清代康熙帝、乾隆帝南巡时曾多次

> **豁达两河口，前与黄河通。高岸忽斗折，清淮汇其中。**
>
> ——《纪行十首·清口》明·张羽

来此视察，足见高家堰对于国家经济命脉的重要意义。明清两代几个世纪里，洪泽湖大堤被不断加固维修，陆续被改造为石砌堤，历经兴废，决而复修，毁而复建。

解决三河博弈难题

洪泽湖大堤的成功修筑，是清口综合水利工程御黄、济运、保漕、防洪的重要环节。清口原本只是泗水入淮的入口，古称泗口，因泗水水流清澈，于是也被称为清口。到了南宋，黄河夺泗，清口又成为黄、淮交汇之处。明中期以后，潘季驯在"束水攻沙"的同时将运河口南移，远离了黄河。为防止淤塞，他还在运口内建立水闸，用以调节水位，一座具有防洪、挡沙和引水功能的水利工程初步形成。

由于黄河泥沙的淤积速度远大于引河的冲淤量，造成清口地势越来越高。清代中期，蓄清刷黄已基本失效，黄河水经常从清口倒灌进地势较低的运河，造成运河泥沙淤积日益严重。1825年高家堰决堤后，清口水利枢纽改"蓄清刷黄"为"灌塘济运"，也就是用人工建造的封闭式蓄水河接济运河。这种蓄水河采用两端设坝的方式，通过启闭闸口来调节水位让船只通航，其原理类似现代水闸。至此，黄河与运河在实质上已被截断。就这样勉强维持了一段时间，1855年，黄河向北改道，清口水利枢纽也失去了调节黄河、淮河与运河关系和保障运河航运的作用。

15世纪到19世纪的清口水利枢纽工程，在当时很长一段时间内对治理黄河泥沙、畅通淮河水流起到了有效作用，极大改善了运河的通航条件，也代表了当时东方水利水运工程技术的极高水平。

▶ 洪泽湖大堤
现存洪泽湖大堤全长70.4千米，大堤主堤保存完好，呈现的古代石工墙基本完好。

粮船衔尾至山阳

作为四水穿城的要地，北上的粮船都要来到淮安通关过闸，一时间形成了数百船只首尾相连的壮观场面，整个山阳县城挤满了南来北往的人们。庞大的交通流量为城市带来了无限的商机，餐饮、酿酒、住宿等各类经济产业竞相发展，其中的造船业更是重要的支柱产业。

▼ **梁山漕船**

这艘长21.8米的松木运粮漕船，载重约15吨，共13舱，出土于山东梁山。出土时在舱内发现的铁锚上刻有"洪武五年造"等字样，可见这是一艘明代初年的漕船，这也是目前运河中出土的有最早明确纪年、体形最大的漕船。

淮安，从春秋到明清，一直是南北交通枢纽，但真正高度繁荣还是在明代永乐之后，这与朱棣迁都北京，南北运输由原先的海运改为内河漕运有着密切的关系。一时间，淮安这个枢纽承受了巨大的交通压力。来往的船只纷纷在此卸货、装货。船只需求的增加促成了造船业的发达，永乐年间，淮安各处增造的浅船达3000多艘。

清江造船厂

为保证船只的正常供应，明政府在淮安清江和临清卫河设置了两个漕船制造厂，其中江苏、直隶（今河北）、江西、湖广（今湖北、湖南）、浙江各处内河浅船都制造于清江造船厂，占两厂造船总数的70%之多。清江造船厂位于山阳（今淮安区）、清河（今清江浦区）二县之间，之后发展为拥有京卫、中都、直隶、卫河4个总厂，并设82处分厂的中国最大的内河造船厂，同时还管辖着清江浦运河上的多个船闸，以供船运之需。造船主要以楠木、杉木、松木为主，船只使用一定年限就要回船厂重新修理、改造。如此庞大的造船规模，促使其附近的河下镇居民大多从事着与造船业有关的产业。

明代漕船有海船和内河浅船两

唯以淮珍烹淮菜

在淮安，南来北往的人们聚集在此，餐饮业随之繁荣。同时，在强大经济的推动下，运河沿线的淮安、扬州、镇江等地逐渐形成了植根于江淮文化的淮扬菜。淮扬菜与淮安的城市发展同步，也是从明代开始繁荣，到了清代，在盐漕枢纽的背景下更加成熟。

种。海运改内河漕运之后，漕船主要使用的就是底平舱浅、吃水不深的内河浅船。在众多的漕船之中，有一种可以前后分开的"对漕船"，载量从30吨到150吨不等，这种漕船特别适用于今天山东、河南、河北、天津的北方航段。由于淮安以北地区的运河水浅，当遇到狭窄弯急的河道时，船只便可以拆成两段继续运输，大大提高了船只的通过性，这也是现代分节驳船的雏形。

随着清代咸丰年间黄河再次改道，运河水量减小，漕运又改回了海运，运河丧失了运输功能，浅船的制造也日趋减少。如今，虽然古代漕船已经退出历史舞台，但在河下古镇，依然有当年造船工的后人用古代的造船手艺制作漕船模型，而这里的打铜巷、绳巷、铁钉巷、竹巷等地名，也都再现着当年淮安作为运河造船中心的辉煌。

流量聚山阳

山阳作为地名历史极为悠久，当年邗沟开凿时，就已形成了山阳地区。经过上千年的发展，到了明代永乐至清代嘉庆年间，山阳县迎来了最辉煌的时段。鼎盛时，每年通过这里的漕船可达5300多艘，年吞吐量超400万石，各类随船人员高达万余人次，这样庞大的人流量在古代已是相当可观了。

作为漕运总督府所在的交通重地，淮安养活了大量的官吏、士兵、杂役以及装卸船工等与漕运相关的人员。此外，来往船只不仅要在此办理通关手续接受盘查，还要在此倒货改变船马的运输方式。一路疲惫的人们在此休整，船上的人们下船登岸。驻足在这里少则一日，多则数天。巨大的人流量和货流量带来了高额的财富，强大的资金流让城市高度繁华，随着人口的增长，清代雍正年间，淮安已是"三城内外，烟火数十万家"了。

▲ **运河淮安段上的驳船**
今日淮安段运河水道繁忙如故，过闸时经常可见大小运输船首尾相连绵延数千米的场景。

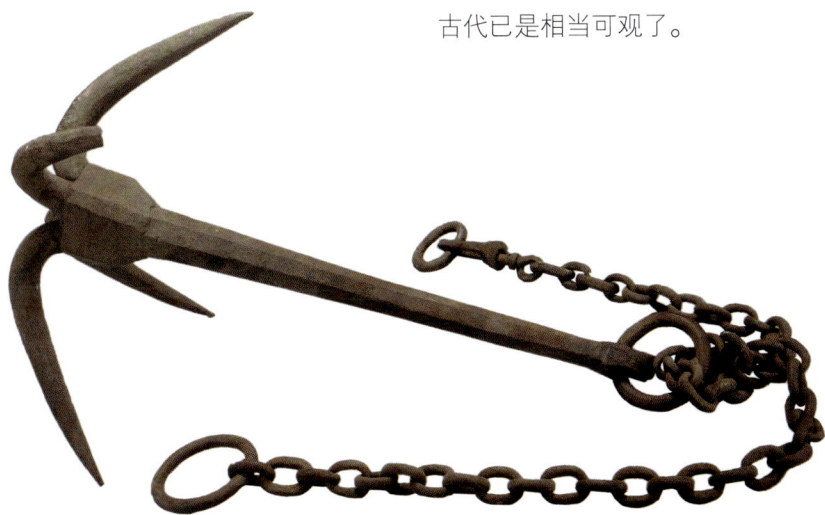

◀ **清代漕船铁锚**
四爪锚是中国独创的系泊工具，优点是必有两爪可同时抓泥，其制造和应用技术在明代就已十分成熟。

> **"箫鼓欲沉淮市月，帆樯直蔽海门秋。"**
>
> ——《淮上有感》清·孔尚任

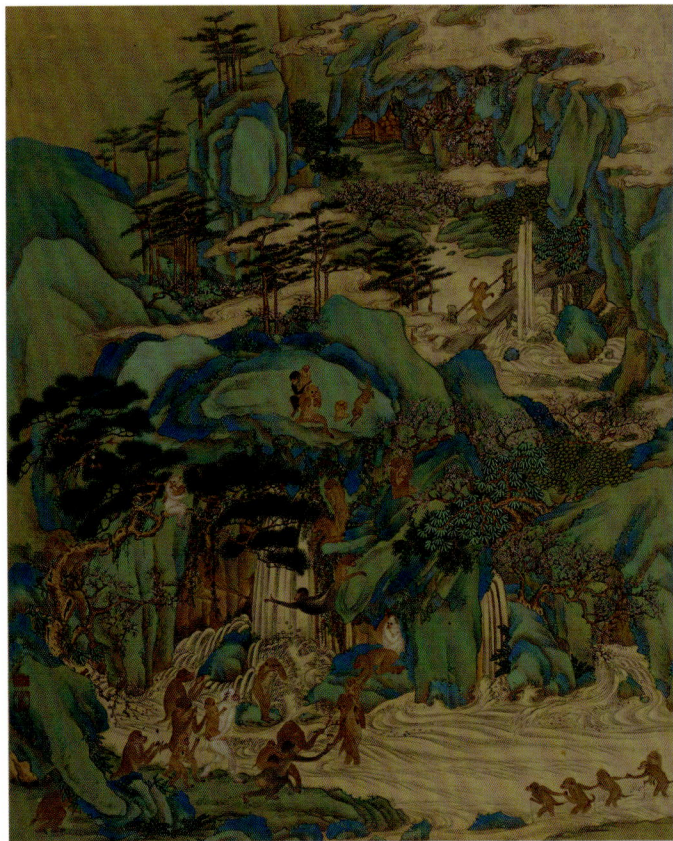

西游诞生地

得益于运河的交通，本土文化与异域文化在淮安相互碰撞、借鉴与吸收，汇聚海宇的《西游记》由此诞生。这里还展现了世界范围内不同宗教信仰、不同民族文化信众之间的和谐共处，形成了五教并存的奇特现象。

《西游记》是一部融合了儒释道文化在内的神话小说。其中，从石头缝里蹦出来的孙悟空与淮地流传的治水神话传说有着紧密的联系。

水患与孙悟空的诞生

中国文化中，石头总会被赋予某种灵性。在原始社会，玉石是沟通天神的法器，也是彰显权力的象征，后世更有女娲用灵石补天的传说。在江淮地区，同样流行着石头与权力的传说，汉代淮南王刘安组织门客编撰的道家重要典籍《淮南子》中就提到了夏代的始祖禹和启都出生于石头。这种"石生人"文化在很久以前的江淮等地广泛流传。

孙悟空的形象，同样经历了漫长的演变过程。20世纪30年代，鲁迅曾指出，孙悟空的形象来自唐代传奇《古岳渎经》中的无支祁。《古岳渎经》的作者李公佐根据盱眙地区流传的传说，描绘了淮涡水中"形若猿猴""力逾九象"的水怪无支祁，大禹治水时将其收服并镇锁在淮阴龟山脚下。

其实，这样的水怪传说早在汉魏六朝时期带有神怪色彩的小说中就频繁出现，并在今天淮安地区大量流传。这与淮水频遭水患不无关系，镇压无支祁的龟山就是唐代运河流经的区域。于是，在这个水患频发的地区，人们祈求河清水静，不受水怪干扰，保证航运畅通的主题就成为了创作的素材。当然，孙悟空的原型到底是不是无支祁，学术界并没有定论。但是在《西游

记》中大量河神水怪的故事，确实有着淮水水怪无支祁的影子。

吴承恩，这个土生土长的淮安人，从小接触了许多与治水有关的神话传说，又在大运河多元文化的滋养下，结合元杂剧中"唐僧"的故事情节，将一个北方洛阳的唐和尚与一只江淮地区的石猴子杂糅在一起，完成了这部留传后世的文化巨著。

华的穆斯林逐渐在运河沿线各个繁华的城镇聚居，淮安是其中的热门之选。基督教进入淮安是在鸦片战争以后，传教士们的到来让古老的淮安又接触到了遥远西方的文化。运河水患无情，却汇聚人心，淮安的开放与包容，其影响延续至今。

▲《西游记图册》（节选）
这套明代图册有助于我们了解明末清初时人们对孙悟空这一形象的认识。孙悟空的原型从本土的无支祁到印度的哈奴曼，再到西域的石磐陀，学界一直有着无休止的争论。

五教安然会山阳

三教合一在中国不是什么奇特的现象，但是在一座城市内，能同时存在5种宗教文化并不常见。在运河文化的带动下，道观、佛寺、孔庙、清真寺、教堂在淮安相会，这座城市又一次让不同地区和不同文化信仰的人们来"淮"而"安"了。

除儒教、佛教、道教之外，来

▶《水程图册》中描绘的淮安景象
淮安作为大运河的转运中枢，来自四面八方、拥有不同习俗信仰的人群汇聚于此，也带来了文化的碰撞与交融。

运河

高家堰

淮河

治河时用来堵住决口、保护堤岸的材料。
由秫秸、石块、树枝、芦苇等组成。

康熙帝亲自挑选位置，命人钉桩，建陈家庄挑水坝（御坝），坝后盖亭，名为御桩亭。

人们铸造铁牛放在河堤的险要地段，用以镇水。

黄河

河工们正在放下筑堤材料。

▲ 运河危机

1699年，黄河在淮安决口致使运道不畅，康熙帝到现场部署制河方略，一场运河危机得以解除。

观·运河画卷

扬州

扬州，从筑城之始就与运河紧密相关。春秋时期吴王夫差从这里开凿最早见于史册的人工运河——邗沟，并在蜀冈上建邗城。隋代运河贯通之后，凭借长江和运河的交叉枢纽地位，扬州迅速成为全国的物流集散中心，经历代经营逐步变成了富甲一方的商业城市。

从春秋末期到隋代，邗沟主要用于政治和军事目的，隋代更在此基础上贯通了南北运河促进了王朝的统一。

到了唐代，运河开始用于漕运，刺激了扬州城的发展。唐末至五代，蜀冈（今江苏扬州西北郊）周边的运河附近形成了工商业聚集区，一时间形成了"十里长街"的繁荣景象。

▼ 古邗沟故道
位于扬州市城北螺蛳湾桥至黄金坝一带，东西长约2千米，中段有邗沟桥，桥南原有大王庙。

开邗沟的第一锹土

公元前486年，为了北上攻伐齐国称霸中原，雄心勃勃的吴王夫差做好了一切准备。不过，一个棘手的问题摆在了眼前，吴国前往齐国没有合适的直通水道。吴国舟师只能先从长江入海，经过海上的风浪，再绕道北上进入淮河。

为了解决北上运兵的问题，夫差在蜀冈建造邗城用以屯兵积粮，并从邗城铲下了开凿运河的第一锹土。为减少工程量，邗沟尽量利用江淮之间若干个天然河道和湖泊，以人工渠道相沟通。这条从扬州到淮安的人工运河完美地沟通了长江和淮河。这件事情被记录在记述春秋时代历史的编年体史书《左传》中。邗沟成为了中国历史上最早明确见于史书的运河，邗城也成为扬

《漕河祷冰图》

传说清嘉庆年间，时任江南道监察御史的陶澍巡漕于露筋祠附近，因水面冻冰无法前行，便入祠祷告，第二天冰面融化，各船顺利通过。

扬州运河的传说

借沙取银

邵伯大王庙原本祭祀夫差和刘濞两位吴王，今天却是民间的"财神庙"。相传如果借庙内石炉下的沙土去淘银，许愿后归还便可得银。后来大家取多还少，沙土逐渐消失了。

隋炀帝看琼花

传说一只白鹤为答谢一对扬州情侣的救助，衔来花种报恩，花种发芽长大后开出琼花，人们竞相观赏。隋炀帝闻讯乘龙船来看琼花，一路劳民伤财，琼花不愿见昏君，瞬间凋谢。

露筋娘娘

相传一女子深夜路过一处耕夫农舍，因不便入内就睡在屋外，被蚊虫叮咬致死露出筋骨，后世为其建造了祠庙。因祠庙位于运河与邵伯湖之间，船员经过时常去庙内拜祭且多有灵验，于是露筋娘娘逐渐变为了运河的保护神。

州最早的名称。

公元前319年，楚国在邗城旧址建城，名广陵。西汉吴王刘濞，设都城于广陵，扬州迎来了历史上的第一次繁华。刘濞在吴国境内"即山铸钱、煮海为盐"。为了将产盐区与江淮水道相连，他向东开挖邗沟的支流茱萸沟以运送食盐和物资。这是中国最早的盐运河。

隋炀帝与扬州

三国两晋南北朝时期，作为军事重地的广陵屡遭战乱，曾几度荒芜。后来随着青州、兖州一带移民的迁入，广陵地区的经济又得以恢复和发展。北周时期改广陵为吴州，589年，隋统一南北后又将吴州改名为扬州，并在这里设置了总管府。隋炀帝杨广即位之前曾在扬州担任了10年总管。这10年间杨广在各方面大力经营扬州，促使南方的政治、经济、文化格局发生了重大转变。此时扬州已经成为中国经济最发达的地区之一，并成为了杨广政治斗争的大本营。

杨广即位之后便以扬州为中心，沟通了邗沟、通济渠和江南河，邗沟段的河道更宽、水更深，皇帝的巨型龙舟都可以轻易通过。交通环境得到改善之后，隋炀帝仍然以扬州为南方的经济中心，前后3次从洛阳经通济渠前往扬州，并在最后一次扬州之行被杀于此，死后埋葬在扬州近郊。隋炀帝对扬州的垂青，在一定程度上促进了扬州的发展。

器身上的铭文为"攻（吴）王夫差自作其元用"。

"吴王夫差"青铜剑

剑格嵌有绿松石装饰的简化兽面纹，根据器身铭文可知是吴王夫差所用之剑。

> **故人西辞黄鹤楼，烟花三月下扬州。孤帆远影碧空尽，唯见长江天际流。**
>
> ——《黄鹤楼送孟浩然之广陵》唐·李白

> **见说西川景物繁，维扬景物胜西川。**
>
> ——《送蜀客游维扬》唐·杜荀鹤

南北货转运天下

随着国家经济重心的南移，运河的经济功能代替了政治、军事功能，扬州作为南方财富向北方输出的重要节点，商业活动十分活跃。

唐代的政治中心虽然在关中地区（中国古代对今陕西中部地区的指称），但是经济越来越依赖江淮地区。运河是当时江南地区通往京城的最便捷通道，驿路也基本上沿运河并行。作为水路交通的物资集散地和海盐的生产地，扬州为唐王朝贡献了巨大的财富。

早在唐代初年，扬州就已经是一个成熟的商业城市。唐代中晚期，随着经济中心向南转移，江淮和江南地区的赋税甚至已经成为了朝廷收入的最主要来源。若要将江淮和江南地区的物资转运至关中，运河与长江的交汇点扬州是必经之路。

当时规定，江南各道的漕粮需要先运抵扬州，再由官方统一安排漕船北上。据记载，唐代天宝年间，每年由扬州转运至关中的稻米可达250万石之多。

与淮安不同的是，扬州水面上过往的船只，除了漕船之外，更多的还是商船，甚至外国的商船也不在少数。根据文献记载，扬州的商船之多，多到751年一场大风，竟将停泊在码头上的数千艘船只吹翻。根据船只数量推算，仅在此过路的流动人口就可达万人之多。

▼ **天宁寺**
见证大运河发展的重要场所，康熙帝南巡驻跸之处，也是两淮巡盐御史曹寅主持刊刻《全唐诗》的地方。

▲ **扬州出土的得壹元宝**
安史之乱时洛阳发行的货币，发行量很少，但迅速流通到了扬州。

邮驿"活化石"

邮是用来传递文书的驿站。高邮是中国现存唯一一个以"邮"命名、因"邮"而建的城市。公元前223年，秦工嬴政在此筑高台，置邮亭。由于此地位于古邗沟运河要道、传公文方便，西汉时在此开始设高邮县，这座城市在交通上的重要性由此可见。

明代在南京到北京之间设立了53座水陆驿站，它们大多沿运河而设，其中仅以船为主要交通工具的驿站——水驿就有46处。高邮的盂城驿是目前大运河沿线保存最好的古代水陆驿站，是中国邮驿制度的活化石。

盖联蜀冈，聚居运河

唐代以前，扬州的城池一直在蜀冈上，此时扬州到淮安段运河的水源不足，行舟困难，还有个别航段风险较大，因此运河的经济作用并不突出。

唐末到五代、北宋，随着商业、手工业的不断发展，居住区和商业区已经相互交融在一起，城市中临街设立了大量商铺，原先建在山上的城池已经不能适应临街设店的需求。城市位置逐渐下移，蜀冈下和古运河两岸自然形成的居民区和工商业区先后被划入唐罗城和宋大城的范围内，蜀冈上仅保留了扬州大都督府的行政功能，扬州的城市范围越来越大。北宋时扬州已经是中国东南部的经济、文化中心。但到了南宋，由于扬州一直是抗金、抗元的战场，社会经济遭受了重创。

元代，运河扬州段几次整治，一度恢复了繁华。元末战争涂炭下的扬州人口稀少，朱元璋出于军事考虑，在远离运河的宋大城西南角筑城（后俗称旧城）。朱棣迁都北京后，运河又一次担负起沟通南北经济的重任。可是，扬州旧城远离运河的格局与城市发展产生了矛盾。1556年，在宋大城东南部与旧城毗邻又改筑新城，新城的东、南面皆临运河。随着经济的发展，扬州迅速成为两淮盐业专卖地和南北货贸易城市。

▶《扬州府图说》中的《扬州全府》明代《扬州府图说》全册编有12幅图画，分别绘制了扬州全府以及江都、瓜洲、仪真（今仪征市）等11个县、镇的风貌。

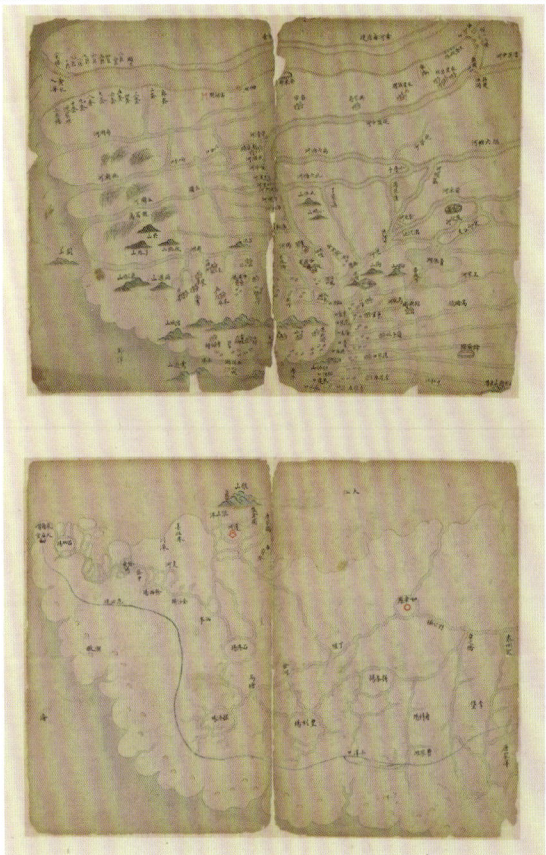

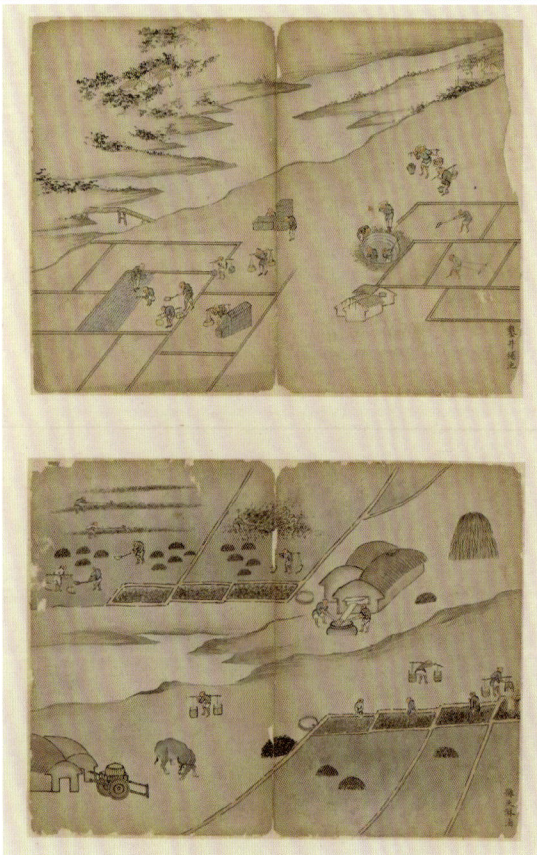

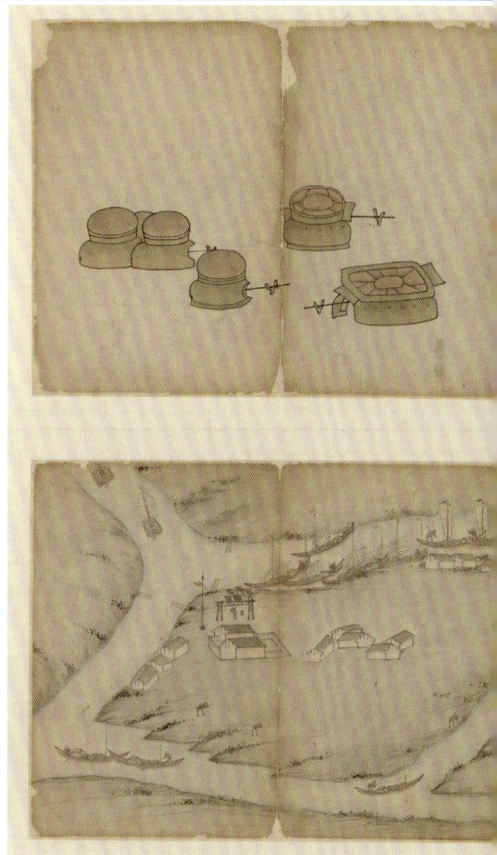

绿杨城中雪花盐

运河经济带动盐业成为扬州的核心产业，大量资金涌入了这座古老的城市。伴随着便利的运河交通，南北商贾云集于此，积累了巨额财富的盐商在运河两岸建造了鳞次栉比的园林宅第，高消费下的城市服务业和手工业也迅猛发展起来。

会票的兴起

会票是一种产生于明代后期的信用票据。随着运河的繁荣，清代扬州南北贸易快速发展，贸易量的猛增让大额现金的异地转运不再适应市场需求，信用票据结算逐渐代替现金清算。道光年间，时任江苏巡抚陶澍就在奏折中提到"各省商贾具系会票来往"。

自从汉武帝实行国家对盐和铁的垄断经营政策之后，盐税就成为历朝历代最主要的经济来源。唐代安史之乱后，江淮地区的盐务对于维护国家经济稳定的作用则更加突出。扬州靠近两淮盐场，自然成为江南食盐的集散地，各地盐商纷纷定居于此。食盐经济下的扬州便有了"扬一益二"的美誉。

繁华以盐盛

唐代，在盐铁转运使刘晏的改革下，国家将原来的民制、官收、官运、官销的盐业政策，改为官府从盐场收购食盐，当场加税后卖给盐商，让盐商自行运输、销售。天宝年间，仅扬州一地每年向朝廷缴纳的盐税就高达600万缗（成串的铜钱，每缗1000文）。在为国家缴纳可观税收的同时，这些盐商还以各种方法获利，不少商界巨头就是在这个时期积累了大量财富。

明清两代，扬州的盐业更加繁荣，尤其到了清代康乾时期，每年从扬州销运的食盐多达160多万引（清初每引可折盐100千克），占全国1/3以上。因此，为了督理两淮盐务，朝廷在扬州特设了从三品的巡盐御史，而担任这个官职的官员通常都是皇帝的心腹。

对于食盐的买卖，政府严格实行准验制度。盐商们必须得到官府颁发的盐引，再凭盐引从盐场买盐。这些食盐都要在扬州进行核验再销往其他地区。转运食盐有着丰厚的利润，为了便于行盐，盐商们就在运河沿线买地置业、兴建仓库，扬州从此也就成为了盐商的乐园。

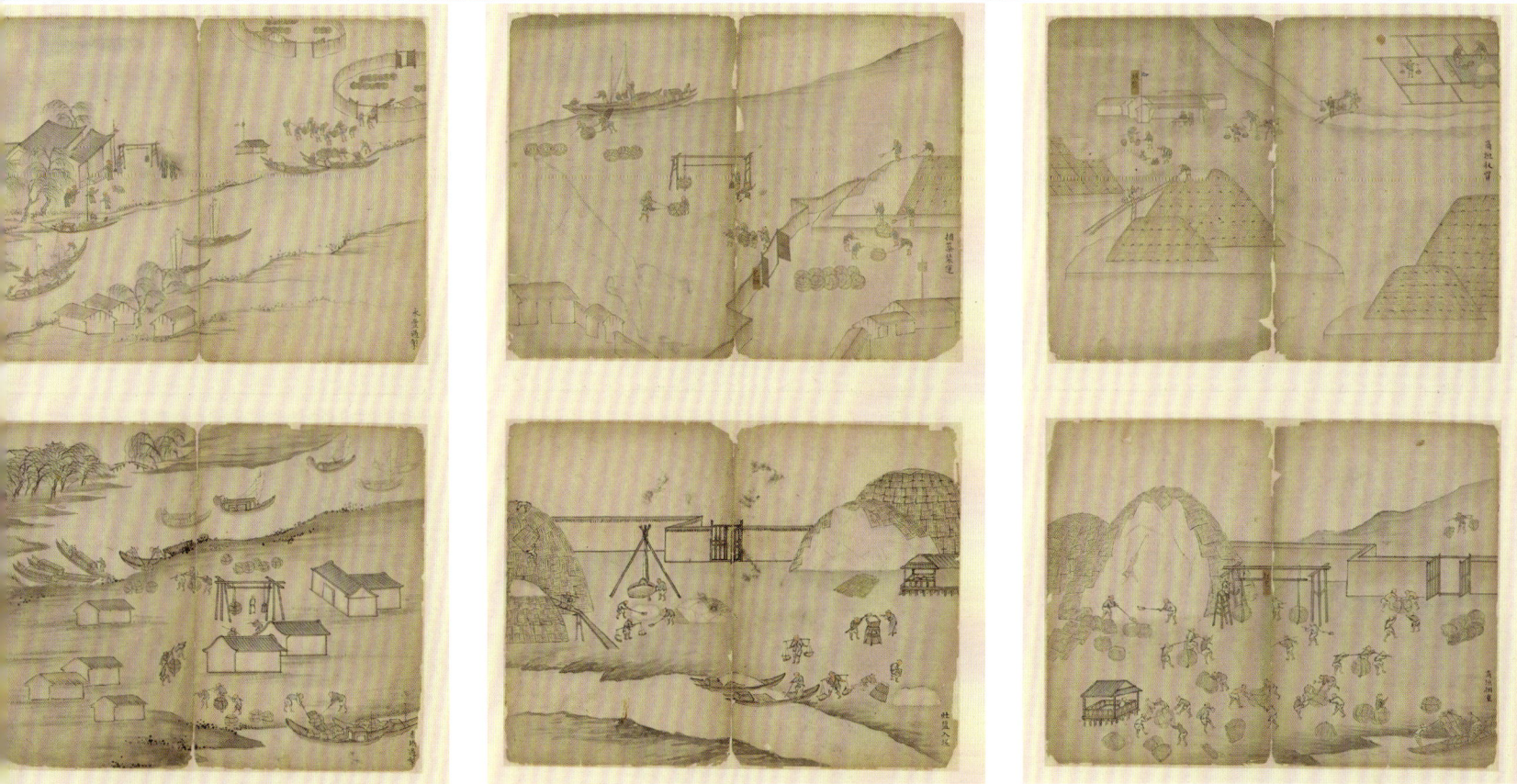

▲ 清人《淮盐场图册》（节选）
两淮盐场以淮河为界，分为淮南盐场和淮北盐场。此图绘制了两淮盐场平面图以及淮盐的制作过程，真实记录了清代两淮盐场的盛景。

> "十里长街市井连，月明桥上看神仙。人生只合扬州死，禅智山光好墓田。"
>
> ——《纵游淮南》唐·张祜

盐商竞造园亭

当盐商成为城市的主角之后，他们便在城内广建园林，以至于出现了八九里路上移步换景，十余家园林串联成片，山水景致让人目不暇接的盛况，整个城市俨然一个大型的人造园林。扬州造园之盛，更有赖于乾隆帝六下江南。为了迎接圣驾，两淮盐商斥巨资在城市沿途构造各式园艺建筑，形成了大规模的长卷式园林通景，客观上让扬州的园林系统更趋于完善。当乾隆年间专以品评园林著称的钱泳来到扬州时，竟恍惚得"宛入千里仙山楼阁之中"，他佩服道："造屋之工，当以扬州为第一。"

在众多园林中，今天扬州城内的个园首屈一指。园内竹影婆娑，四季假山相映成趣。叠石造景的湖石、宣石、黄石等各色石料都是从各地精选而来，若没有盐商的雄厚财力和运河的便捷交通，想要建造这样"冠绝江南"的扬州园林是绝不可能的。

天下玉，扬州工

盐商的消费也促进了扬州手工业的兴盛发展。玉雕、刺绣、漆雕、彩灯、香粉、装裱等手工业成了扬州重要的经济产业。乾隆时期，扬州成为中国玉材的制作中心和集散中心。扬州并不产玉，但各地手艺精湛的工匠们却云集于此。正是由于运河的便利交通，数吨重的玉石也能从遥远的产玉之地运来此处制作，之后再运往京城。

▶ 青玉大禹治水图山子
这座清代的玉雕以新疆密勒塔山的青玉为材料，总重5000多千克，制成后从扬州天宁寺码头运往京城。

襟江带海的大水柜

无论是临江而建的邗城，还是借湖而凿的邗沟，运河最初选择了扬州，得益于这里丰沛的水源。扬州大水柜中，有运河历史上最早的"裁弯取直"，有具有现代化特征的邵伯船闸，也有"两堤夹一河"的创新工程，还有改直造弯的"运河三湾"。

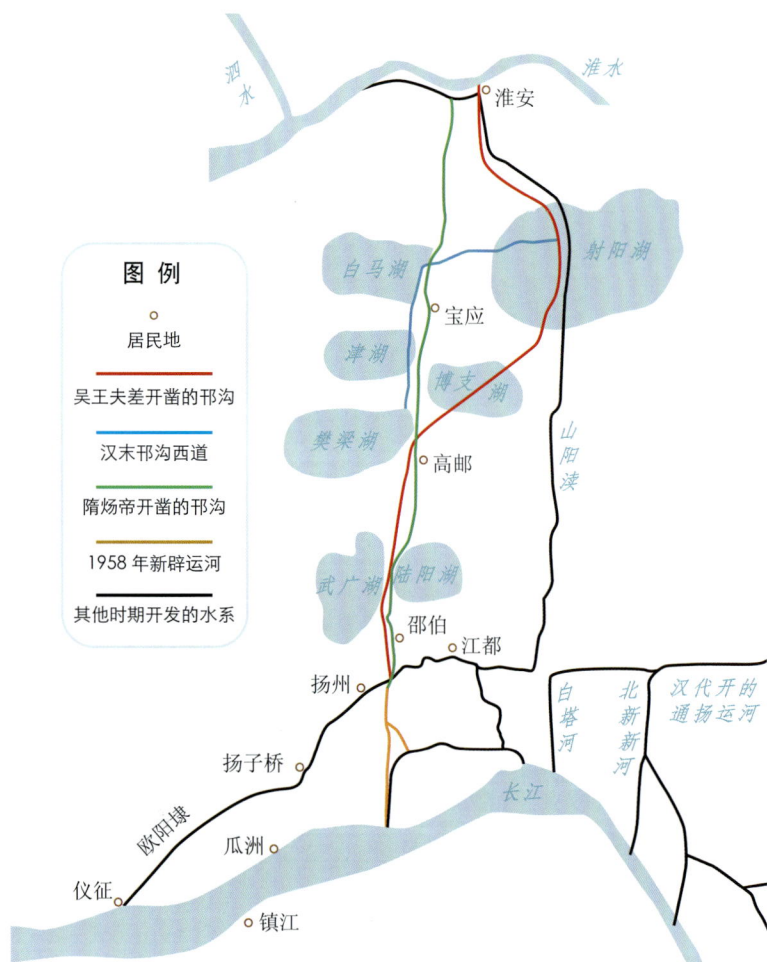

▲ 运河扬州段历史演变图
淮扬运河扬州段全长151.3千米，2000多年间不断演变。图中湖泊水系名称为隋代称谓。

2500多年前，长江口的位置在今天的扬州和镇江之间，江口北岸距离蜀冈仅有2.5千米左右，从蜀冈开凿，引江水入邗沟，正好解决了邗城用水的问题。

陈登穿沟

邗沟借用射阳湖水连通扬州与淮安，节省了人力、物力和时间。但为了让水量充沛的射阳湖水进入邗沟，邗沟不得不向东绕一个大弯。由于河道曲折，水深和河宽都有限，河道容易淤塞难行，后世不得不多次对无法引水的邗沟加以改建。

根据北魏时期的地理著作《水经注》记载，仅汉晋时期对于邗沟就有过4次改建。

东汉建安年间，陈登在原邗沟的西侧，利用众多的天然湖泊开凿邗沟西道，将曲折的邗沟水道拉直，此后航道不再绕行风大浪急的射阳湖，邗沟逐渐呈现出南北走向，史称"陈登穿沟"。几百年后，隋炀帝对邗沟也进行了整治，而且大体上是遵循了陈登所开的邗沟西路进行的。

明代万历年间，扬州南门外二里桥一带因河道过于顺直，水势直泻，难以蓄积。巡盐御史杨光训拟开新河，扬州知府郭光复组织民工实施，自二里桥河口起，将原本顺直的河道向西折550米，再向南折1300米，又向东折回550米，最后从姚家沟汇入大运河扬州城区段，形成了今日的"运河三湾"。

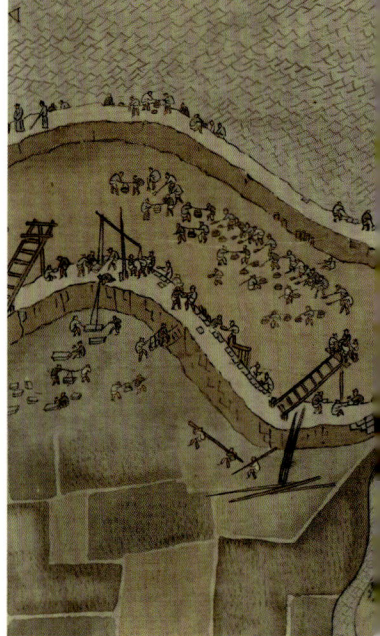

废堰建复闸

运河水源一般会通过沿途的湖泊与河流得到供给，但由于地形和水位差异，运河各段补水量并不相同。运河从邵伯向南到长江地势高差较大，船闸就成为了调节水位、保障船只快速通行的重要工程。

在没有船闸之前，古代使用埭来调节运河水位，在扬州到仪征之间原有北神、召伯、茱萸、龙舟、新兴五座埭。这种低矮的拦水坝横亘在河道中央，埭面为光滑的弧形，两侧为斜坡。船只过埭时，需要用人力或者畜力拉着船从埭顶蹭过去。如果是重船的话，还要先将货物全部卸下，再空船过埭，这样通行费时费力还损害船体。一种新的解决方式——船闸就在这样的背景下诞生了。

根据《梦溪笔谈》记载，北宋官员陶鉴在仪扬运河上所建的真州复闸是运河上第一座复闸。宋仁宗时期，位于今天扬州邵伯镇的邵伯埭被改造成更加先进的、具有三道闸门的船闸，从此，扬州到淮安的运河五埭全部被船闸代替。这种

▲ 《高明治水图》（局部）
该图展现了千余劳役者疏浚河道的宏伟场面。清代顺治年间，淮扬二州间的运河决堤，洪水泛滥，官员高明治河成功，当地人为感谢高明治水功劳，特请画家赵澄绘制此图。

水系串联的瘦西湖

位于扬州西郊的瘦西湖在隋唐时期原本是蜀冈下古运河的河道，曾名炮山河、保障湖。历代造园匠师利用15千米流程长河，相形度势来点缀园林，水系串联诸园起到纽带作用。清代杭州诗人汪沆来此饱览美景后，借以家乡的西湖对比，瘦西湖因此得名。

> ❝ 淮海路茫茫，扁舟出大荒。
> 孤城三面水，寒日五湖霜。❞
>
> ——《过高邮作》明·沈明臣

具有现代化特征的新式船闸是世界运河史上的重要工程创举。时至今日，邵伯闸仍然在运河上履行着它的使命。

两堤分河湖

邗沟的开凿并非一劳永逸，运河的一部分河段会穿湖而过，致使河湖不分。湖水涨发时，严重影响着运河的航行。虽经历代不断改造，但直到明代，宝应到邵伯河段还是摆脱不了对湖泊的依赖。

其中，今天的高邮湖是由众多湖泊相连而成的。这些湖泊是在运河西边，所以又称运西诸湖。受到黄河夺淮的影响，泥沙堆积致使淮河水无法入海，便淤塞在洪泽湖区，当洪泽湖溃堤时，湖水泄入运西诸湖，就形成了今天广阔的高邮湖。高邮湖形成以后，运河穿湖而过。汛期时湖水对航船造成极大威胁，宋代时开始在运西诸湖的东侧筑长堤，逐渐实现淮扬运河与运西诸湖的分隔。明代初年，为进一步减少湖泊在汛期对运道的影响，在加固原有堤防的基础上，又在湖东开渠并在渠东筑堤，由此形成两堤夹一河的格局。

从借湖行船改为河湖分离，为今天里运河的形成奠定了基础，这无疑又是大运河历史上的一次重大创新。

▼ 扬州"运河三湾"
延长并使河道弯曲，可增加河流比降，使河水下泄缓慢。

东渡西来

由唐代开始，经宋、元到明、清，商业发达的扬州孕育了城市文化的发展。同时，扬州又凭借着运河、长江沟通海运之便，一跃成为了西进东出的国际化都市，无论是东渡日本的鉴真，还是意大利旅行家马可·波罗，都在扬州留下了中外文化交流的足迹。

《全唐诗》中收录的"山川异域，风月同天"常被用来体现中日民间源远流长的深厚友谊。唐玄宗时期，数次前往日本传播佛教与盛唐文化的扬州僧人鉴真，更是这八字的践行者。而《全唐诗》的刊印本，也是在扬州由曹寅奉旨刊刻而成的。

鉴真六渡东瀛

唐天宝年间，大唐王朝的佛教经过了几百年的发展，已经成为具有完备戒律和仪轨的宗教。而当时的日本佛教还缺乏受戒的律仪。为了解决这个问题，来唐的日本僧人荣睿准备聘请扬州大明寺律学大师鉴真去日本主持受戒并传法。鉴真

◀ 鉴真脱胎干漆坐像
鉴真圆寂以后，弟子按其样貌和身姿制作了一尊高84厘米的等身坐像。脱胎干漆是中国传统的漆器工艺，扬州是漆器工艺最发达的地区之一。

大师欣然接受邀请，开启了他12年艰辛的东渡之旅。

无奈前五次的东渡均告失败，尤其是第五次途中，鉴真因病患致双目失明，但是他仍旧初心不改，再发宏愿前往日本传法。753年第六次东渡终于到达了日本九州，次年二月至平成京（今奈良西）。他在日本传法10年，成为日本律宗的初祖。763年鉴真圆寂于生前由他奠基的位于奈良的唐招提寺中。

马可·波罗的扬州之旅

马可·波罗，生于威尼斯商人家庭，在元代忽必烈时期来到中国，受到了皇帝的赏识，在中国游历了17年。据他创作的《马可·波罗游记》记载，他曾在扬州担任3年总督。虽然围绕这本书有很多争议，但他在中国的所见所闻激起了欧洲人对东方的热烈向往，对未来新航路的开辟和欧洲的发展都产生了巨大影响。

扬州在当时是江淮行省的首府，在《马可·波罗游记》中有

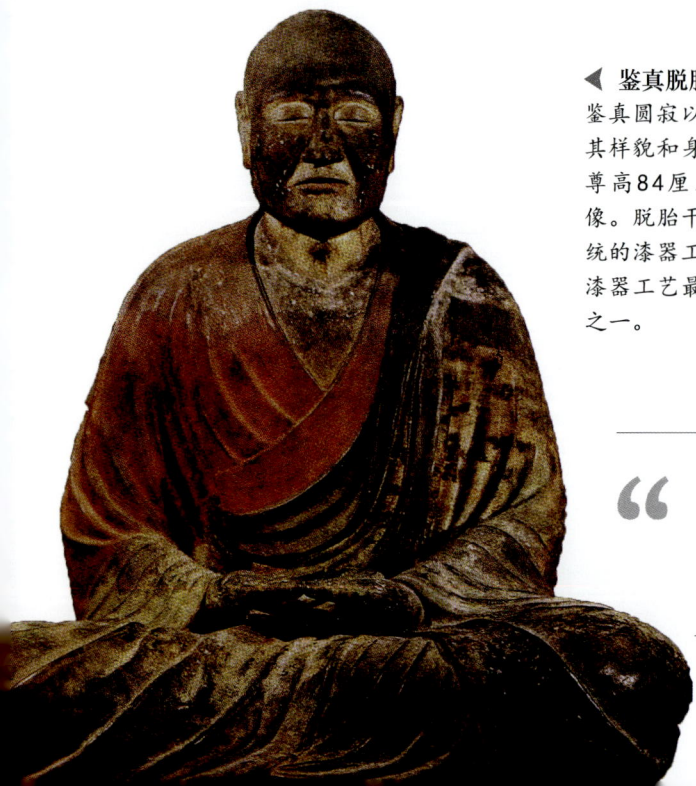

▲ 马可·波罗像
《马可·波罗游记》对元代的交通运输、道路驿站有着明确的记录，还特别赞誉了具有舟楫之利的水路交通体系。

大量关于扬州的内容，其中特别提到了运河。马可·波罗描述了大量囤积于瓜洲的谷米由水路送到元大都，并强调了这里的水路并不是海运，而是河湖。他所说的正是元代运河运送粮食的真实写照。

▶ 《鉴真第六次东渡图》
鉴真66岁第六次东渡抵达日本，他被封为"大僧都"统领日本僧尼，并为日本建立了正规的戒律制度，还为日本带去了众多领域的最新技术。

> " 天下三分明月夜，二分无赖是扬州。"
>
> ——《忆扬州》唐·徐凝

民夫们将沉重的石块甩向空中，
再砸回地面，夯实堤岸。

巫师正在为运河的修建作法，
以求风调雨顺，驱灾避难。

太宰伯嚭在向吴王夫差描绘进取中原的路
线，等到运河开通，才能运兵北上。

邗城

瞭望台

民夫将土石挖出，再挑担运走。

从战国时期到东汉初年，铁器的使用开始普遍起来。

▲ 开凿运河

春秋末期，吴王夫差为了北上争霸，下令开凿运河，民夫们夜以继日地凿渠挖沟，大运河由此而生。

观·运河画卷

大运河扬州段

目前的京杭大运河扬州段绿色现代航运工程，按二级航道标准建设，设计通过船舶等级为2000吨，最小通航水深不小于4米，充分发挥了京杭运河苏北段黄金水道综合效能。图中装载煤炭、钢材、建材等货物的船只在航道上有序航行，运河上呈现一派繁忙景象。

大运河镇江至杭州段称江南运河，流经地区全部在长江以南。它纵贯太湖流域，连接了长江和钱塘江两大水系。历史上也曾称之为江南河。江南运河是古代江南地区经济繁荣的历史见证。

　　610年，隋炀帝对江南运河全线整治，在原有人工运河的基础上，通过将河道截弯取直，加深加宽，一条长300多千米的江南运河基本形成。从隋代到清代1000多年的时间里，得益于合理的规划和历朝的维护，江南运河始终保持着充足的水源和稳定的线路，起着运输漕粮、排水防涝的重要作用。19世纪末以后，江南运河依然是长三角地区重要的区域运河与航运通道。

江南运河 9

镇江

镇江，具有3000多年的历史，古称宜、丹徒、京口、南徐州、润州，北宋更名为镇江。这里融合了本地吴楚文化与南下北方文化的双重色彩，江南运河从这里汇入长江。自秦汉起直到近代，镇江历来是兵家必争之地。由此，这座江南城市也充满了雄壮豪迈的气概。

紧邻长江的镇江，与北岸的扬州共同构成黄金水道的十字交叉枢纽。大运河镇江段属于江南运河的北段，是与江北河段对接的主要航道，全长近60千米。今天镇江城内16.69千米的古运河，仍然承担着城市的防洪排涝和景观水道的作用。

豪迈的丹徒气息

镇江虽地处江南，却有着与江南城市不同的豪气。南朝刘桢在《京口记》中提到，当年秦始皇东临此地，被眼前的地形地貌所震撼，瞬间感觉有王气逼来，于是便派3000赭衣之徒来此凿断山脉以破王气，这里便有了丹徒的名字。丹徒指的就是身着赭衣的服役者，这种阐释有着浓厚的传说色彩。

◀ **宜侯矢簋**
铜器内底120多字铭文记述了西周康王册封矢为宜地诸侯的史实。

王气也许只是古人的想象，但在秦始皇统一中国的几百年前，这里的确存在着一方政权，那就是西周早期的宜国。根据丹徒县出土的宜侯矢簋上的铭文可知，西周康王时期一位原本受封于虞地的贵族矢被改封到宜地。这说明早在3000年前这里就已经是宜国的城池了，这个宜国很有可能与后来的春秋吴国有着紧密的联系。"宜"则成为镇江目前已知最古老的地名。

北方移民与京口军镇

秦汉之后，这里又被称作京口，是六朝时期政治、经济、文化中心建康（今江苏南京）的门户。西晋永嘉之乱后，镇江接收了大量南渡的士族集团，成为当时最大的移民地区。从此，京口成为本地吴文化与南下的北方文化不断冲突及融汇的典型地带。考古发现，镇江地区的东晋墓大多为南迁的北方贵族及其后裔之墓。

> ❝ **晋宋齐梁都，千山万江口。烟散隋宫出，涛来海门吼。** ❞
> ——《和浙西李大夫晚下北固山喜径松成阴怅然怀古……和依本韵》唐·刘禹锡

▶ 《鸿雪因缘图记——金山操江》
这幅画卷表现的是镇江金山的水兵在江面上操练的盛况。

1400多年前的"海门"

唐代以前长江的入海口实际上在今天的镇江，唐代诗作中经常提到的"海门"指的就是这里的长江入海口。如唐代李涉《润州听暮角》中的诗句"惊起暮天沙上雁，海门斜去两三行"，描绘的就是这里沙洲上的大雁飞到了海门山上。宋代之后，长江入海口东移，此处没有了镇海的需要，名字就变为了镇江。

东晋政府先后对京口进行了两次大规模的扩建和改造，其中一次在东晋初年，建造了大业、曲阿、庱亭3个军事要塞。377年，东晋名将谢玄在京口设立了北府兵，镇江的军事重镇地位发展到历史最高点。这支从镇江发展而来的军事集团成为了南北朝到隋唐历史上重要的政治力量。420年，出生成长在京口的北府兵统帅刘裕在京口起兵夺取皇位，灭亡了东晋。

从润州到镇江

隋代之后的500多年间，这里一直被称为润州。在唐代以前，润州是长江的入海口，所以在这里设置了镇海军。之后入海口东移，润州远离了大海，宋代便把镇海军改成了镇江军。1113年，根据镇江军的名字，润州升级为镇江府，而镇江这个地名，就充满了军事意义。南宋偏安东南，中国再次划江而治，镇江成为南北对冲的前沿阵地，战争成为这座城市的常客。之后的元明清以及近代历史中，长江上南北之争的许多战役都首先在镇江打响。

▼ 大运河镇江段入江口
谏壁船闸是京杭大运河进入江南的门户，是大运河苏南段唯一直达通江的口门船闸，常年过往的船只遍布全国13个省（市）。2022年实际船舶通过量超过了2亿吨。

因山为垒 缘江为境

镇江位于长江与京杭大运河的十字交汇处，京口三山——金山、焦山、北固山在城北形成天然堡垒。六朝时期的镇江一直是都城建康的战略门户。即便到了南宋，面对着金兵的威胁，扼守长江的镇江也是临安（今浙江杭州）及富庶的太湖流域最重要的屏障。

镇江最早作为军事重镇是在东汉末年，当时统领江东地区的孙权把治所从吴郡（今江苏苏州）移到这里，根据山水形胜选中了一座山，在此修筑城池，这座军事堡垒后被称为铁瓮城。而这座山就是被后世称为"天下第一江山"的北固山。

满眼风光北固楼

北固山向来以险峻著称，主峰北临长江。东晋的郗鉴任徐州刺史时将治所设在了北固山，此时的北固山已具有完整的治所功能。整个北固山有3座山峰，分别承担着不同的职能：前峰的铁瓮城为衙署区，中峰的芙蓉楼是官邸区，后峰是军需的仓储区。整个北固山统属于治所范围，各峰之间既有联系，又有着功能方面的明确分工。南北朝时期，梁武帝萧衍登临北固山时，被眼前的景象所震撼，题下了"天下第一江山"6个字，留名至今。

京口也和北固山有着直接的关系。京，古代通常指国都，如北京、南京。而三国时期，镇江也曾以"京"城闻名于世，比如西晋《三国志》里《吴书》《蜀书》中提到"京城"或"京"，都指的是今天镇江的北固山，因此北固山也被称为"京山"。"京城"之下，运河的入江口也就被称为"京口"了。

镇江具有独特的战略地位，自古就是兵家必争之地。比如，南宋时期镇守镇江的将领韩世忠在京口附近与金兵激战40多天，最后利用敌人不习水性的特点大败金军。

▼ 北固山
北固山位于镇江市区东侧江边，主峰高程55.2米。

北固山上的故事与传说

围绕北固山，历史上有很多故事和传说，比如元末明初的长篇小说《三国演义》中，刘备在北固山上的甘露寺招亲，最终东吴"赔了夫人又折兵"。南宋辛弃疾在镇江做知府登临北固山，一心想要收复故土的他写下了两首传世之作。此外，还有米芾、梁武帝等历史人物都与北固山有关。右图为明代书画家董其昌笔下的北固山。

江中礁石众多，往来的船只受到严重的威胁，经常倾覆于此，有"京口古渡，为天下最险"之说。面对这样的困境，当时的人们一方面诉诸神灵，相传晚唐时便有人仿照普陀寺在此处建起了观音洞，元代又在此建了一座喇嘛塔——昭关石塔，以求遏制江水、保佑渡船；另一方面

罄尽以人力，南宋的一位镇江郡守蔡洸在西津渡创设"救生会"，设置5艘插有旗帜的大船用于解救江上遇险的船只。这是中国最早的水上救援慈善机构，此后历代亦有官方或民间义士在西津渡组织救生会。现存救生会遗址便是清代康熙年间由镇江当地的蒋氏家族创办的。

▼ 京口救生会
救生会建在西津渡街的高处，视野开阔，便于临江瞭望。救生会的旁边就是昭关石塔。

▲ 京口三山与长江、运河相对位置示意图
镇江紧邻长江，向北突出抵住了长江，金山、焦山、北固山更是以掎角之势扼守长江。

图例
- 运河
- ▲ 山峰
- ○ 城市
- ── 镇江市界

扬州市 / 镇江市 / 北固山 / 焦山 / 金山 / 京口区 / 润州区 / 丹徒区 / 丹阳市 / 常州市 / 京杭运河 / 长江

西津渡与救生会

西津渡，曾名金陵渡、丹阳古渡，因渡口在城西的甘露渡以西，晚唐时称西津渡。渡口的繁荣让这里逐渐形成街市，北宋时这里已经有了相当规模的集市，商品交易十分发达，元代规模进一步扩大。清代康熙年间，长江镇江段不断北坍南淤，西津渡渡口功能因此受到影响。清晚期，原本位于江中的金山也与南岸陆地相连，人们便不用渡船前往金山了。

镇江的渡口有一个弊端。由于长江流到镇江的时候河道突然变窄，水流会立刻湍急起来，并且

> **京口东通吴、会，南接江、湖，西连都邑，亦一都会。**
>
> ——《隋书·地理志》

沟通三吴的生命水道

镇江河段位于江南运河最北端的丘陵地带，素有"江南运河屋脊"之称。镇江河段地势高亢、水源不足，是江南运河中转漕最艰难的一段，也是历代运河治理的重点河段。这里有中国水利史上最早用埭治水的记录，还拥有江南运河最重要的水利工程——京口澳闸系统。

▲ 京口澳闸系统示意图
复式船闸由上闸、中闸、下闸等5道水闸组成一组四级船闸，旁边是积水澳和归水澳，用来调节船闸水位。

大运河贯通后，镇江作为江河交汇的节点作用日益突出，南宋定都临安后，镇江更是一跃成为漕运转运枢纽。但是，镇江地势很高，且长江的入海口逐渐东移，这使得潮水大大减弱。因此作为"江南运河屋脊"的镇江河段不像其他河段拥有丰沛的水源，枯水期缺水是这里面临的最大问题。

京口澳闸系统

面对南北漕运的压力，北宋官员曾孝蕴主持修筑了京口澳闸系统，妥善解决了这个问题。

▲《全漕运道图》（局部）
图中绘有镇江府、京口、金山、焦山、甘露寺等，除此之外，还记录了长江航道中影响航运的沙洲、矶头等地理标志物。

" 大江横万里，古渡渺千秋。浩浩波声险，苍苍天色愁。 "

——《京口怀古》唐·戴叔伦

所谓澳闸系统，是集复式船闸和蓄水设施于一体的系统水利工程。在枯水期，长江的水位远低于运河，当船只从长江进入运河时，四级船闸之间通过注水、放水，便可把船一级级抬升到运河。这种澳闸系统同时兼有通航、蓄水、引水、引潮、避风等多种功能，是中国古代水利工程技术成就的体现。

京口闸遗址还出土了一大批跨越千年的文物，如福建建阳窑黑釉瓷、江西景德镇青白瓷、河北磁州窑白地褐彩瓷等，这些来自全国各地的瓷器，是这里曾作为交通枢纽和商品交易集散地的证明。

以埭治水

埭，大多建在江河水流湍急之处，用于拦阻水流，是船闸的雏形。镇江地势较高，需要蓄水助航，这里就成为古运河历史上最早以埭治水的地方。

目前所见中国最早的建埭记录是东吴的破冈渎。据唐代《建康实录》记载，212年东吴定都建业（今江苏南京）后，为了便于从三吴地区向建业运输物资，绕行长江转运时免受可能遭遇的风浪危险，孙权命人在今天句容到丹阳之间修了一条长20千米的阶梯式运河——破冈渎，沟通了太湖与秦淮河流域。由于运河所经路线多为丘陵岗坡，于是在通过最陡的破冈分水岭时，两侧坡道分别被修筑了7座拦水埭来减缓河水下泄。这种短距离连续建埭的阶梯式航道是后来梯级船闸的鼻祖，开创了世界运河史上的先河。

江南运河中最早建埭的地方同样在镇江。据南宋《舆地纪胜》中记载，317年东晋元帝之子司马衮运粮出京口，因这段运河水少无法行舟，于是设立了丁卯埭来蓄水。丁卯埭可以留住进入江南运河的长江潮水，从而抬高并保持运河水位，为航运带来了极大便利。

▶ 青花海水龙纹香炉
这件元代香炉出土于京口闸遗址，是当时闸口附近某水神庙中的供奉用品。

舳舻转粟三千里

隋代南北运河贯通之后，镇江成为大运河上的重要交通节点。唐代这里已经成为南粮北运的枢纽与南货北运的集散地，繁荣的商品转运经济使这里有了"三吴之会"的美誉。镇江从早期单纯的军事重镇向新的角色转变，南宋时，这里已成为中国最重要的粮食仓储转运中心之一。

唐代安史之乱以后，北方经济遭受了破坏，开始逐渐依赖江南经济的支撑。此时地处江南运河入江口的镇江，凭借其重要的转运位置开启了它的新生。

润州的新生

镇江地势高，大量粮船到镇江后由江入运艰难，粮食只能堆积在沿江各个港口。转运的需要促进了仓储业的发展，两宋时期在镇江设转运司，运河河口及沿线设立了很多户部的转般仓，综合仓储能力达300万石左右。时至南宋，河口附近已是商铺云集，镇江的税收在全国各城市中排名第八。镇江港口既要中转各路漕粮贡赋，还要承担军粮的发送，其水运地位举足轻重。南宋末年，经镇江中转到都城临安的漕粮占全国的近七成，镇江逐步成为全国粮食的仓储、转运中心和南北货物集散中心。2009年至2010年，考古人员在镇江市区内陆续发现的宋元时期大型仓储遗迹和元代拖板桥正是这段历史的最好例证。

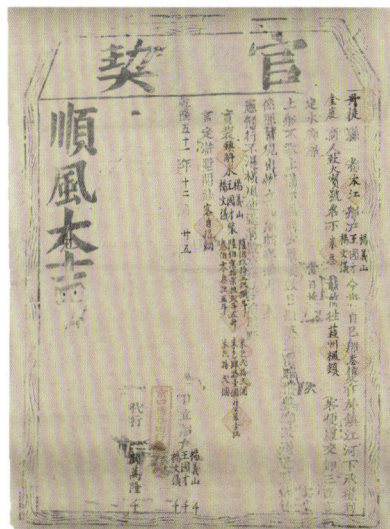

▲ 丹徒船户揽运米商货物官契
主要记载了丹徒县船户的大米由镇江运至苏州枫镇的情况。

元代虽一度开辟了海上运输通道，但是相比安全快捷的运河运输还有诸多弊端，因此漕运并未完全废止，镇江港仍为漕运重要枢纽。由于海运的一时兴起，距离海口不远的镇江，在大京口一带还曾建造过可以经受海风海浪的平底船、海风船和海哨船等。

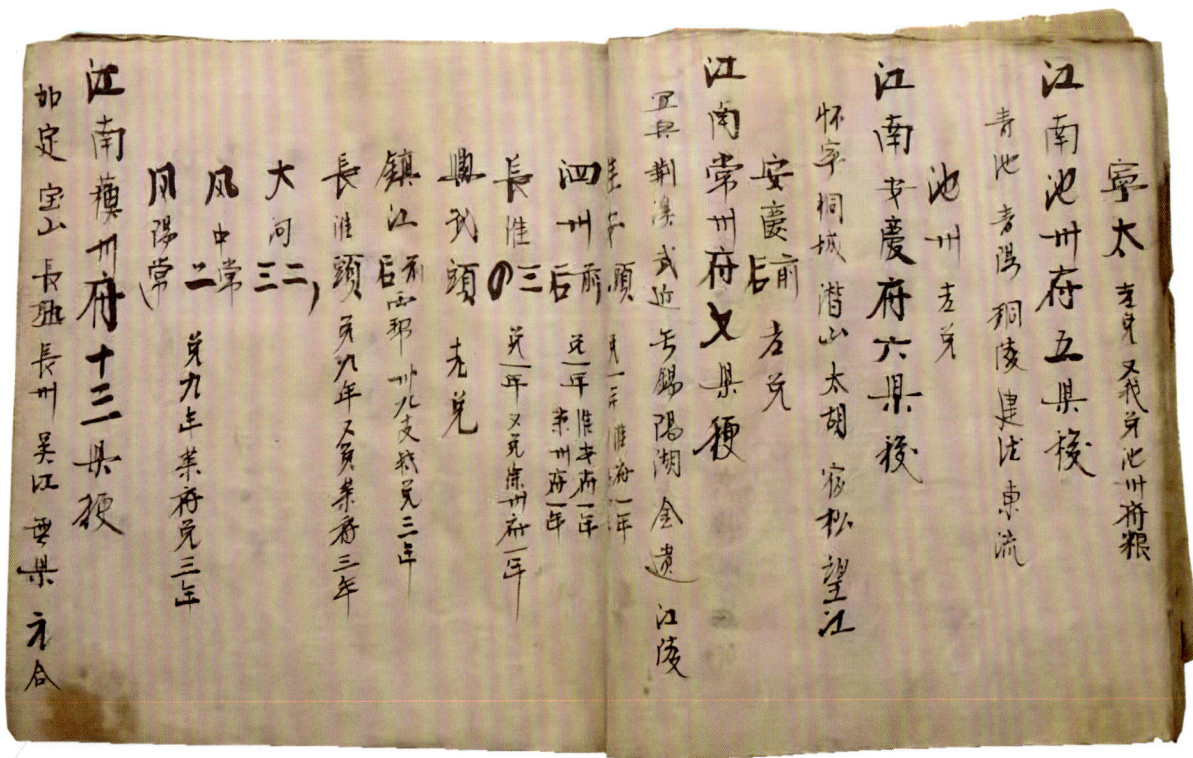

◀ 《漕运底账》
清代账本，记录了发放给中国各地官员的漕粮。古代官员收入有两种形式，一种是银两，另一种是粮食谷物，合称俸禄。账目记录详细，包括各地区发放粮食的种类和数量。

◀ 俯瞰谏壁船闸
运河航运的繁忙景象尽收眼底，现代版"舳舻转粟三千里"每天都在重现。

粮艘次第出西津

唐代以前，长江两岸距离最短的西津渡让运河选择了从镇江汇入长江。明代重开大运河，镇江重新成为漕运的重要枢纽。与之前不同的是，明代允许漕工随船带一些商品在沿途自由贩卖，位于长江上的镇江也就成为了运河上南北土特产交流的重要市场。一时间，这里漕船云集，光是每年转输的棉布就多达1000万匹。随着大京口、小京口等入江口先后启用，城市规模扩大一倍以上，西津渡和新河街的繁华都得益于运口的便捷。

由于清初的海禁，江淮等地的"南粮"均由运河运送北上，由镇江转输的漕粮比之前更多了。清道光时期，一天经镇江运口过往的漕船可多达1000余艘。于是便有了诗人查慎行对镇江运口繁华盛景的描述："舳舻转粟三千里，灯火沿流一万家。"

到了清代晚期，由于黄河决口导致的漕运废弛让镇江逐渐失去了转运中心的作用。中华人民共和国成立后，新的运输手段迅速发展起来，镇江港得到重新规划和改扩建，镇江长江运口依旧延续着重要渡运港的功能。

> **" 稳渡中流入瓜口，飞章驰驿奏枫宸。"**
>
> ——《瓜洲伊娄河棹歌》清代·于树滋

锅盖面

运河让南北交流日渐频繁，不同地域间的饮食习俗也互相渗透。面食本是北方的传统食物，长江南岸的镇江却有着吃面的习惯，锅盖面就是镇江颇具特色的一道美食。锅盖面的制作技艺源于清代，它的面条是用"跳面"制成。所谓跳面，就是操作者坐在一端固定在案板上的长竹竿的另一端，单腿跳跃以杠杆的原理反复挤压案板上的面团，直至成薄片。这样做出来的面条容易入味，有嚼劲。

▶《京江二十四景——西津晓渡》
由清末镇江京江画派代表人物周镐绘制，此图描绘了晨雾中码头繁忙的景象。

苏州

苏州是一座水城，也是吴文化发源地。2500多年的城市历史比意大利的威尼斯还要悠久。从苏州、无锡两市交界的望亭镇到江苏、浙江两省交汇处的油车墩，运河水在这里穿行96千米。水的孕育，奠定了苏州的城市格局，造就了水城的繁华，更让苏式风尚传遍大江南北。

公元前11世纪，西周的泰伯自中原南迁，来到地处太湖东部的吴地后，这里便被称作勾吴。

崛起的勾吴

公元前514年，吴国君主阖闾命大夫伍子胥建苏州城为吴国都城。伍子胥充分考察了吴地的地貌和水情，在苏州主持修建了与洛邑（东周都城）规模相似的阖闾城，并充分利用城内河道纵横的优势，辟8座

▼ 《姑苏繁华图》摹本（局部）
从盘门经胥门、阊门到山塘街，目力所及之处，尽现苏州水城物阜民丰的繁华盛景。

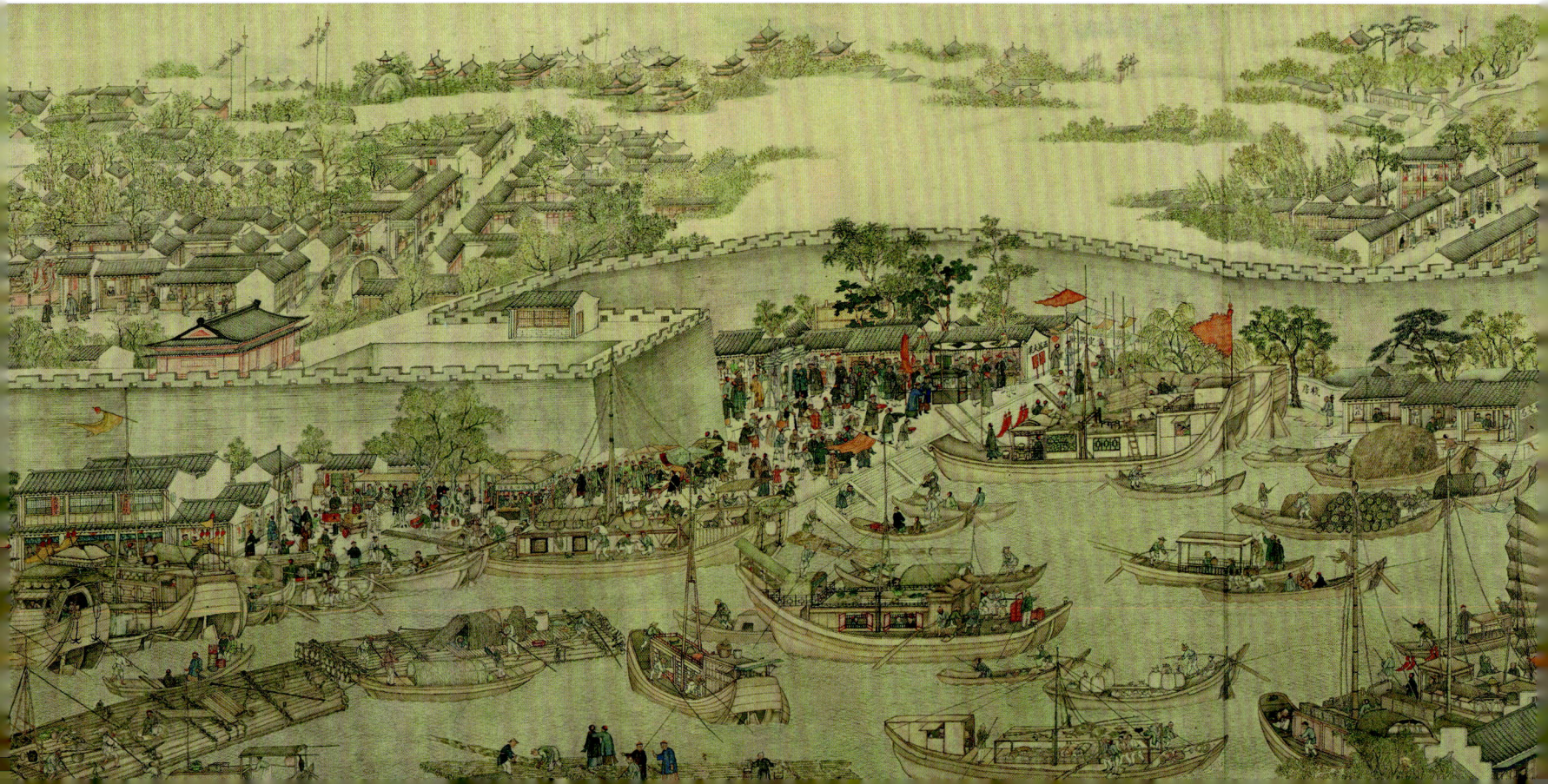

水陆城门，使都城内外的水系连为一体。

根据地方史志的记载，吴王阖闾命人开凿了古胥河，以保障粮草和人员的输送，为进一步开疆辟土做筹备。在当时，楚国是吴国称霸的劲敌，开凿人工河道使吴国的水军可以直抵楚国，满足长期征战的需要。而从长远来看，这是江南运河的开凿之始，为苏州的勃兴埋下了伏笔。

公元前506年，阖闾以伍子胥

和孙武为将军，亲率3万吴军在柏举（今湖北麻城东北，一说汉川北）击溃20万楚军，势如破竹般攻下了楚国都城郢都（今湖北荆州），勾吴由此崛起。

从孙吴政权到隋唐雄州

孙吴政权发迹于苏州。东汉时期，割据江东地区的孙策被封为吴侯。在群雄并起的岁月，孙氏家族不断开拓吴人的政治版图，最终与

> **"姑苏城外寒山寺，夜半钟声到客船。"**
> ——《枫桥夜泊》唐·张继

魏、蜀形成三分天下的局面。孙吴政权迁都建业后开凿的破冈渎运河，密切了都城与吴郡之间的地域联系，进一步活跃了苏州地区的商业贸易。

隋王朝建立后，将吴郡改为州。因古城西南有座姑苏山，地名"苏州"由此诞生。在隋炀帝沿吴地旧有水道开凿江南运河后，苏州就成了南北运河与娄江（今浏河）的交汇之处，具备了内河航运与海上交通的便利条件，苏州被正式纳入大运河体系，经济快速发展，逐渐在江南地区脱颖而出。

唐代时，凭借便利的水路交通，苏州一跃升为江南地区唯一的雄州，居江南各州之首。"人稠过杨府，坊闹半长安"，这里的繁华在白居易的笔下可以觅得踪迹。"苏州刺史例能诗"，此时的苏州文风日渐兴起，白居易就是"诗人"刺史之一。他对苏州这座城市的发展，有着功不可没的贡献。825年，白居易组织百姓在虎丘至阊门护城河间开凿山塘河，并沿河筑堤，人称白公堤。山塘河自此成为大运河北入苏州古城的一条重要水道，后"堤"演变成"街"，即为山塘街。

画笔下的姑苏繁华

明清时期，苏州是大运河上重要的漕粮产地，承担着漕运的重任。康熙帝、乾隆帝南巡时多次驻跸苏州。随行的宫廷画师也用画笔充当"镜头"，记录下苏州城商贾辐辏、热闹非凡的市井风情。

1751年，在乾隆帝第一次下江南的巡游队伍中，有一位来自苏州的画师，名叫徐扬。他深谙故乡的风土人情，画艺深受乾隆帝的赏识。在目睹兴盛的漕运给苏州带来前所未有的繁华后，徐扬历时多年，绘制完成了著名的《姑苏繁华图》（又名《盛世滋生图》），以长卷的形式和写实的手法完整地表现了清代初期古城苏州城郊百里的风景和商业发达的街市景象，被后世誉为研究清代苏州的百科全书。

▲ 虎丘云岩寺塔

建成于10世纪中期，是北方砖塔建造技术传入苏州后修建的第一座宝塔，也是大运河进入苏州段的航标性建筑。

河网上筑起的古城

流动的水勾画出苏州的轮廓和筋骨。这里地势低平，水系绵密，城中建筑和园林的独特之处就在于对水的巧妙利用。春秋末期伍子胥织就的这张细密河网，如同牢固的地基，奠定了几千年来苏州古城基本不变的水陆双棋盘城市格局。

苏州位于长江下游太湖流域，宋代时被称作平江。今天，苏州碑刻博物馆完好地保存着南宋时期的《平江图》碑。虽然碑石表面积不到5平方米，却详尽地刻绘出宋代苏州的城市布局和建筑风貌：整个城市被大运河所环抱，呈规则的长方形，运河内四周环绕着城墙，河道、桥梁、衙署、寺观等无一不精准呈现，如同一幅平江"卫星导航图"。

河街相邻的水巷

在《平江图》碑上，可以清楚地看到与今天苏州几乎别无两样的双棋盘城市格局。双棋盘格局，指的是城中河道和街巷呈南北或东西直线走向，纵横交错成两张方格网，如同重叠在一起的两个棋盘。今天，苏州古城东侧游人如织的平江路就是双棋盘格局最典型的写照，完整地呈现出水陆并行、河街相邻的水城风貌。

"君到姑苏见，人家尽枕河"，河街相邻的城市布局也自然影响着水城的建筑景观和居民的生活方式。在平江路地区，随处可见依水而建、粉墙黛瓦的传统民居。这些民居，大多呈横向排列，"前街后河"成为这里的特色。这种规划，可以最大限度地节约土地资源，使有限的空间容纳更多的居民。更重要的意义是，它使水城人的生活与运河融为一体。家家户户都可以随

▶ 平江历史文化街区
今天的平江历史文化街区仍然基本保留着双棋盘格局。

时获得生活用水，交通运输也变得更加方便。此外，"枕河"的布局对防洪排污、改善城市小气候也发挥着不小的作用。

贴水而筑的苏州园林

园林得水而活，正是运河干流水系和城内支流水系的孕育滋养，河街相邻的水巷间诞生了享誉世界的苏州古典园林。在这里，水与园林相得益彰。

苏州园林在明清时期最为兴盛。清代时，仅苏州城内就有大小园林100多座，且多集中于城内河道水渠的交汇处，充沛的水源使园林有了更多施展美的空间。

在苏州，园林的水源主要来自天然河道或地下水。一些园林紧邻河道，逐水而建。例如清代的耦园，位于大运河与城内河道的交汇处。建园之初，便充分利用外部自然水系，引水入园。还有一些园林的修建得益于古城充足的地下水资源。苏州地下水位很高，一般地表1米以下即能见水。通过平地开挖人工水渠，引水造园。

除了水源，造园还不能缺少奇石、花木等元素。产自苏州木渎的尧峰山黄石保留着自然剥裂的纹理，太湖石历久经年被水浪打磨得面面玲珑，常被用作假山丘壑的主要材料。中国古人遵循天人合一的理念，模拟自然景色，借由园艺手法将水、奇石、花木等元素巧妙地组合，实现大小、虚实、动静之间的完美结合，使苏州园林在咫尺之间充盈着诗情画意。

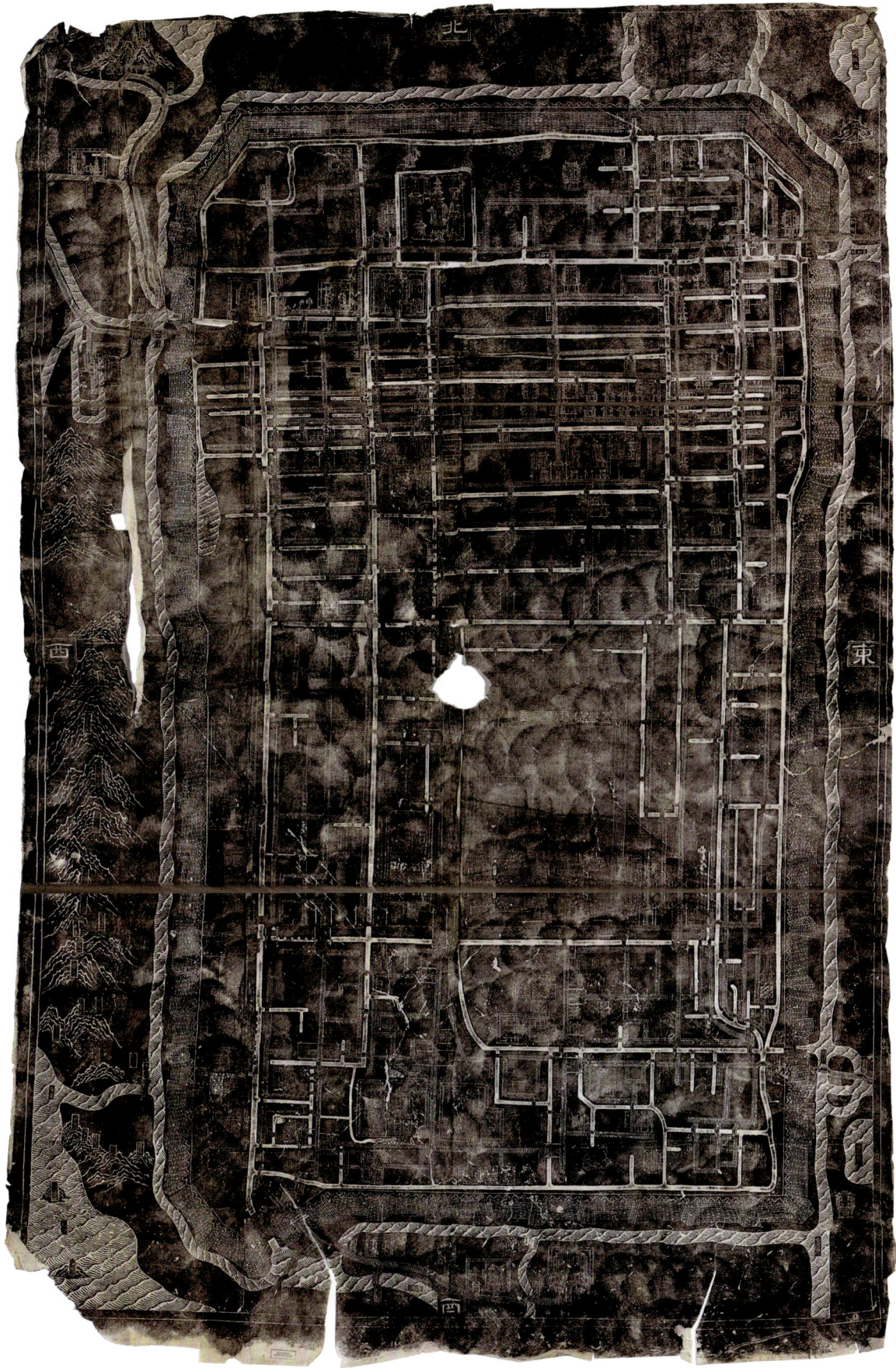

▲ 《平江图》碑拓片
13世纪石刻城市图，是研究古代苏州城市规划与建设的重要范本。

> " 古宫闲地少，水港小桥多。 "
>
> ——《送人游吴》唐·杜荀鹤

因地制宜的水运理念

伴随着中国大运河申遗成功，位于苏州段的宝带桥、盘门等重要水工遗存开始受到人们越来越多的关注。上千年来，得益于它们的功用，苏州古城在一次次风浪洪水危机中化险为夷。如今，这些遗产背后蕴含的水利智慧正慢慢被揭开。

在苏州，随处可见各式各样的桥。"绿浪东西南北水，红栏三百九十桥"，在白居易的笔下，桥串联起这座水城的气韵。那时人们多以木桥渡水，往来交通。宋代以后，石桥逐渐替代了木桥。在保存至今的众多石桥中，多孔石拱桥的代表当属宝带桥。它宛若起伏的长龙，飞跨在大运河和澹台湖的交汇处，成为大运河上最长、结构最轻巧的连拱石桥。

▼ 宝带桥
明代改建为53孔连拱石桥，沿袭至今。

大运河上最长的多孔石桥

唐代中期以前，位于苏州南部的澹台湖与运河没有明确界线。澹台湖水自西向东经运河汇入吴淞江，而运河上南北穿行的船只在汛期到来时常饱受风浪困扰，易受侧面冲击发生沉船的事故。

到了唐代晚期，为确保漕粮运输安全，苏州刺史王仲舒捐出自己的宝带，集资在澹台湖湖口用石料筑起了长堤，宝带桥因此得名。也有说法称，长堤因形似宝带而得名。无论如何，它成为了纤夫挽舟的纤道，也便利了通漕。北宋年间续建长堤，堤上设置了行洪口门或涵洞以通洪水。在此后的历史长河中，宝带桥几经重建修缮，明代时才开始具有现存桥形。

宝带桥的修建，从设计到施工，无不展示着当时最先进的科学技术和前沿的水运理念。石桥全长317米，53个半圆形孔彼此连缀。多孔的设计，利于汛期时澹台湖湖水的宣泄，阻水面积的减小也提高了桥体的安全性。并且，宝带桥各孔孔径并不完全相同，第15孔孔径约6.95米，孔高3.5米，为石桥的至高点。净空较大的桥孔，使大船往来交通更加方便。除了桥孔的科学设计，桥墩的营造也采用了柔性墩和刚性

归有光与《三吴水利录》

明代中期，苏州水利学者归有光编著了《三吴水利录》。前3卷汇集了宋代郏亶、郏侨、苏轼、单锷，元代周文英和明代金藻等7篇治理太湖水利的论文。在第四卷中，归有光撰《水利论》和《水利论后》2篇论文，还绘制了《三江图》和《松江下三江口图》，阐述了自己对太湖水利的治理规划。

墩相结合的方法，避免了柔性墩面临的一孔受损波及全桥的隐患，使这座运河上最长的桥可以稳立千年。

水陆结合的盘门

与宝带桥相比，位于苏州古城西南角的盘门历史更加悠久，它的初建可以追溯至春秋时期。那时吴国水道纵横，水军成为重要的军事力量。如何依托苏州水陆并行的地貌格局，因地制宜地设计出集交通、防御和防洪功能于一体的理想城门？几经修缮、保存至今的盘门，帮助人们一探究竟。

公元前514年，吴国在苏州营建了8座特殊的城门。它们兼具水陆城门的功能，盘门就是其中之一。盘门由两座水陆并联但错位的城门

组成，形如曲尺状。大运河主航道的环城河自北而下，经盘门后折向东流。由于盘门沟通古城内外的水系，自然被赋予了得天独厚的水上交通功能。

不仅如此，盘门还是重要的城防和防汛设施。以水城门为例，它由两道城门组成，设有可以起闭的闸门，而城门之间恰好形成一个长方形的水瓮城。当战争来临时，瓮城和闸门的配合，可以最大限度地发挥出"瓮中捉鳖"的防御作用。在瓮城的东南角，还设有隐蔽的暗道，用以观察敌情和传递信息。因位于多雨的江南地区，汛期的到来常常会给水城带来不小的灾难，防汛也变得尤为重要，这时，盘门的两道水门就可以控制河道水位，有效地采取防洪、泄洪措施。

如果俯瞰苏州古城，人们会发现盘门面向东偏南的方位，其抹角设计

减少了激流对城门的冲撞，避免了引洪入城。盘门背后凝结着众多奇思巧智，它是连接大运河与苏州古城的重要节点，同时也是中国古代水利史上的创举。

▲ 盘门

盘门在后世不断得到维护和加固，现存盘门为元末重建，经明清两代续修。

风貌不改的吴江古纤道

吴江古纤道始建于唐元和年间，元代至正年间复修，全长约4.5千米，曾用来拉纤行舟和水陆传驿，如今，江南运河保存下来的古纤道仅此一处（见下图）。

> " 孔五十三易疏泄，涨痕犹见与桥平。"
> ——《过宝带桥有咏》清·乾隆

盛世滋生的姑苏繁华

京杭大运河如同一条黄金水道，在塑造苏州城市面貌的同时，也为这里带来源源不断的财富。苏州是中国历史上担任中国经济中心最久的城市之一。明清时期，赋税"甲天下"。那时的阊门一带和浒墅关镇，成为了"姑苏繁华"最生动的剪影。

说起苏州的繁华，不得不提的就是位于苏州古城西北角的阊门。清代长篇小说《红楼梦》的开篇就是从苏州写起的，在曹雪芹笔下，苏州阊门一带"最是红尘中一二等富贵风流之地"。运河水系的通达和便利造就了这里的"富贵风流"。

富贵风流的阊门

自唐代开凿山塘河后，便与上塘河、南北护城河及内城河交汇于阊门，形成了"五龙汇阊"的水运格局。得天独厚的地理条件，使阊门成为苏州连接外部的要冲，于是水路变商路。各地的富商大贾喜欢把做生意的地点选在阊门，全国各地的货物商品"通宵达旦"地在这里集散。明清时期，阊门一带逐渐发展成为商业繁华之地。难怪明代画家唐寅在《阊门即事》中将这里称为"乐土"，认为就是画工也很难画尽这里的繁华。

清代初期，阊门一带"商货孔道"的地位尤为突显。海内外各式各样的奇珍异货都在这里贩售，自阊门至枫桥，形成足足绵延10千米的集市。山积云委，舟楫鳞次，蔚为壮观。在《乾隆南巡图》等长卷画作中，阊门闹市区沿街而立的商铺和招牌跃然纸上。酒店饭馆、

北京的"苏州街"

明清时期，因山塘河发挥着大运河主干航道的作用，山塘街成为苏州重要的商业街。居货山积、商贾云集的昌盛之景给南巡至此的乾隆帝留下了极深的印象。他以苏州山塘街为蓝本，在北京万寿寺紫竹院旁和颐和园万寿山北仿建了两条苏州街。下图为苏州山塘街夜景。

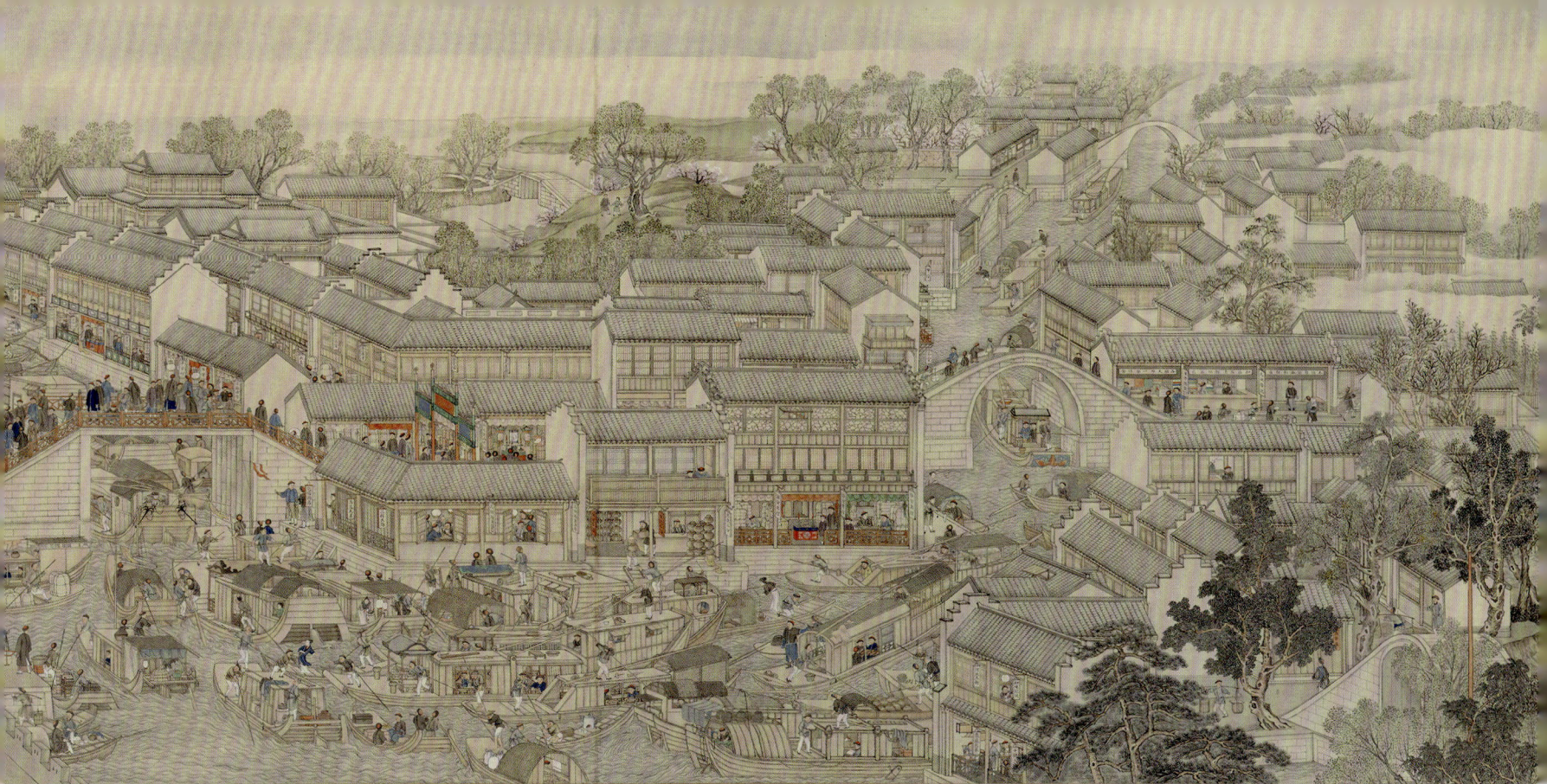

▲《乾隆南巡图》第六卷
《驻跸姑苏》（局部）
整卷描绘了北望亭、浒墅
关、枫桥、虎丘、阊门、万
年桥一带的祥和景象。上图
主要展现了阊门一带的繁
华。

> " 翠袖三千楼上下，黄金百万水西东。
> 五更市卖何曾绝，四远方言总不同。"
>
> ——《阊门即事》明·唐寅

绸缎布庄、估衣店、鞋靴店、钱庄典当行、书画用品店等五行八作一应俱全，甚至还能寻见洋货店的踪迹。依靠大运河带来的便捷交通，这里的富庶繁荣达到了鼎盛。

物阜民丰的浒墅关镇

明宣德年间，朝廷在今天的浒墅关一带初设钞关，后将其裁撤。和临清钞关一样，浒墅关也依傍大运河设立。作为国家的钱匣子，它见证着浒墅关镇盛极一时的繁华。1450年，中国第二次大规模增建钞关时，浒墅关又重新设立，并修建了关署明远楼。那时，浒墅关镇运河两岸分布着密集的商铺，大大小小的商船在关前辐辏云集，满载着南方的丝绸、瓷器、茶叶与北方的棉花、大豆等。户部差遣官员或苏州地方委派官员管理钞关，

对过往船只征收商税。明代晚期，浒墅关的商税额一度位居各钞关之首。

在浒墅关镇这片沃土上，留下深刻印记的还有桑蚕文化。中国植桑养蚕的历史悠久，商代时养蚕技术趋于成熟，甲骨文中已出现桑、蚕、丝等记载。苏州地处太湖流域，气候温暖湿润，适宜种植桑树。得益于得天独厚的自然条件，吴地在春秋时期便开始广植鲁桑（家桑的一种），今天在苏州还能见到"桑叶巷"等地名。

明清时期，桑蚕生产基地开始集中到江南地区，苏州成为全国桑蚕业最发达的地区之一。清代晚期，伴随江南机器缫丝业的出现和发展，工厂对原料茧的需求逐渐增加，越来越多的农人从事桑蚕活动，分工更加明确。民国时期，桑

蚕教育兴起，颇有名气的女子蚕业学校从上海迁入浒墅关镇。校长郑辟疆等人带领学生积极改良和优化蚕种，革新养蚕技术，后又积极筹款在学校南河岸的荒地建立起一座蚕种场，浒墅关镇日渐成为江南重要的桑蚕业中心。

▼ 浒墅关
如今的浒墅关作为运河文化带
上重要的生态景观点，正在以
全新的面貌呈现在世人面前。

江南户户机杼声

明清时期，苏州的丝织生产与工艺美术进入了黄金时代。官营织造局带动着文化风尚，民间更是存在大量丝织工匠与机户，这里"日出万绸，衣被天下"。苏州，逐渐成为闻名遐迩的"丝绸之乡"。

自春秋时期起，吴地的服装便开始披金被绣。宋室南迁后，国家的经济文化重心南移。许多能工巧匠随之来到苏州，使丝织技艺不断发展。朝廷以南下的织工为班底，在苏州设立锦院，织造织锦，光织机就数以百计。精美华丽的丝织品，除了应用于服饰，还常用来装帧书画、装饰陈设。

织造兼督察衙门

明清时期，苏州城东逐渐发展成为丝织业中心，出现了"比户习织"的盛况。明代永乐年间，郑和率领庞大的舰队七下西洋，第一次出发地就选择了刘家港（今苏州太仓浏河镇）。借丝绸之乡的地理优势，船队每次航行前都会采买大量的丝绸，用于馈赠和贸易。

清初，国家在江宁（今江苏南京）、苏州、杭州分别设立织造局。其中，苏州织造局占地面积广，自设机房，设备齐全。康熙年间，织机数量已扩大到800多张，是明代的4倍之多。除了丝织生产规模大，苏州还汇集了当时宫廷所需的各种织物品类，尽含锦、绣、缎、缂丝等，技艺之精位居中国前列。受皇家喜好和推崇的影响，民间的丝绸生产和贸易也愈加兴盛。一时间，苏州城内绸店绣庄林立，热闹非凡。

清代时，苏州织造局除了管理织造事宜，还担负着一项特殊而重要的使命，即专折入奏，受皇帝之命监视江南官场、密报民情、笼络士绅，充当皇帝千里之外的耳目。

清代长篇小说《红楼梦》的作者曹雪芹的家族就与苏州织造结下不解之缘。清代康熙至雍正年间，包括曹雪芹的祖父曹寅在内，曹家三代四人，先后担任苏州织造及江宁织造达60多年。而曹寅妻兄李煦继曹寅之后接任苏州织造，一任便是30年。1693年，苏州织造李煦以奏折的形式向皇帝秘密奏报当地粮价，清代的密折制度由此得以一窥。

▶《清人耕织图册》（节选）
图册为清代摹本，系统描绘了江南农耕、蚕桑与丝织生产的各个环节，是一套农业技术推广挂图。

苏绣与宋锦

苏绣发源于吴县（今苏州吴中区和相城区）一带，春秋时期已有记载，明清时期达到鼎盛。清代苏州织造局的设立，使大量苏绣商品开始走向市场。苏绣的特点是精细雅洁、针法丰富。

宋锦，形成和发展于宋代，主要产于苏州，也被称作苏州宋锦。与苏绣一样，宋锦在明清时期不断发展，品类繁多、花色典雅。

如今，苏绣和宋锦织造技艺都被列为第一批国家级非物质文化遗产。

一寸缂丝一寸金

关于缂丝的起源，现在学术界尚无定论。有学者认为，缂丝是由新疆地区的缂毛技术传至内地后发展而来的。从考古资料来看，中国至迟在唐代时已出现缂丝制品，宋代时发展兴盛。明清时期，苏州成为缂丝的唯一生产地。苏州的陆墓（今相城区陆慕镇）、蠡口（今相城区蠡口镇）因盛产缂丝，在当时就被称作缂丝村，技艺传承至今。苏州缂丝精美华丽，甚至一度远播日本，被奈良人称为"明缀"。

丝织品是由横向的纬线和纵向的经线织就而成。缂丝在工艺上的显著特点是"通经断纬"，在织造中，纬线并非一贯到底，而是根据纹样轮廓或色彩变化，在限定的局部往复穿行。当同一纬线抵达相同色块的边缘就掉头折回。这种织造方式带来了雕琢镂刻的视觉效果。把缂丝作品放在逆光下观看，光线穿透织物，呈现出许多细微的小孔和缝隙，因此缂丝也被称作刻丝，又被誉为"丝绸上的雕刻艺术"。织就一件缂丝成品难度极高，且费时费工，因而价格昂贵，有着"一寸缂丝一寸金"之说。

▲ 缂丝人物山水挂屏
清代缂丝书画盛行，具有很高的艺术观赏性。

> "东北半城皆机户，万户机声传小巷。"
> ——苏州民谚

梨园之盛 苏工之巧

自然的馈赠，商业的繁荣，孕育了苏州的风雅。于是，这里诞生了被称为"百戏之祖"的昆曲，文人学士争用昆腔新声撰作传奇，影响从吴中扩展到江浙甚至北方各地。苏州的人文荟萃，也孕育了巧夺天工的苏作工艺，并受运河之惠，名扬天下。

▲ 《康熙万寿图》卷（局部）
画家用纪实手法描绘了康熙帝60岁生日的欢庆场面。画卷从神武门开始，沿西四牌楼、新街口、西直门到畅春园，沿途共搭建49座形式各异的戏台，蔚为壮观。有学者指出，画中多处戏台上演的都是昆腔戏。

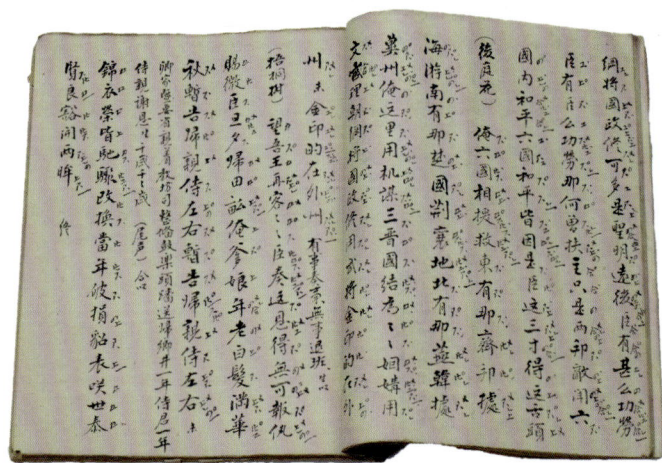

▲ 清代昆曲剧本抄本
由于大批文人的参与，昆曲剧本的语言精工典雅，往往具有很强的文学性。

"原来姹紫嫣红开遍，似这般都付与断井颓垣，良辰美景奈何天，赏心乐事谁家院。"熟悉昆曲的人都知道，这是明代戏剧作家汤显祖的作品——《牡丹亭》中杜丽娘的经典唱词。她游园恨晚，顾影自怜，对"姹紫嫣红"与"断井颓垣"相伴黯然伤感。但无论杜丽娘的情绪如何变化，在苏州，这"水磨腔"的昆曲倒确实如园林中的花儿，姹紫嫣红般开遍。

"水磨腔"的新声

在苏州，昆曲的兴起和传播都与运河的流经息息相关，可谓"水路即戏路"。明代时，运河之便给苏州地区带来的经济繁荣，开始惠及本地文化。随着新兴市民阶层的不断壮大，人们有了更多的闲暇时间和经济条件来追求文化艺术，陶冶情操，这为昆曲的根植孕育了沃土。明代中晚期，越来越多的南方文人开始重视和回归本地文化，那些曾一度流行的北方曲乐在南方社会日渐衰落。

明代嘉靖年间，戏曲音乐家魏良辅对苏州戏曲进行改革，在民间昆山腔的基础上，汲取南戏声腔的特点和北曲慷慨激昂的唱调，丰富伴奏器乐，创造出悠扬婉转的"水磨腔"，这便是昆曲。后来，明代戏曲作家梁辰鱼又为昆曲谱写剧本，使昆曲开始登上表演舞台。明代万历年间，昆曲为适应社会文化需求逐渐突破阶层隔阂，由士大夫的私家园林走进千家万户。市井舞台上、茶馆里、运河的戏船上，随处可见流动的戏班。

昆曲在北方

明代万历年间，昆曲在吴中地区的影响渐深，并随职业戏班的流动，开始沿大运河传至南北各地。万历后期，昆曲传入北京。为适应北方观众的欣赏习惯，南来的昆曲不断融合北方的音乐和语言特点，发展成独具特色的北方昆曲。清代中期，宫廷戏的繁荣就标志着昆曲的成熟。

受皇家的重视和支持，宫廷设有专门负责管理戏剧演出的机构，昆曲得以蓬勃发展。康熙初年甚至出现了"无席不梨园鼓吹"的盛况。在民间，从明代万历后期开始，北京的会馆、庙台也常见苏州职业昆曲戏班的演出。

另外，因苏州地区的很多官宦人家喜欢在私家园林蓄养家班，这种风气也沿运河传入北京并日渐风靡。昆曲在北方掀起的热潮，推动着北方戏曲的发展，更为日后京剧的诞生埋下了伏笔。

风靡南北的苏式家具

明代时，苏州富庶的经济和秀美的风光吸引着众多文人的聚集，私家园林开始层出不穷地出现。造园修林少不了家具陈设，这推动了苏式家具的蓬勃发展。很多文人甚至参与家具的设计和制作，他们的审美意趣影响着家具的形制和装饰，最终使苏州地区的家具形成独一无二的风格。明代中期以来，以苏州为代表，江南地区能工巧匠们以本地特有的榉木或从南洋各国进口的紫檀木、花梨木等材料制作的硬木家具，被称作苏式家具，也作明式家具。

清初，在众多异彩纷呈的家具风格中，苏式家具脱颖而出，受到宫廷的喜爱。为满足皇家宫殿、园林的建设需要，江南地区的硬木材料沿贯通南北的运河源源不断地输入北京。宫廷中的内务府造办处也专门设有木作，负责高级家具的制作。其中，很多木匠就来自苏州，他们将苏式家具的风格和技艺融汇到宫廷家具的制作中，使苏式家具名满天下。

▼ **紫檀素面南官帽椅**
苏式家具注重天然的木纹肌理，造型简练、线条流畅、做工精细、气韵雅重，兼具艺术性与科学性。

桃花坞木版年画

诞生于苏州桃花坞一带的木版年画，承继宋代的雕版印刷工艺，由绣像图演变而来。明清时期，桃花坞年画沿运河广泛传播，与天津杨柳青木版年画享有"南桃北杨"的美称。下图为清代苏州桃花坞木版年画《忠义堂》。

客船

虎丘塔

唐代安史之乱后，诗人张继于深秋之际夜泊枫桥，对着江枫渔火难以成眠，写下了传诵后世的七言绝句《枫桥夜泊》。

寒山寺僧人每年除夕夜敲钟108下，
此习俗通过遣唐使流传到日本。

江村桥

织工用织布机织出漂
亮的花布和绸缎。

一位阿拉伯商人和当
地商人正在谈生意。

渡口

▲ 枫桥月夜

苏州城西的枫桥，是大运河
上的交通枢纽。此处舟车往
来，海内外商旅云集。即使
是夜晚，这里的街市也异常
繁华。

观·运河画卷

苏州园林
苏州享有"园林之城"的美誉。苏州园林，以其精雕细琢的设计，折射出中国传统文化中取法自然、天人合一的智慧和意境。"苏州园林甲江南"也成为了这座城市的名片。

杭州

从边陲之地到"东南第一州",再到南宋都城,杭州化劣势为优势,成为宜居的沃土。大运河拉紧了北京、杭州的"双城纽带"。而江南运河与浙东运河的交汇,更是为杭州带来生机与兴旺,也记录下杭州从蛮夷之地到"人间天堂"的变迁。

◀ 玉琮
玉琮是良渚文化最具代表性的玉器类型之一,而神人兽面则是良渚玉器上反复出现、独具特色的纹饰。

传说大禹在治水途中曾在此地舍舟登陆。舟在古代被称为"杭",这片土地便有了"禹杭"之名。在民间流传时,"禹杭"渐渐变成了"余杭"。今天杭州市西北部的余杭区,仿佛就是这个古老传说的回响。

良渚古城

2002年,在杭州萧山区的跨湖桥遗址,发现了距今约有8000年历史的独木舟。而在余杭区境内,被视作中华文明曙光的良渚文化遗址,经过70多年的发掘探寻,向我们展露了大部分的真容:恢弘的宫殿基址、精美的陪葬玉器、祭坛和神庙、作坊和码头。

"良渚"之意是美丽的水中小洲,但良渚文化的范围却遍及太湖和钱塘江流域,这里是5000多年中华文明史最具规模和水平的地区之一。良渚古城作为整个良渚文化的核心遗存,就位于余杭区内河网交

▶ 六和塔

跻身"运河四大名塔"之一的六和塔，也是吴越国时期"钱塘四塔"的一员，坐落在杭州钱塘江北岸的月轮峰上。

良渚水利工程

良渚古城外围的水利系统，是中国现存最早的大型水利工程，也是世界上最早的拦洪水坝系统。5000多年前的良渚先民利用自然环境特征，使用最小干预原则改造山体。除了防洪蓄水的考虑外，这些堤坝构造出的水上通道，在运输水稻等食物的同时，还能为营建城市所需的木材、石材等提供输送保障。

错的平原地带上。在已经发现的9个城门中，8个都是水门，人们依水而居，种植水稻，捕鱼采摘。古城的南、北、西三面都被天目山的支脉围绕，雨季时容易暴发山洪，因此良渚先民们还在城的北部和西北部建设了十多条堤坝，构成了规模宏大的水利系统，雨季防洪，旱季储水，体现出城市规划的合理性。

从"钱唐"到"东南名郡"

虽然春秋战国时期的吴越争霸惊心动魄，但地处吴越之地的杭州此时却籍籍无名，还是不宜居住的蛮夷之地。公元前210年，统一六国的秦始皇在第六次巡游途中曾"过丹阳，至钱唐"，第一次见于正史记载的钱唐就是秦代杭州的名号。那时，这里是钱唐县，隶属于会稽郡。

从"地泉咸苦，居民稀少"的小城镇，势不可挡地发展为"东南名郡"，杭州命运的转折和大运河密不可分。

隋文帝时期废郡为州，杭州作为城市名字首次亮相。而后，隋炀帝凿通江南运河，使杭州确立了在江南一带的交通枢纽地位。取道杭州的船，既能够到达浙江中南部的其他城市，又可以进入安徽南部，还能东达绍兴，顺着浙东运河入海，再南下去往福建、广东。一时间，杭州有了"咽喉吴越，势雄江海"之说。人员、货物、丰富的文化和先进的技术都沿着运河水，从四面八方汇聚杭州，千舻万舶，往返不绝。到了唐代，为避讳国号，改钱唐为钱塘。杭州一派兴旺景象，商贾云集、游人如织，连有些危险的钱塘观潮都成了令人赞叹不已的娱乐项目。

> " 浙江悠悠海西绿，惊涛日夜两翻覆。钱塘郭里看潮人，直至白头看不足。"
>
> ——《观浙江涛》唐·徐凝

◀ 《乾隆南巡图》第八卷《驻跸杭州》（局部）

乾隆皇帝南巡来到杭州后，从热闹非凡的涌金门出发，前往西湖游览。

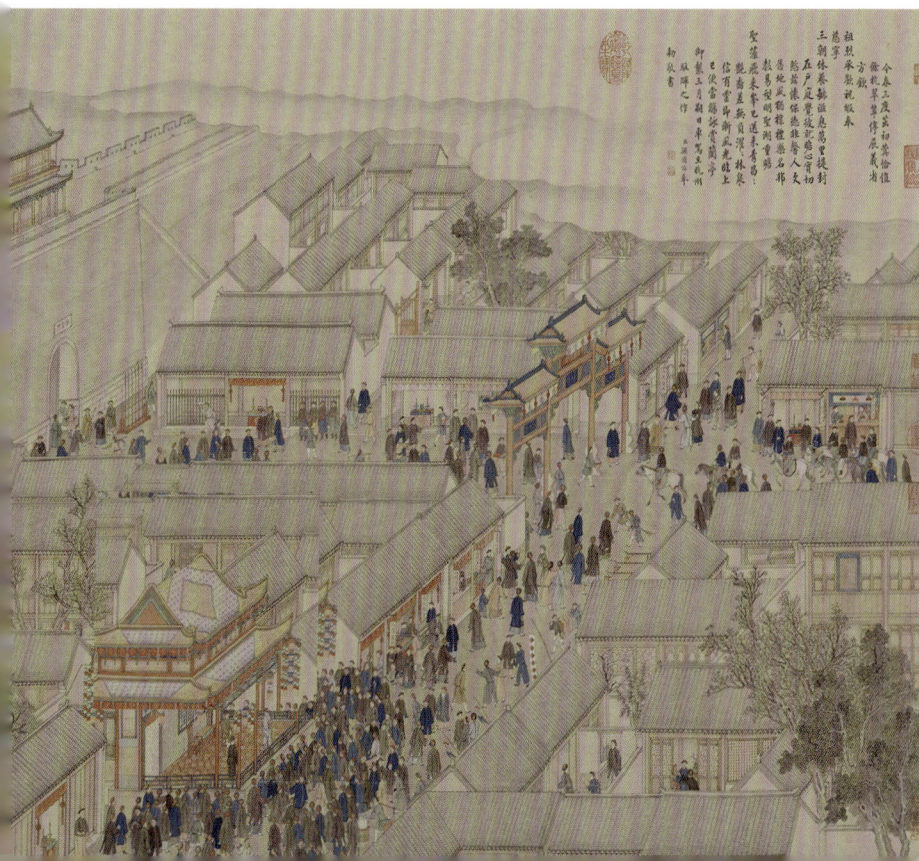

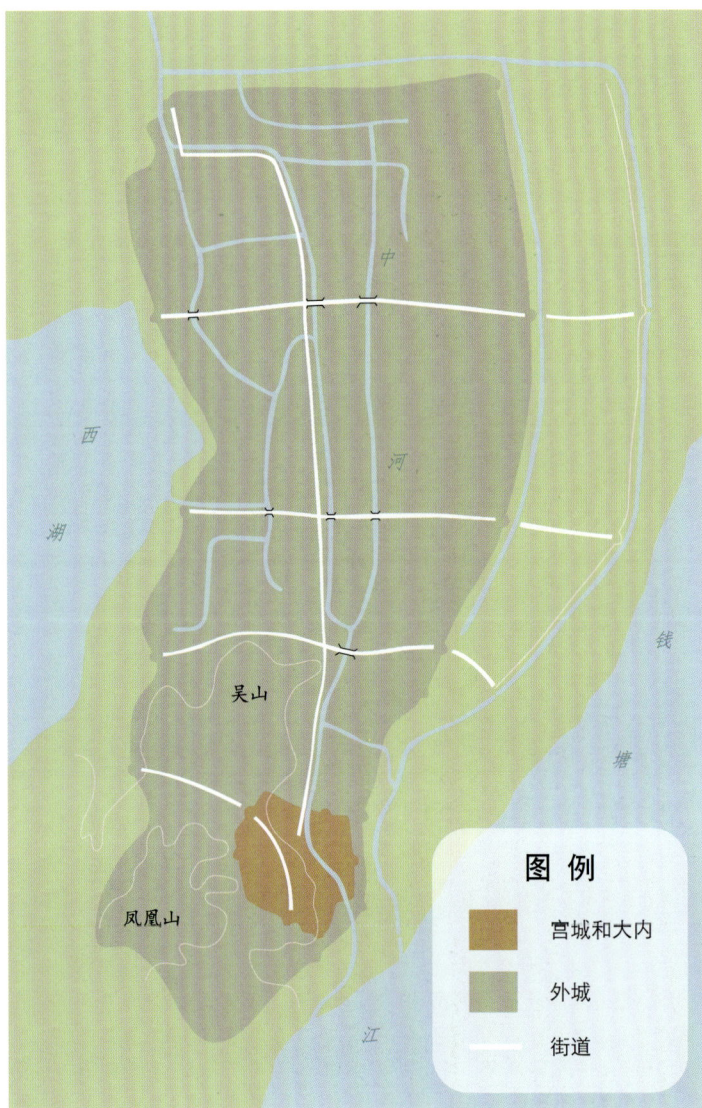

◀ 南宋临安城示意图
南宋临安城依山、傍湖、临江而成，不如其他时期的首都造型规整。位于城南凤凰山一带的宫城和大内，是在北宋州治的基础上改建而成的。

图 例

- 宫城和大内
- 外城
- 街道

吴越与东南第一州

盛唐之后的杭州，第一次以都城的身份崛起于江南，是在五代十国时期。以江南为主要活动范围的吴越国，在将杭州定为首府后，前后历时约10年，在唐代杭州城的基础上进行了3次扩建。由于建成后南北宽、东西窄，杭州直到北宋都有"腰鼓城"的俗名。在吴越国时期，中原地区政权更替、战乱不断，以杭州为中心的吴越国却"风景这边独好"，统治者钱氏家族一直贯彻着"保境安民"的政策，远离战争、休养生息，在政治上广开言路，经济上重农治水，并大力发展商业，使"钱塘富庶盛于东南"，民众安居乐业。

在吴越国最后一任统治者钱弘俶和平地将繁荣富庶的江南移交给北宋后，杭州有运河"傍身"，又有新设立的"市舶司"助力，很快因为内河运输和海洋贸易成为支撑中央政权的经济繁荣之地，每年送到首都开封的粮食多达600万石。到了北宋中后期，除了税收已经远胜其他东南城市外，杭州的城市面积和居住人口也在江南地区拔了头筹，超过了附近的南京、苏州、扬州，成为当之无愧的"东南第一州"。

天上天堂，地下苏杭

从五代到北宋，100多年的休养生息，让杭州这座原本名不见经传的东南小城镇变得更加令人瞩目。"靖康之变"后，综合经济、军事多方面考虑，杭州先是被升为临安府，后又被定为南宋王朝的都城。尽管"临安"这个名称有临时安置的意味，但随着宋金战争暂时停止，偏安政权得以稳定，宫殿建筑日趋完善，临安城规模的宏制，堪与北宋开封府皇宫相媲美。

同时，随着大批移民的南下，南宋时期的杭州有了充足的劳动力和更完备先进的生产技术，农业、商业、手工业齐头并进，繁华一时。"天上天堂，地下苏杭"的赞誉，便出现在南宋时期。但是，沉醉于西湖歌舞的南宋贵族们，将收复失地的重任远远地抛在了脑后，也自然免不了国破家亡的命运。

元代对大运河的裁弯取直，使得失去了首都身份的杭州，仍能和远在北方的新首都大都（今北京）保持密切联系。而元代统治者对海外贸易的大力推进，也使得占据大运河南端优势的杭州，成为了交通和经济枢纽。远道而来的使节和商人，也无不震撼于这座"人间天堂"的繁华。正如《马可·波罗游记》里所赞美的那样，杭州可能是当时"世界上最美丽华贵之天城"。

> **"东南形胜，三吴都会，钱塘自古繁华。"**
>
> ——《望海潮》北宋·柳永

▶ 《杭州楼阁图》
图中描绘了清代杭州西城门之一的涌金门和商业繁华的三元坊巷。涌金门遗址在今天西湖畔的南山路涌金池旁一带。三元坊巷至今仍留存。

三面云山 倚江带湖

杭州的别称——武林

环绕杭州的灵隐山、天竺山等，在古代统称为武林山。由于武林山的存在，古人也把杭州称之为武林。此外，由于群山常有虎群出没，武林一度在历史上被称为"虎林"，但后来为避唐高祖李渊祖父李虎的名讳，虎林又被改回武林。而像武林门这样与武林直接相关的地名也留存至今，它是杭州最古老的城门之一。

杭州曾是深受水患之苦的海边小城，波涛汹涌的潮水每年都会倒灌进钱塘江口，使千里沃野变成一片泽国。从唐代到清代，随着江南运河的凿通和对城内水系的治理，穿城而过的运河与城中的西湖、入海口的钱塘江互相沟通、连接，为居民生活保驾护航，为城市环境增色添彩。

2011年，联合国教科文组织将杭州西湖文化景观列入世界遗产名录时，曾给出这样的评价："在景观营造的文化传统中，西湖是对'天人合一'这一理想境界的最佳阐释。"然而，在2000多年前，这处绝美的人文胜景还是一片汪洋大海。

西湖本通海

远古时期的西湖，曾是杭州湾地区一块向陆地延伸的浅浅海湾。后来因为钱塘江和附近山上的泥沙在海潮的冲击下沉淀淤积，湾口被堵塞并合拢，才形成一个封闭的湖泊。所以，一种较为普遍的观点认为，西湖很可能由"潟湖"而来，是一个脱胎于海湾的咸水湖。

《水经注》中记载，东汉光武帝时期，会稽郡官员华信提议在钱唐县东建一座"防海大塘"。几经周折后海塘建成，当时还被称为"钱塘湖"的西湖脱离"苦海"，开始在自然和人力的共同塑造下逐渐蜕变。

历史上最早的"西湖十景"出现在南宋。同样形成于这一时期的，还有"一湖两堤三岛"和"三面云山一面城"的格局。

欲把西湖比西子，浓妆淡抹总相宜。西湖时而淡雅，时而浓艳，时而萧瑟，时而明媚，有百变风光任人欣赏。它不但是杭州的风景名片，也在历代文人的夸赞中成为了美的符号，成为了后世园林景观规划建造的蓝本。它的风景与格局，不仅被多次下江南的清代皇帝们带回了北京，也被"复制"到了国外，日本冈山的后乐园、和歌山的养翠园中都建有"苏堤"，效仿西湖的痕迹随处可见。

▲《西湖清趣图》（局部）
这幅元末明初的画卷，描绘了暮春初夏时节的西湖自然风光。其中，保俶塔、断桥、白堤、苏堤、雷峰塔等沿湖建筑至今留存。

> " 江南忆，最忆是杭州。山寺月中寻桂子，郡亭枕上看潮头。何日更重游？"

——《忆江南》唐·白居易

引西湖水入运河

大运河的修建并没能从根本上解决盐碱地"水泉咸苦"的情况，在很长的时间里，饮水和灌溉都是困扰杭州百姓的难题。

唐代德宗年间，杭州刺史李泌为解决井泉苦涩的问题，决定将西湖中的淡水引入城中，以满足百姓们日常饮用的需要。他在西湖边设置水闸，并以水闸为起点，挖掘出6条沟渠通向城内人群聚居处，形成了6个出水口。因为出水口的形状像井，所以后来就叫作六井。今天杭州城内的相国井就是当年的六井之一。

40多年后，同样任杭州刺史的白居易，发现杭州的农田经常受到旱灾威胁。虽然当时的西湖面积远超今天，但已严重淤塞，水量很少。实地探察后，白居易决定修筑堤坝、蓄积湖水。他设计建造了一条从钱塘门到武林门的长堤，将西湖一分为二。堤内的上湖平时用来储蓄雨水，堤外的下湖则与农田相连。这样既能最大限度地保持西湖的水量，又能为江南运河提供充足的水源，保障农田的灌溉。于是今天看似只是景观的西湖，在1000多年前的唐代，就与有实际运输功能的运河建立了联系。白居易引西湖水入运河，也是目前所知沟通西湖与运河的最早工程。

▼ 六井结构示意图
输水管连通了六井和西湖，只要西湖水量充沛，六井就不会枯竭。

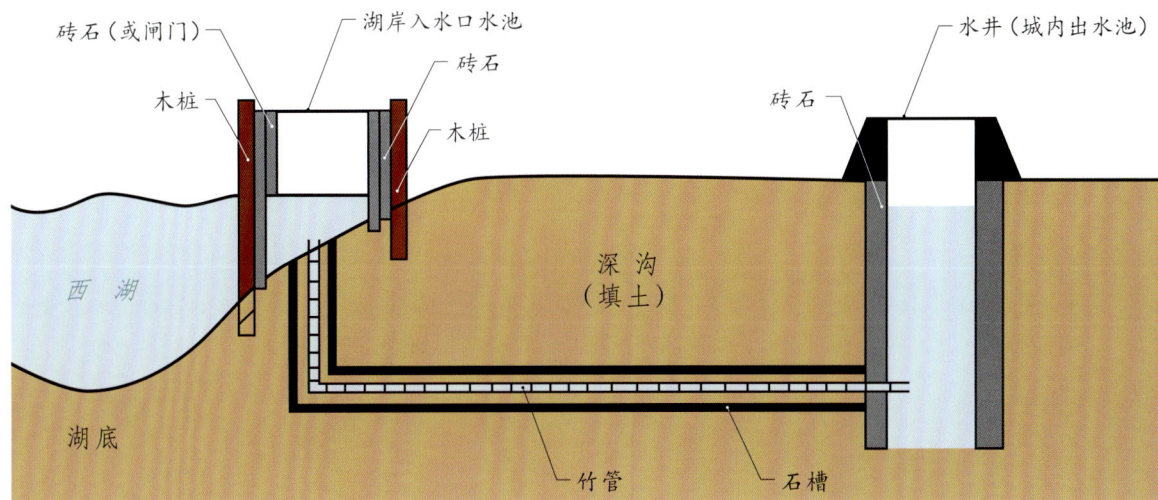

性與秋光自覺諧
登高此日暢幽探
衣己破無煩補荷
頰纔紅尚未酣恰
好浮詩敎鴈宮不
須摘菊倩人簪晚
來輒坐寒窓下
即景頻、恺九三
九日登高寨作

◀ 《十二禁御景圖·
無射戒寒》
清代營建的兩大皇家
園林復制了許多西湖
景觀，頤和園的山、
湖、堤、島幾乎與西
湖一樣，甚至連西堤
上橋的數量都是照抄
蘇堤。此圖描繪的是
農歷九月圓明園福海
北岸之景。

圓明園內的兩峰
插雲亭，源于西
湖十景中的"雙
峰插雲"。

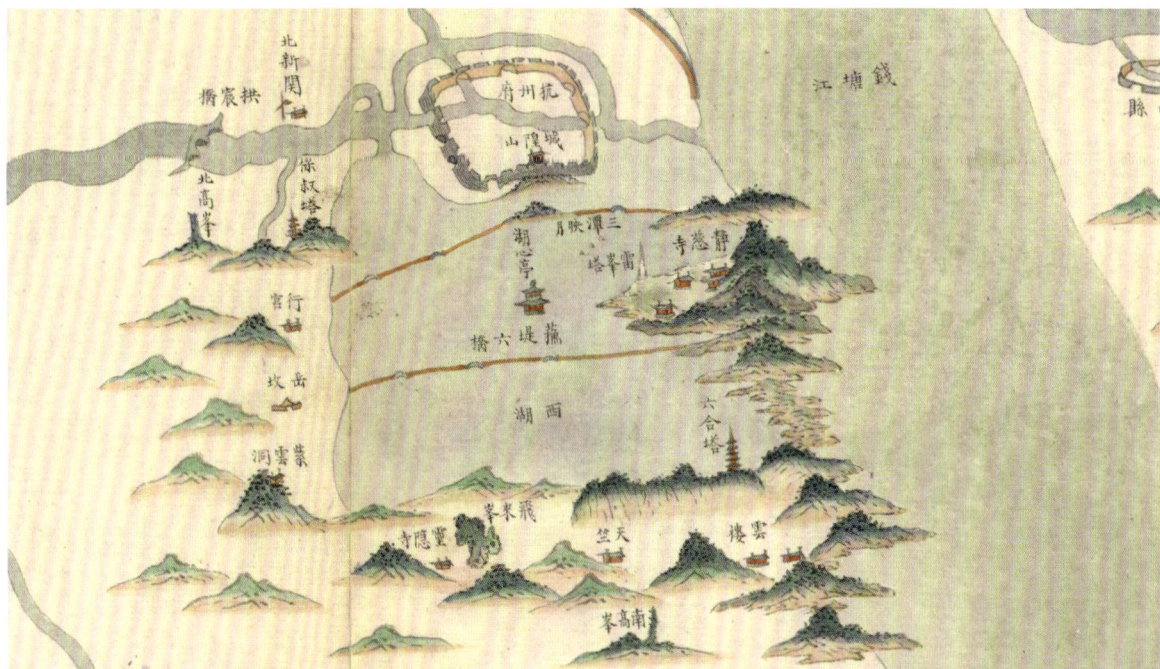

▶《四省运河水利泉源河道全图》（局部）
图中钱塘江、西湖与运河的位置关系清晰可见。在拱宸桥旁，还能看到曾经的钞关——北新关。

钱氏捍海塘

李泌凿六井、白居易疏浚西湖后，再次对杭州的水进行改造，就要到吴越王钱镠之时了。

被后世称作"海龙王"的钱镠十分重视水利，除了继续引西湖水入运河，并建立专门负责疏浚西湖的"撩湖兵"之外，为了实现控江保湖的水利战略，钱镠还对钱塘江做了整治。他带领民工凿平钱塘江中的石滩，在江潮冲击的紧要地段，一改前人建造泥土塘的做法，用大型木桩混合石块修筑了钱氏捍海塘。这种方法是先将石块装在竹笼内，堆成海塘，再在海塘前后的海滩上打入粗大的木桩作为防护，由此形成的双重堤塘更加坚固，抵挡海潮的性能更好。

钱王射潮

相传在钱镠组织修建海塘的过程中，每次快要完工时潮水就会汹涌而至，冲毁堤岸。众人纷纷称那是钱塘江里的潮神在作怪。面对兴风作浪的潮水，钱镠没有焚香祷告、祈求上苍，而是选择在农历八月十八日潮神生日那天，组织500名弓箭手射潮，箭头止落处就是海潮停息之处。虽然射潮更多的是象征意义，但扎实的海塘修筑也随即展开。吴越人的性格由此可见一斑。

▼ 拱宸桥
一座拱宸桥，半部杭州史。矗立至今的拱宸桥横跨大运河的东西两岸，也连接了杭州的古今岁月。

> **" 高风仰前徽，嘉绩垂万古。邺侯称神君，六井远斥卤。"**
>
> ——《钱塘怀古》清·朱芹忠

捍海石塘建成后，钱镠又在钱塘江沿岸兴建了龙山和浙江两座水闸。多种方式相结合，缓解了海潮入侵的威胁，使杭州的卤咸地逐渐变为良田。

京杭终点拱宸桥

位于京杭大运河最南端的拱宸桥，始建于明代崇祯年间，是杭州所有古桥中最高最长的石拱桥，长度接近100米，也见证了杭州百年的历史沉浮。

拱是拱手，宸是北极星，指帝王在天上居住的宫殿，拱宸桥的吉祥寓意不言而喻。尽管该桥在清代顺治年间曾倒塌，但很快重建一新。康熙帝、乾隆帝的几次南巡，都是从拱宸桥进入杭州的。由于是漕运往来的必经之地，拱宸桥的周边很快形成街市，并逐渐成为杭州重要的商业中心。明清时期钱塘十景之一的"北关夜市"就位于拱宸桥的西侧，北新关一带"帆樯卸泊，百货登市"，夜市的繁华一直延续到近代。

杭民多半商贾耳

伴随大运河的开凿与畅通，交通发达的杭州迅速成为南北货物的集散和转运中心。北方各省的货物从杭州南下，东南沿海的货物经杭州北上，这对城市经济的发展产生了巨大的推动力。明清时期的杭州城市人口中，商人的比例日益增多，有"杭民多半商贾耳"之说。

地处杭嘉湖平原的杭州，气候温暖湿润，雨水充足，在桑蚕种植饲养上有得天独厚的条件，良渚钱山漾遗址出土的距今4000余年的丝织物揭示了杭州丝绸的历史之久，白居易"红袖织绫夸柿蒂，青旗沽酒趁梨花"的诗句道出了杭州丝绸的水准之高。江南运河的开通，更是成就了杭州"丝绸之府"的美名。她缩短并降低了杭州丝绸进入东都洛阳、深入隋唐贵族内部的运输时间和成本。

商贾人口占首位

到了北宋时期，杭州已交通便利、商铺林立。而随着南宋初年大批北方移民的蜂拥而至，成为政权中心的杭州更是五方杂聚、商贾云集。城里的南北和中心都设有闹市区，大街上买卖昼夜不绝，夜市早市接连而至，这里几乎成了一座不夜城。宋代史料笔记《梦粱录》记载了当时的杭州有22种行业，宋末元初记录杭州城市风貌的杂史《武林旧事》则更为细致地列举了180多种手工业小商品。不同类型的商品会在特定的场所集中交易，有的称"行"，有的叫"市"，如布行、鱼行、米市、

▲ 官窑青釉贯耳瓷瓶
造型端庄的官窑瓷器釉色绿中泛灰，主要用于祭祀等国家礼制性活动。

◀ "行在会子库"纸币及铜钞版
"会子"是南宋纸币的名称，"行在"意为皇帝所在之处，指的就是当时的都城临安。

菜市等。到了明清时期，杭州城除了大街小巷的铺户和摊贩外，还增加了大批从事近距离贩运的商贾。

从元代到清代，货物来往频繁的杭州一直是全国最大的商业中心之一，城内从事商贸的人口较其他人口更多，并逐渐带动周边的十多个县镇一同兴盛。例如杭州北部，靠近运河河道的湖州，南宋时还被陆游感慨"小市萧条"，到了清代乾隆时期，已经是"湖州市之大，几周二十里"了。

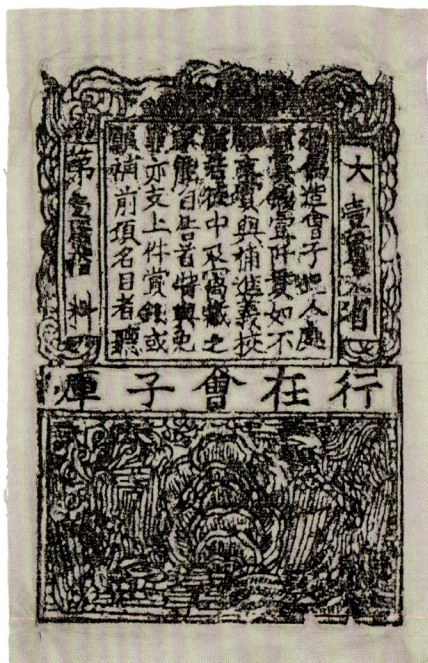

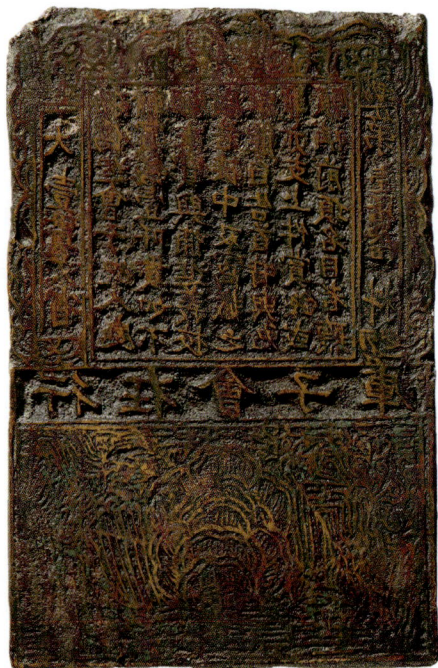

▲《康熙南巡图》第九卷（局部）

图中描绘了清代西兴过塘行码头的繁华景象。由于钱塘江的堤塘高于运河水位，船到此处需先靠塘卸货，再换船上货进入运河。

> " 上船下船西陵渡，前纤后纤官道路；
> 子夜人家寂静时，大叫一声靠塘去！ "
>
> ——《西兴夜航船》清·来又山

杭城手工业的飞跃

南宋随着移民来到杭州的，还有许多曾经为北宋皇室官府服务的手艺人，这使得当地的手工业再次出现质的飞跃，其中又以丝织、印刷、制瓷、制扇等行业的发展最为显著。

杭州的雕版印刷技术在北宋时就以质量讲究、字体方正而出众，有"举国印刷，杭州为上"之说。后来和丝绸、龙井并称"杭州三绝"的杭扇，和印刷一样受益于杭州附近发达且精细的纸业制造，在北宋时就驰名全国。南宋杭州城内，因制扇作坊集中而得名的"扇子巷"，还在清代诞生了延续至今的老字号"王星记扇庄"。

迁居临安后，为了满足皇室宫廷的需要，官方烧制瓷器的传统仍在延续着。今天杭州凤凰山老虎洞和乌龟山一带发现的南宋官窑遗址，就是专门为烧制精细青瓷所设立的。因为使用了含铁量比较高的紫金土制作胎体，官窑瓷器呈现出"紫口铁足"的特点。

物流中转"过塘行"

"江上秋风晚来急，为传钟鼓到西兴。"从杭州城区向东渡过钱塘江，就来到了萧山区下属的西兴古镇。这里曾是浙东运河的起点，也是濒临钱塘江的商埠所在。但由于浙东运河和钱塘江之间被堤塘和水域隔断，不能直接行船通航，因此专门翻坝过塘、从事人员和货物转运的古代物流中转站——过塘行便在西兴应运而生。随着过塘行的出现，西兴很快成为运河上的重要转运码头，南北货物、东西客商都在这里歇脚。清代鼎盛时期的西兴过塘行多达70余家，每一家都有自己专门的承运种类，从行人到茶叶、药材，从棉花、绸缎到灯笼、扇骨，甚至还有时令水产。

富义仓

富义仓在杭州拱墅区的运河主航道附近，曾是清光绪年间始建的国家战略粮食储备库，与北京的南新仓并称为"天下粮仓"。当年杭州所需的粮食从运河漕运而来后，大都储存在富义仓中。下图临河的区域为富义仓遗址。

本地人与外地官

地灵人杰的杭州，在千年的发展与变局中，积累并孕育了浓厚的文化氛围，造就了众多英才。除了本地人对它的精心维护，还有许多或被贬或自愿来到杭州任职的地方官员，带领当地百姓，在对其治理和营建的过程中，塑造了城市的地理与人文面貌，促成了它的发展与演变。

成文于北宋时期的古代儿童蒙学课本《百家姓》，首句"赵钱孙李"中的"钱"姓据说便来源于钱镠。吴越国建立者钱镠有"吴越王""海龙王""钱王"等多个称号，他生于杭州，发迹于两浙，并最终治理、回馈故乡，成为江南地区的一代传奇。今天西湖边始建于北宋的钱王祠，几经毁坏和重建，一直忠实记录着后世君王、文人对钱镠的赞颂。

两浙第一世家

心系家国天下的钱镠深知"创业容易守成难"，为了规范子孙的言行举止，他制定了严谨的家规，辞世前还留下了十条遗训。吴越国的最后一任统治者钱弘俶在对其整理补充后，编定了以"修身齐家平天下"为理念，分个人、家庭、社会、国家四部分的《钱氏家训》。而秉持祖训的钱氏后人，更是创造出家族绵延千年不衰，代代人才辈出的奇迹。中国文字、音韵学家钱玄同，历史学家钱穆，作家、学者钱钟书，参加制定中国"十二年科技规划"的"三钱"——"中国航天和导弹之父"钱学森、"中国原子弹之父"钱三强、"中国近代力学之父"钱伟长……文坛硕儒、科技巨擘，许多都来自钱氏家族，这个家族无愧"千年名门望族，两浙第一世家"的称号。

白苏范杨，功在杭城

白居易在整治西湖的同时，曾将李泌开凿的六井重新疏通，方便灌溉和饮用，使民众能够近湖而栖，享受西湖的便利，同时欣赏西湖的美景。白居易还创作了大量描写西湖风景的诗歌，比如《西湖晚归回望孤山寺赠诸客》《钱塘湖春行》《春题湖上》等，多次抒发自己对西湖的喜爱。其中，"最爱湖东行不足，绿杨阴里白沙堤"便道出了他的心声。白居易所筑造的堤坝已

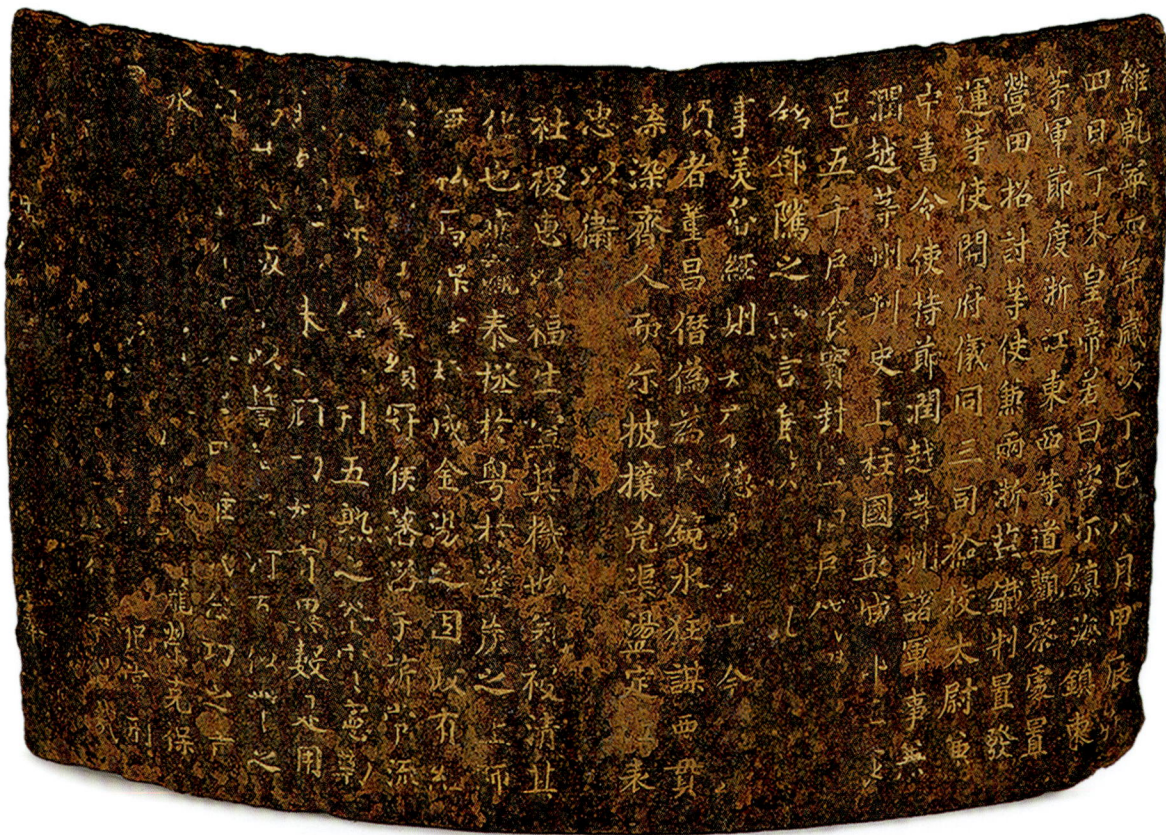

◀ 钱镠铁券
铁券是皇帝赐给王侯功臣有某种特权的凭证。这具铁券由唐昭宗赐给钱镠，是目前中国保存下来的唯一的唐代铁券实物。

听·文物故事

▶ 西湖苏堤与阮公墩

苏堤春晓，阮墩环碧。取之于西湖的淤泥，造就了今天的美景。

无处寻，但杭州百姓为了纪念他，便将他称赞过的"白沙堤"改名为"白公堤"，也就是今天的白堤。

范仲淹也曾在杭州做官。他先是到了今天杭州建德的梅城，重教化、兴办学堂，极受百姓爱戴。后来奉命来到杭州任知州，虽然任期只有短短一年，但他组织民工疏浚西湖、修建粮仓，鼓励百姓举行竞渡等活动，同样留下了许多至今为人称道的诗词。

苏轼同样两度赴杭州做官。第二次任上，不巧先后遭遇大旱和洪涝灾害。在亲身体会了水利设施的重要后，苏轼继承了白居易的治湖思路，认为运河取水于钱塘江，会因为泥沙而淤塞，因此修建堤堰和水闸隔绝江水，并开凿了从西湖通往运河的河道。他还将西湖中清理出来的淤泥"废物利用"，筑成了横

> " 自别钱塘山水后，不多饮酒懒吟诗。欲将此意凭回棹，报与西湖风月知。"
>
> ——《杭州回舫》唐·白居易

正面是楷书描金的乾隆帝御制诗。

背面模印出三座瓶型石塔和周围水域形成的"三潭印月"之景。

贯南北的苏堤，让南来北往的车马行人不用再环湖绕远。为了便于了解湖中淤泥沉积情况，他还在湖水最深处立了三座塔为标记，形成了如今西湖著名的十景之一"三潭印月"。

除此之外，还有明代修筑"杨公堤"和六桥的杨孟瑛，清代用湖中淤泥堆出"阮公墩"的阮元等。他们或疏浚或营建的治理功绩，都随着西湖风光长在，也被世代铭记。

◀ "御制三潭印月"异形墨

清代御制墨锭。"三潭印月"是古人在400多年前把几何学的原理运用到园林景观设计中的极妙范例。

饭馆

香料店里，阿拉伯商人正在与本地商人做生意。

宋代人习惯通过沐浴放松身心。

鹅鸭桥

水果店

诗人林升在旅社墙壁上挥毫写下"山外青山楼外楼，西湖歌舞几时休"的诗句。

龙舟

杂剧表演

众安桥

粽子摊

游船沿运河航行，上面挤满游客。

▲ 人间天堂

杭州位于大运河南端，被誉为天堂一样的城市。南宋时，鹅鸭桥和众安桥周遭尤为繁华。马可·波罗称这里为"世界上最美丽华贵之天城"。

观·运河画卷

杭州西湖夜景

杭州西湖文化景观是以人工建筑的两堤三岛为主，形成于9~12世纪的多次疏浚工程。图中的杭州雷峰塔是西湖十景之一"雷峰夕照"的主体建筑，和西湖北岸的保俶塔遥相呼应，成为西湖的南北轴心，再现了"雷锋如老衲，保俶如美女"的佳话。

已有2500多年历史的浙东运河，位于中国大运河最南端。它西起曾是钱塘江古渡口的杭州西兴古镇，跨曹娥江，经过绍兴，沿自然河道东至宁波，从甬江入海，全长约250余千米。作为京杭大运河的延伸段，它将内陆的大运河与海上的丝绸之路连接起来，成为中外往来的交通要道。

　　历经山阴故水道和西兴运河的修建，浙东运河在西晋时期初具雏形，并随着唐宋时期的对外交往和重心南移，逐渐成为浙江东部地区河流水系的中枢和交通运输的大动脉。得益于水网密布的天然条件和科学规划的线路，浙东运河不仅保存较好，并至今仍在水利、航运和生态等方面发挥着作用。

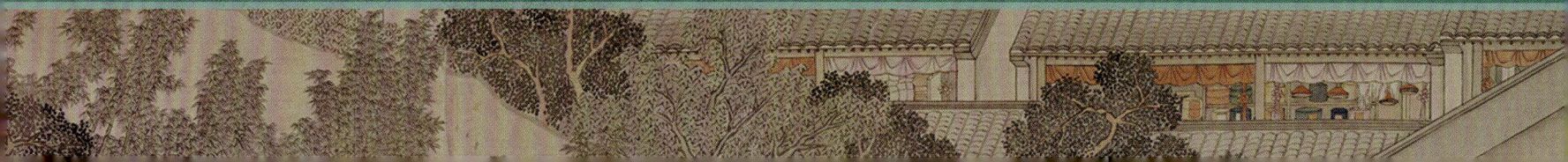

浙东运河 10

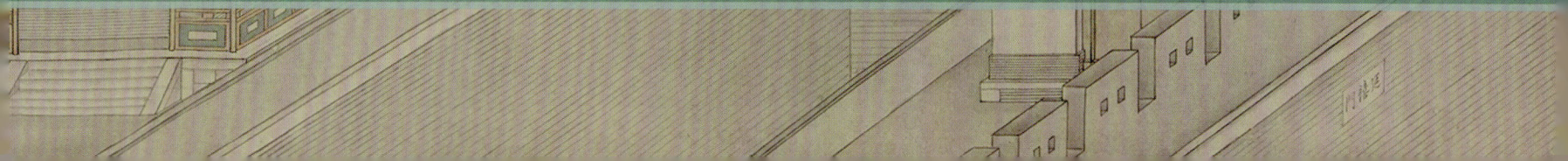

绍兴

绍兴位于杭州湾南岸、宁绍平原西部，是浙东运河沿线的重要城市。城中水道交织，四通八达，舟楫遍布，这些城市水道也是浙东运河的重要组成部分。绍兴是中华民族先民早期活动的地区之一，古称於越的古老部族在这里傍水而居，创造了独特的江南水乡文化。

▼ 安昌古镇

安昌古镇是绍兴最有代表性的古镇之一，小桥遍布、街河相依，具有典型的水乡风情。

绍兴的历史可以追溯到新石器时代的小黄山文化，距今至少已有8000多年。春秋时期，於越民族以绍兴为中心建立越国，秦统一之后在此置会稽郡，隋唐时改称越州，南宋时取"绍奕世之宏休，兴百年之丕绪"之意，改名"绍兴"，沿用至今。

大禹治水与舟车楫马

相传，大禹在杭州"舍杭登陆"后，赴会稽诸侯大会，在绍兴留下了众多足迹。时至今日，绍兴依然保留着如禹峰乡、禹溪村、涂山村、禹会村、会稽山等地名，为我们勾勒出古史传说中大禹治理洪水、疏浚河流、娶妻、会盟等人生轨迹。

从考古发现的视角来看，远古时期的海侵和海退活动，造就了绍兴水乡泽国的地理面貌，这里的先民与水相伴，很早就学会通过开沟排水等手段，把自然河流改造成适宜耕种和生存的样貌。记录春秋时期吴越两国历史的著作《越绝书》中提到"以船为车，以楫为马"的生活方式，就是绍兴作为中国最早开凿运河的地区之一的真实写照。

三千越甲可吞吴

越王勾践"卧薪尝胆"的故事，是绍兴最为人熟知的历史典

故。春秋后期，勾践的父亲越君允常称王，勾践继位后以今天的绍兴为中心筑城建都，经过父子两代的经营，越国逐渐发展成为一个强盛的诸侯国。

战国典籍《管子》中曾提出这样的观点，国都的选址不必追求方正的城池和笔直的道路，而是应该因地制宜，尤其要注意与河流水系的相对位置。越国早期的城址大多在会稽山地，规模较小，想要更好的发展，势必要寻找更加适宜的建都之所。在越国大夫范蠡的建议下，勾践选择了绍兴这样一个地势平缓、水网纵横的平原地区，既可以将河道当作都城的天然屏障，又可以加强与练塘、锡山等青铜冶炼基地的联系，为越国的强盛打下了基础。

从会稽郡到绍兴府

公元前222年，秦朝废除了以往

▲ 唐代会稽县印

"会稽"因会稽山而得名，从秦代置郡开始成为行政区的名称。

分封诸侯的制度，采用郡县制，在吴越故地设置会稽郡，治所在吴县（今苏州吴中区和相城区）。汉晋时期，随着鉴湖、西兴运河等水利工程的修建，绍兴地区得到进一步开发，农业灌溉和舟楫交通都十分便利。东晋时期，由于北方战乱频繁，许多士族迁居到较为安定的绍兴一带。一直

▲ 《大禹治水图》（局部）

世界上的许多古文明中都有与史前洪水相关的神话，"大禹治水"是其中之一。今天的会稽山麓还保存有大禹庙，康熙帝、乾隆帝南巡时也曾来此祭祀。

到唐宋时期，这里都是经济繁荣、名士云集的繁华之地。

宋室南渡后，宋高宗赵构曾在时称越州的绍兴停留，甚至曾试图在这里定都。1130年，宋高宗下诏次年改元"绍兴"，并升越州为绍兴府。南宋迁都临安后，绍兴实际上成为南宋陪都，绍兴的名字以及南宋确立的城市格局一直延续下来。经过历代经营，绍兴成为水网密布、商业繁华、文教兴盛的水乡名城。

剑身上装饰着黑色菱形花纹。

鸟篆铭文，分别是"越王鸠浅"和"自作用剑"。这里的鸠浅就是勾践。

▶ 越王勾践剑

在春秋战国时期，越国地区铸造的宝剑天下闻名。出土于湖北楚墓的"越王勾践剑"便出自当时的越国工匠之手。这把2000多年前的宝剑在出土时几乎没有锈蚀，出鞘时依旧寒光闪闪、锋利无比。

> " 会稽天下本无俦，
> 任取苏杭作辈流。 "
>
> ——《再酬复言和夸州宅》唐·元稹

浙东运河的变迁

浙东运河地处浙江省东北部，钱塘江海湾南岸腹地宁绍平原上。它连接了自然水系和人工河道，沟通了内河航运与海上丝路，成就了宁绍地区四通八达的水运网络，更孕育了绍兴这座水乡名城的独特风貌。

浙东运河，其前身是春秋时期越国开凿的山阴故水道，经过汉代至隋唐时期的历代经营，发展成为重要的区域性运河。宋代是浙东运河最兴盛的时期，特别是南宋迁都临安之后，浙东运河作为保障都城物资供应的重要水道，由政府直接进行管理，各段运河有军队专门负责维护和疏浚，运河上的工程设施也更加完善。至此，浙东运河西起钱塘江，经绍兴至宁波入海的完整水运体系正式形成。

▼《浙江全图》（局部）
浙东运河是中国大运河中连续使用时间最长的河段。它沟通了众多自然水系，在绍兴一带与钱塘江、曹娥江相连。

山阴故水道

山阴故水道始建于公元前6～前5世纪，是浙东运河最早修建的人工水道。勾践在会稽山北建造都城时，发展生产，整修水道，曾兴建了包括山阴故水道在内的许多水利工程。

宁绍平原上的自然水系大多为南北流向，而人工开挖的山阴故水道则为东西走向，将原有的自然河流连通起来，既能用于航运，又能抵御海潮、积蓄淡水、灌溉农田，形成了以今绍兴为中心，四通八达的水路网络。粮食、青铜器等重要的战略物资得以源源不断地运至越国的都城。

山阴故水道的开凿，大大促进了越国经济的发展，也助力勾践实现了灭吴称霸的宏图。

鉴湖与西兴运河

鉴湖是中国长江以南最古老的大型塘堰工程。东汉时期，在山阴故水道的基础上，会稽郡太守马臻

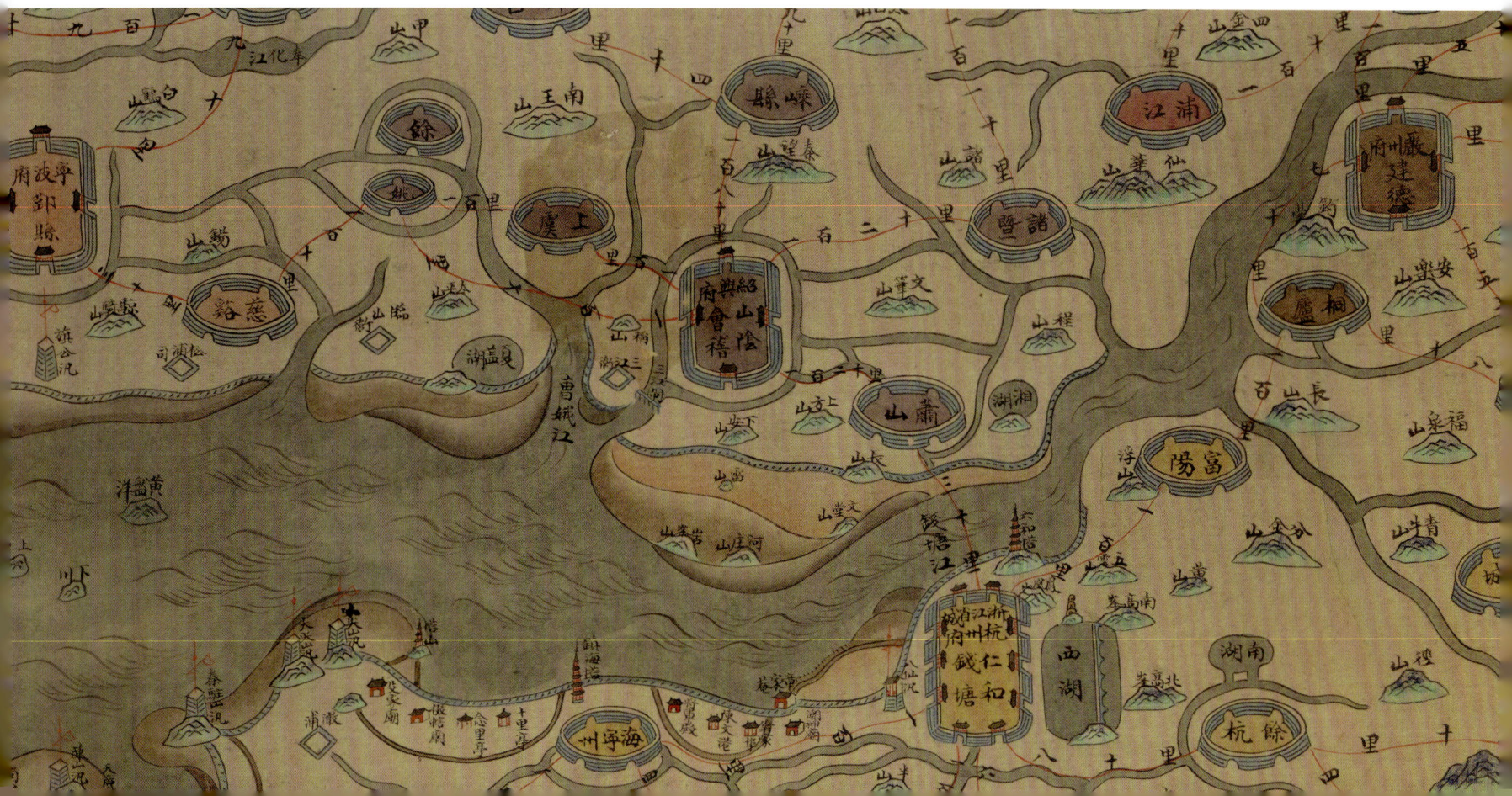

▲ **浙东运河水道示意图**

修建了鉴湖。传说黄帝轩辕氏曾经在这里铸镜，又称"镜湖"。马臻以当时的会稽城为中心，在浦阳江和曹娥江之间修建了长达65千米（一说50.5千米）东西向的大堤，形成了兼具航运、灌溉、防洪蓄水功能的重要水库——鉴湖。据《水经注》记载，沿湖有放水斗门69座，历代有所增减。至北宋时，沿湖堤广设斗门、堰闸、涵洞。据现代学者考证，在高程2.6米处有松木桩整齐排列，这些松木桩被测定为筑鉴湖时的基桩，这种情况在鉴湖堤中多处发现。以木桩及沉排技术处理工程基础，这在当时非常先进。

西晋时期，会稽内史贺循又沿着鉴湖湖堤进一步整修水道，开凿了西起钱塘江南岸的西兴渡口，东至曹娥江的西兴运河，进一步提高了鉴湖的水利功能。

得益于鉴湖、西兴运河等水利工程的兴建和较为安定的社会环境，东汉以来绍兴地区的经济和文化得以迅速发展。鉴湖不仅是重要的航道和水库，更因水波浩渺、风景秀美而被文人墨客争相吟诵。

西兴运口枢纽

宁绍平原拥有众多自然水系，这为浙东运河提供了充足的水源，但汛期的洪水和大潮会对运河的安全造成威胁，在交汇之处需要工程枢纽来进行控制。位于运河最西端、与钱塘江交汇处的西兴运口便是其中非常重要的一个。

早在春秋时期，西兴镇一带已经是水路要冲，最迟在南北朝时期，这里便开始修建堰、坝一类的水利工程，形成运口。北宋时期的西兴运口被称作"定清门"，是往来浙东、浙西的重要门户，有军队驻守，并建有水闸调控水量。浙东运河上的堰和闸各有分工，前者用来供舟船通过，后者用来调蓄水量，西兴运口的控制工程有时为堰，有时为闸，经常变化。明代以后，由于受到钱塘江潮和泥沙淤积的影响，西兴运口便逐渐衰落了。

杭州到绍兴这一段运河基本为人工水道，有完善的水量控制工程。绍兴到宁波，则是利用天然河流，通过堰、坝集中落差，改善水道特性，使运河长期稳定运行。

> **66** 我欲因之梦吴越，
> 一夜飞度镜湖月。**99**
>
> ——《梦游天姥吟留别》唐·李白

▶ **八字桥**

绍兴拥有众多古桥，始建于南宋时期，建在三条河道交叉处的八字桥是其中一个代表。

八字桥因落坡设计状如"八"字而得名。

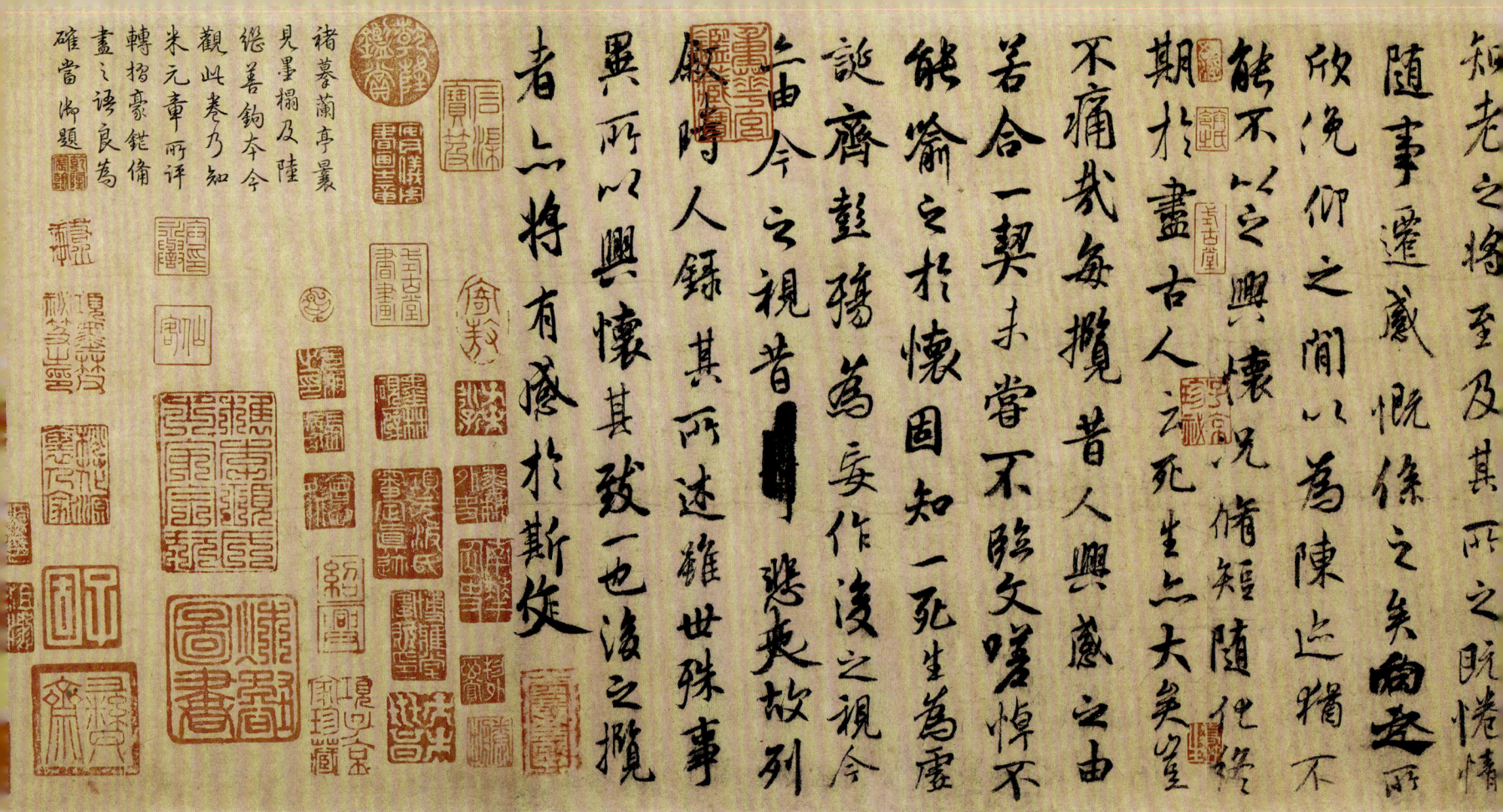

文风昌盛

绍兴地区山明水秀，既是水路，也是诗路。东晋以来，北方地区陷入长期的动荡与战乱，衣冠士族和大量平民百姓纷纷南渡，来到包括绍兴在内相对安定的南方定居，垦田面积逐渐扩大，经济迅速发展，文化日益昌盛。文人雅士邂逅绍兴山水，一如高山流水遇知音，他们吟诗作文赞美这里的美妙风景，留下无数名篇，也成就了绍兴的人文荟萃。

从东晋时期的会稽郡开始，绍兴便成为名士文人聚居之地。魏晋有名士风流，大唐有诗人会聚，宋代以来还产生了丰富的戏剧，绍兴地区文风昌盛，经久不衰。

兰亭雅集与兰亭文化

富足安定的会稽郡是众多名门望族南迁后的定居之所，他们时常在山水间举办雅集，吟诗作文，互相唱和。古时农历三月上旬为"上巳"，按照传统习俗，人们踏春郊游，并在水边用兰汤沐浴，以驱邪祈福。居住在会稽的东晋名士王羲之、谢安等人在今绍兴城西南的兰亭举办了一场雅集，40多位当世名流置身于茂密的山间竹林之中，就坐在蜿蜒的溪流两侧，饮酒作诗，赏景清谈。

最具清雅之风的是一项叫作"曲水流觞"的活动。人们将酒杯从上游位置放入水中，酒杯顺流而下，停在谁的面前，此人就要取杯饮酒，即兴赋诗，作不出的话要被罚酒三杯。集会中共作诗37首，结成诗集，王羲之乘兴挥毫作序："永和九年，岁在癸丑，暮春之初，会于会稽山阴之兰亭……"《兰亭序》被誉为"天下第一行书"，道尽千古风雅，让这次雅集成为此后历代文人心向往之的盛会，也成为各类创作的热门题材。后世的书法、绘画、玉雕等众多艺术品中，都有不少对这次兰亭盛会的细致描摹，形成独具特色的"兰亭文化"。

褚摹王羲之蘭亭帖

永和九年歲在癸丑暮春之初會
于會稽山陰之蘭亭脩稧事
也羣賢畢至少長咸集此地
有崇山峻領茂林脩竹又有清流激
湍暎帶左右引以為流觴曲水
列坐其次雖無絲竹管弦之
盛一觴一詠亦足以暢叙幽情
是日也天朗氣清惠風和暢仰
觀宇宙之大俯察品類之盛
所以遊目騁懷足以極視聽之
娛信可樂也夫人之相與俯仰
一世或取諸懷抱悟言一室之內
或因寄所託放浪形骸之外雖
趣舍萬殊静躁不同當其欣

越窑青瓷的千锋翠色

东汉时期，绍兴地区的瓷窑成功烧制出了青瓷，这也是历史上第一种成熟的瓷器。越窑青瓷制作精美，远销各地。晚唐至北宋时期，越窑的制瓷业达到全盛期，技艺炉火纯青，烧制的青瓷质地细密，釉色晶莹。唐代被祀为"茶神"的陆羽曾盛赞越窑青瓷"如冰""似玉"，认为它们最适于饮茶，青瓷茶具使茶汤颜色呈现出碧绿的色泽，二者相得益彰。

越窑青瓷中还有一个著名且神秘的品类，被称作"秘色瓷"。吴越国王钱镠曾命越窑烧造专门用来供奉宫廷的瓷器，由于其品质高贵、数量稀少且鲜为人见，故很长时间里人们只能想象它的样貌。1987年，考古人员在陕西扶风法门寺地宫里发掘出13件晶莹剔透的秘色瓷器，终于揭开了它的神秘面纱。

▲ 秘色瓷碗

和这组瓷器一同出土的还有一块刻有"衣物帐"的石碑，明确指出这是"瓷秘色碗"。

水路亦诗路

经过三国两晋南北朝几百年的开发，隋唐时期的越州已是四海扬名的鱼米之乡。越中的名茶、莼羹、鲈鱼无不惹人向往，无数诗人慕名前来，从杭州渡过钱塘江，沿浙东运河抵达越州，从曹娥江沿古剡溪溯源而上，最后到达天台山，这是当时非常流行的一条游览线路。沿途风光甚美，许多诗人都在这里流连忘返，留下诗篇，后世的文人也纷纷沿着这条道路赏景吟诗，追忆先贤的足迹，这条路线因此被许多人称作"唐诗之路"。

▲ 褚遂良摹《兰亭序》全卷本（局部）

兰亭因王羲之的《兰亭序》而闻名天下。据传，原迹已作为唐太宗李世民的殉葬品埋入昭陵，现存墨迹本多数为唐代摹本。后世拓本流传极广，《兰亭序》因此成为著名的古代书法经典。

> 镜湖流水漾清波，狂客归舟逸兴多。
> 山阴道士如相见，应写黄庭换白鹅。
>
> ——《送贺宾客归越》唐·李白

无绍不成衙

绍兴文风兴盛，读书人很多，许多科举不顺的书生会选择到官衙里去做幕僚，俗称为"师爷"。清代官衙里的师爷和书吏大多都是绍兴籍，一度有"无绍不成衙"的说法。

宁波

位于东海之滨的宁波，是中国大运河的终点，也曾是海上丝绸之路的起点。它西连江淮，东出大洋，既沟通了中国南北，也连接了内陆与海外。三江在这里交汇，帆船从这里远航，烟波浩渺的水乡气质与通达天下的海港风度在这里碰撞交融，构成宁波这座城市的独特底色。

在宁波城市中心的繁华地段，我们至今仍可以看到三江汇流的奇观——姚江与奉化江汇合成甬江，这就是三江口。继续向东奔流的甬江，最终会在镇海区经招宝山进入东海。宁波简称"甬"，"甬"字是古代大钟的象形字，连接杭州与宁波的浙东运河又被称作"杭甬运河"。甬江的发源山脉，正是因为峰峦起伏的形状似钟，所以叫作"甬山"，继而有了"甬江"和"甬城"之名。而在周代得名"甬"之前，文明的种子早已在这片土地上生根发芽了。

▼ 俯瞰三江口
甬江、姚江、奉化江交汇之处就形成了三江口。今天宁波城的行政区就是按照三江口的江岸划分的。

井头山与河姆渡

姚江又称余姚江，沿着它溯源而上，便来到宁波下属的余姚境内。1973年，为了建造防洪抗旱的抽水站，人们在姚江边无心插柳般挖出了河姆渡遗址。40年后，时代更早的井头山遗址也在临近处被发现。它们证实了古老的新石器文化在长江流域同样灿烂存在，也向我们展示了沿海地区先民的生活方式。

如果将河姆渡遗址中发现的水稻遗存换算成新鲜稻米，数量可达惊人的几万斤。此外，考古人员还在遗址内发现了农业耕作的工具、家养动物的遗骸、装点生活的工艺品和建筑构件等，河姆渡人的生活画卷由此更加丰富多彩地展现出来。

其实河姆渡遗址的所在地并不局限于宁波，它的分布范围包括了绍兴，还越海到达了舟山群岛。而在河姆渡，以及比河姆渡更古老的井头山遗址中，都出土了保存较完好的木质船桨。不难想象，温暖湿润的气候，与水相伴的环境，造就了宁波先民们饭稻羹鱼的生活习惯，也让他们在江河中竞渡，并向广袤的海洋进发。

市舶司

市舶司是中国古代管理海外贸易的机关。宋代市舶司的职责包括对进出口的货物抽税，以规定价格购买进口商品，给商人发放出海许可证，防范走私和偷渡，主持祈风祭海、等等。当时前往日本和朝鲜半岛的民用商船，必须在明州市舶司申报目的地、货物种类和数量、船上人员多少等信息，获得凭证后才可出海。

"明州人"

两汉至三国时期，宁波地区已与海外有往来。隋唐时期，随着中外交流规模的扩大，位于东南沿海的宁波成为对外通航的主要港口。唐代开元年间，地位日渐重要的宁波，因境内的四明山而拥有了新的称号"明州"。明州一度因为频繁的对外贸易和使节来访成为国际大都市，名气之大使得日本在宋元时期仍将江南一带的中国人称作"明州人"，而在14世纪欧洲人绘制的世界地图中，宁波也以"Mingio"（"明州"译音）之名赫然在列。

海定则波宁

随着政治中心的南移，浙东运河在宋代成为了国家的主航道，宁波也随之成长为国家级的海陆交通和贸易枢纽。

相向的龙纹，前肢弯曲，尾向内卷，昂首向天。

4人双手持桨，奋力划船。

高高的羽冠，也有学者认为是早期的风帆。

狭长的轻舟

▶ **羽人竞渡铜纹钺**
钺是由石斧等工具演变而来的，既是工具，也是兵器。这件战国时期的铜钺反映了越人驾水驭风的能力和"以舟作马"的生活方式。

宋代初期，政府在广州和杭州分别设立了广州市舶司和两浙市舶司。到了淳化年间，原来位于杭州的两浙市舶司迁到了明州，明州开始具备管理海上对外贸易的职责。1995年在宁波海曙区发现了宋元时期的市舶司遗址，除了建筑遗迹外，还出土了釉色晶莹、造型优美的越窑和龙泉窑青瓷。

宁波在南宋时曾改称"庆元"，明代初年又短暂恢复了"明州"的名号。但为了不和国号"明"重复，朱元璋听取建议，取"海定则波宁"之意，将明州改称"宁波"，一直沿用至今。地理位置的优势，使得宁波一直到清代实行海禁政策之前，都是为数不多可以进行对外贸易的港口城市。今天的宁波舟山港集内河港、河口港和海港于一体，年货物吞吐量仍高居世界前列。

▲ **越窑青瓷荷叶带托茶盏**
出土于宁波和义路码头遗址，反映出唐代越窑青瓷崇尚自然又极富生活情趣的风格，是越窑青瓷的上品之作。

> 66 海东估客初登岸，云北山僧远入城。风物可人吾欲住，担头菜正堪烹。 99
>
> ——《明州》宋·陆游

三江六塘 一湖居中

宁波虽有通江达海、水网密布的先天优势，但仍需解决"溪通大江，朝汐上下"带来的问题，"三江六塘河，一湖居城中"便体现了古人的智慧。天然的三条大江和人工的六条塘河，以及城内以月湖为中心的水系互相连通，形成了集水运、灌溉、饮用等功能于一体的河道格局。

地理优势给宁波带来了河海联运的便利，也带来了困扰，因为直通大海的江河不可避免地会受到大海潮汐的影响。从宁波三江口坐帆船前往绍兴，如果正好碰上大海退潮，带动着江水往入海口涌动，乘坐的船可能不进反退。

并行的双航道

为化解潮起潮落的风险，古代宁波人在自然江河的"隔壁"，连通起一条条小水道，打造出了备用航线。其中，最主要的"三江"都

有人工修筑的塘河与其配合。奉化江的西北侧有南塘河，姚江的南侧有西塘河，甬江西北侧的颜公渠和慈江还同时兼顾了姚江。这就形成了宁波古代水运系统最重要的特征——自然河道与人工河道双线并行。双航道的运行不仅可以借助天然的潮汐动力，也能在必要时隔绝涌浪的影响，同时在规划路线时适当裁弯取直，减少航程。

活跃至今的它山堰

除了挖掘改造出更利于航运的人工水道，由于浙东运河沿途交汇的山区河流多且变化大，宁波地区的先民还建造了闸、堰、坝、埭等多种水利设施，使运河保持比较稳定的水位和水量，更好地满足农田灌溉、洪水排涝和日常饮用的需要。

位于今天宁波海曙区的它山堰至今有1100多年的历史，与郑国渠、灵渠、都江堰并称中国古代四大水利工程。它山堰在唐代建成之

后，宁波城有了稳定的淡水来源和快捷的航运水道，鄞西平原也不再为灌溉发愁，并逐渐成为浙东重要的粮食产区。

古老的它山堰虽是水利工程中的"文物"，但其设计原理直到20世纪才被广泛应用。今天它仍然活跃着，和现代的水库、水闸互相配合，在灌溉、防洪等方面发挥着作用。

南宋水位观测站

在今天的宁波城内，三江六塘河汇聚之处，还留有一处古代的"水位观测站"，它就是修建于南宋时期的"平"字水则碑。

为了隔绝海潮上涌对城内淡水的影响，保证饮水和灌溉，宁波城内水系和通往大海的江河之间设置了可开关的水闸。水则碑的作用是与城内外的闸、堰"里应外合"，决定蓄水与排水的时机。由此，它成为了水位观测记录站，是管理和调节宁波城市水量的标尺。

◀ "平"字水则碑
水则是中国古代的水标尺，北宋时江河湖泊普遍设立水则，明清时江河为了报汛、防洪，往往上下游都设有水则。

水面高于"平"字时开闸排水，水面低于"平"字时关闸蓄水。

> ❝ 四明古称文献邦，
> 望京门外西渡江。❞
> ——《两京水路歌》明·张得中

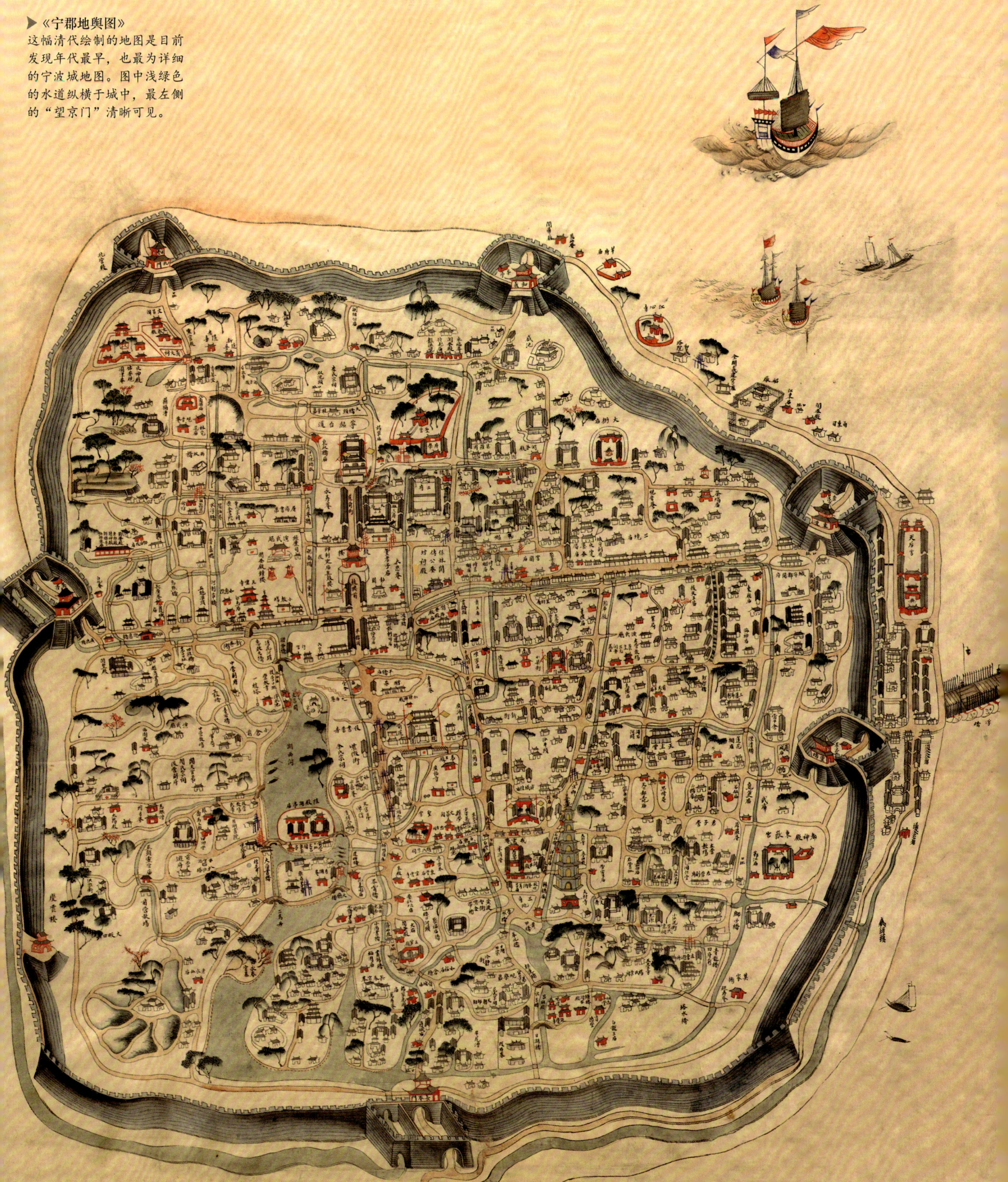

圖輿地郡寧

▶《宁郡地舆图》
这幅清代绘制的地图是目前
发现年代最早，也最为详细
的宁波城地图。图中浅绿色
的水道纵横于城中，最左侧
的"望京门"清晰可见。

东方神舟

宁波的先民们数千年前就开始向海洋进发，伴随着造船业的发展、水道的畅通，宁波成长为重要的交通和贸易枢纽。唐代对外交往通道发生由陆向海的转变后，宁波作为中国大运河连接世界的南端国门，更是在海上丝绸之路的文明史话中留下了浓墨重彩。

句章港是宁波地区最早的港口。在越王勾践建造句章城，打造句章港时，这里还只是地广人稀的越国边陲之地。从春秋战国到三国两晋，句章港的作用虽然以军事为主，但同时也打开了宁波连通世界之门，奠定了其以港兴城的基础。

千年宁波港

唐代的明州，是中国使团和商队出海的主要通道。738年正式开港的宁波港在当时是日本遣唐使登陆和离港的主要口岸之一。古代的海船大都以自然风和洋流作为主要驱动力，杭州湾和长江口的浅滩危险重重，相比之下，宁波港风平浪静，还有舟山群岛作为屏障，无疑是更好的选择。远洋而来的帆船溯甬江而上到达三江口，使节们换乘通航运河的小船，再前往杭州、西安或其他内陆城市。

这种情况并不局限于唐代，今天在宁波城内仍然有迹可循的波斯馆、高丽使馆、来远亭便是宋代为接待外宾、外商所设。尤其到了南宋，随着国家政治中心的南移，临近杭州的宁波成为东南重镇，不仅是使节朝贡的转运中心，还是对外贸易的集散枢纽。与南宋进行海上贸易的国家从亚洲远至非洲，进出口货物达400种以上。香料、珍珠、象牙、药材等为进口商品，瓷器、茶叶、书籍、铜钱则是当时宁波港输出的主要产品。

海上陶瓷之路

海上丝绸之路，也因为流通的货物以陶瓷和香料为主而被称为"海上陶瓷之路"或"海上香料之路"。在青花瓷闻名世界之前，青瓷是中国外销瓷器的主要品种。

20世纪70年代，宁波和义路码头遗址出土了大量的唐代青瓷，既有盘、碗、壶、灯盏等日常生活用具，还有中医诊脉的医疗器具等。类型丰富，来源也多种多样，除了宁波附近的越窑青瓷外，还有湖南长沙窑、江西婺州窑的产品。有学者认为，这些瓷器在当年很可能是先通过运河输送至宁波，再通过海

◀ 傍晚落日时分的北仑港
由宁波港、舟山港合并而成的"宁波舟山港"，包括北仑、镇海、洋山在内的19个港区。

宁波老外滩

《南京条约》签订后，宁波成为最早出现租界的城市之一。租界位于三江口北岸，因为三江交汇处的形状像英文大写字母Y，而被外国人称作"Y-Town"，音译成中文便是"外滩"。上海的"外滩"其实是沿用了这一名称。

路销往国外。随着青瓷的外销，制瓷技术也沿着海路外传，朝鲜半岛、日本甚至远在中东的埃及都深受影响，纷纷仿烧出与越窑青瓷十分类似的本地陶瓷。

越窑到了宋代逐渐没落，青瓷外销的"接力棒"交到了同样位于浙江的龙泉窑手中。1323年前后，一艘远洋贸易商船从中国出发前往日本，途中意外沉没在今天韩国新安海域中。600多年后，渔民的意外打捞使它重现天日。船上装载着200吨货物，包括2万多件陶瓷器，2000多件金属制品、石制品和紫檀木，800万枚、重28吨的中国铜钱。其中，陶瓷器以精美的龙泉窑青瓷为主。同时出水的还有一件刻着"庆元路"字样的铜秤砣，由此反映出这艘沉船的起点应该就是当时的庆元，即今天的宁波。

万斛神舟

为了航行得更远，也为了行驶途中更有保障，船的性能必须不断提升。而一艘能乘风破浪的船，也将带领着人们探索更广阔的海洋。

春秋战国时期，宁波所在的越国已有专门的造船工场。从唐代到宋代，宁波的造船业一度达到鼎盛。宋神宗时期，明州曾建造了两艘名为"神舟"的海船，其中一艘后来出使高丽，在朝鲜半岛上留下了万斛船的传说。斛是古代的计量单位，也是称重粮食的工具。每斛大约相当于60千克，万斛船的载重可想而知。除了体量庞大，明州造船的规模也十分惊人，典籍中就有"造船六百只""已得千舟"的记载。

宋代开始，宁波就成为中国建造海船的重要基地之一。2003年，位于今天宁波和义路上的战船街北部出土了一艘南宋古船。复原后人们发现，这艘尖底船内没有桅杆相关构件的痕迹，它不是以风帆作为动力，而是通过操纵摇橹前进的。有学者因此推测它并非海船，而是往返于港口海船与内河口岸之间，转运货物的小型接驳用船。虽然并非威风凛凛的万斛船，它却真实体现了海上丝绸之路与大运河的联通，是宁波"河海联运"的实物证据。

▲ 《雪霁江行图》
这幅北宋古画中有两艘满载货物的楼船，复杂的结构和巨大的船身，体现了宋代造船业的发达。

狮子纹是当时西方流行的纹样。

▶ **黄釉褐斑"何"字贴花瓷壶**
外销的长沙窑瓷器常装饰带异域风情的釉下彩图案和模印贴花。这件宁波出土的长沙窑瓷壶是唐代明州城作为对外贸易转运和集散枢纽的证据之一。

港通天下 书藏古今

三江口和宁波港，大运河与海上丝绸之路的交汇融合，使代代宁波人在船工号子与大海涛声的二重奏中，成长于江南水乡，也闻惯了海风腥味。他们见多识广、敢闯敢拼，也尊师重教。作为中国与世界连接的端口，人、货物、文化都曾从宁波走出，又经由天南海北而来。

唐代最知名的日本遣唐使晁衡原名阿倍仲麻吕。753年的冬天，在大唐生活30多年的晁衡即将回国。归国之前，他感慨万千，吟诵了一首《明州望月》，后来成为日本文学史上千古传诵的名作。

> " 日本晁卿辞帝都，
> 征帆一片绕蓬壶。"
>
> ——《哭晁卿衡》唐·李白

古代宁波与中日交流

此次和阿倍仲麻吕一道启程去往日本的，还有即将第六次尝试东渡的鉴真。744年第三次航行失败后，鉴真一行曾被明州太守临时安置在明州城东边的阿育王寺内。

阿育王寺始建于西晋时期，因寺内的阿育王塔和佛陀舍利而得名。鉴真在此短暂居住期间，对寺内的建筑、壁画和相关传说都做了考证研究。之后还把一尊阿育王塔造型的金铜塔带到了日本，吸引了更多的学问僧泛海而来，修习佛教。

宋代时，日本僧人重源两度到访宁波，归国时除携带典籍、书画和经像，还为了重修奈良的东大寺，请宁波的建筑师随行助力。几乎同一时期来到宁波的僧人荣西和道元，都曾前往天童寺学习禅宗。回国后，他们分别创立了日本的临济宗和曹洞宗。

无宁不成市

明代初年，朱元璋实行了禁止民间私自出海的海禁政策后，宁波

◀《嘉靖十一年进士登科录》
天一阁现尚存明代科举录370种，绝大部分为海内孤本。

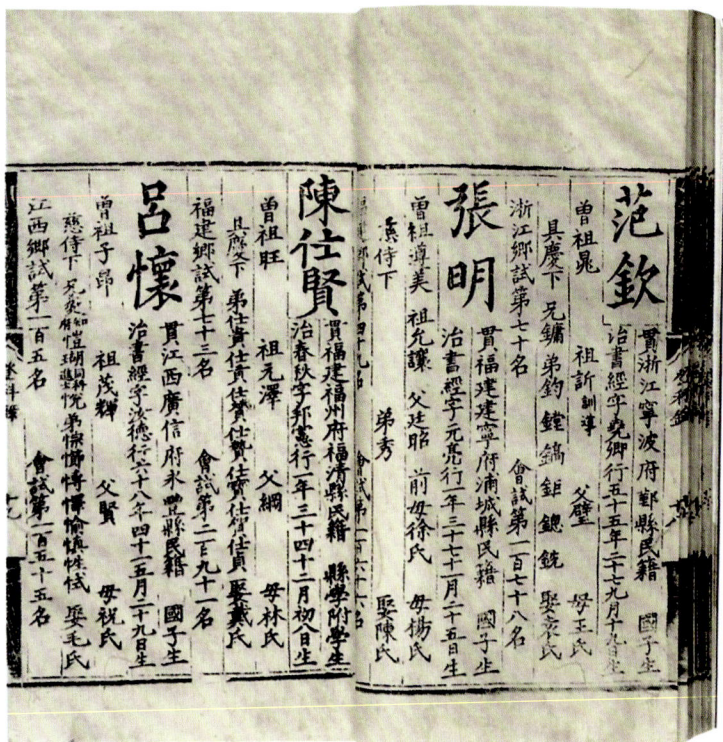

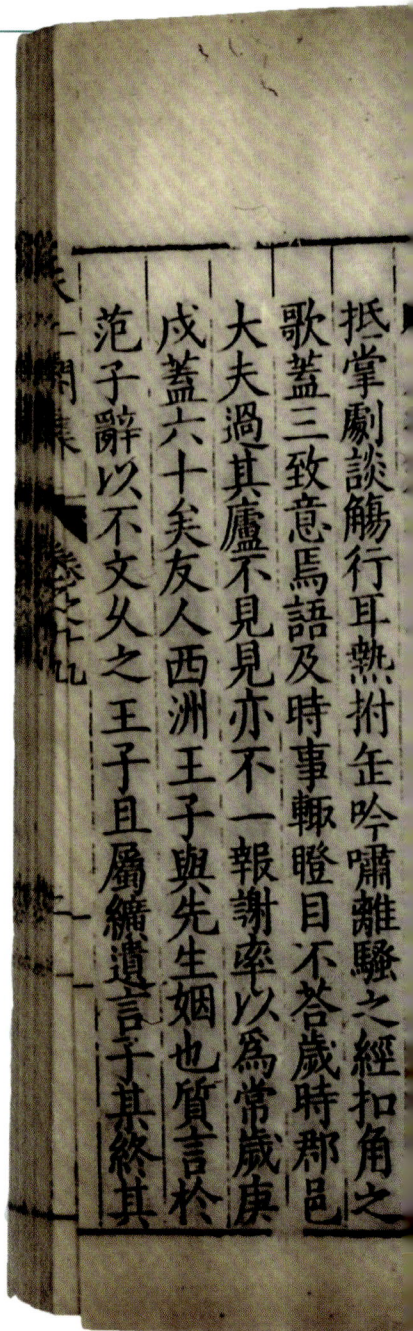

作为贸易海港的优势一度丧失，商业往来的重心开始转移到运河沿线，这促成了宁波商帮——"甬商"的兴起。

早期的甬商以药业、钱业为主要经营方向，势力和名气远不如晋商、徽商。清代中期之后，随着对外贸易的回温和港口的开埠，曾经以海洋为主要阵地的甬商有了更大的舞台。他们的经商足迹由临近的上海遍及全国，并远至南洋、欧美各地。

今天北京城内的知名药店老字号"同仁堂"，便是宁波人乐显扬在清代康熙年间创办的。中国的第

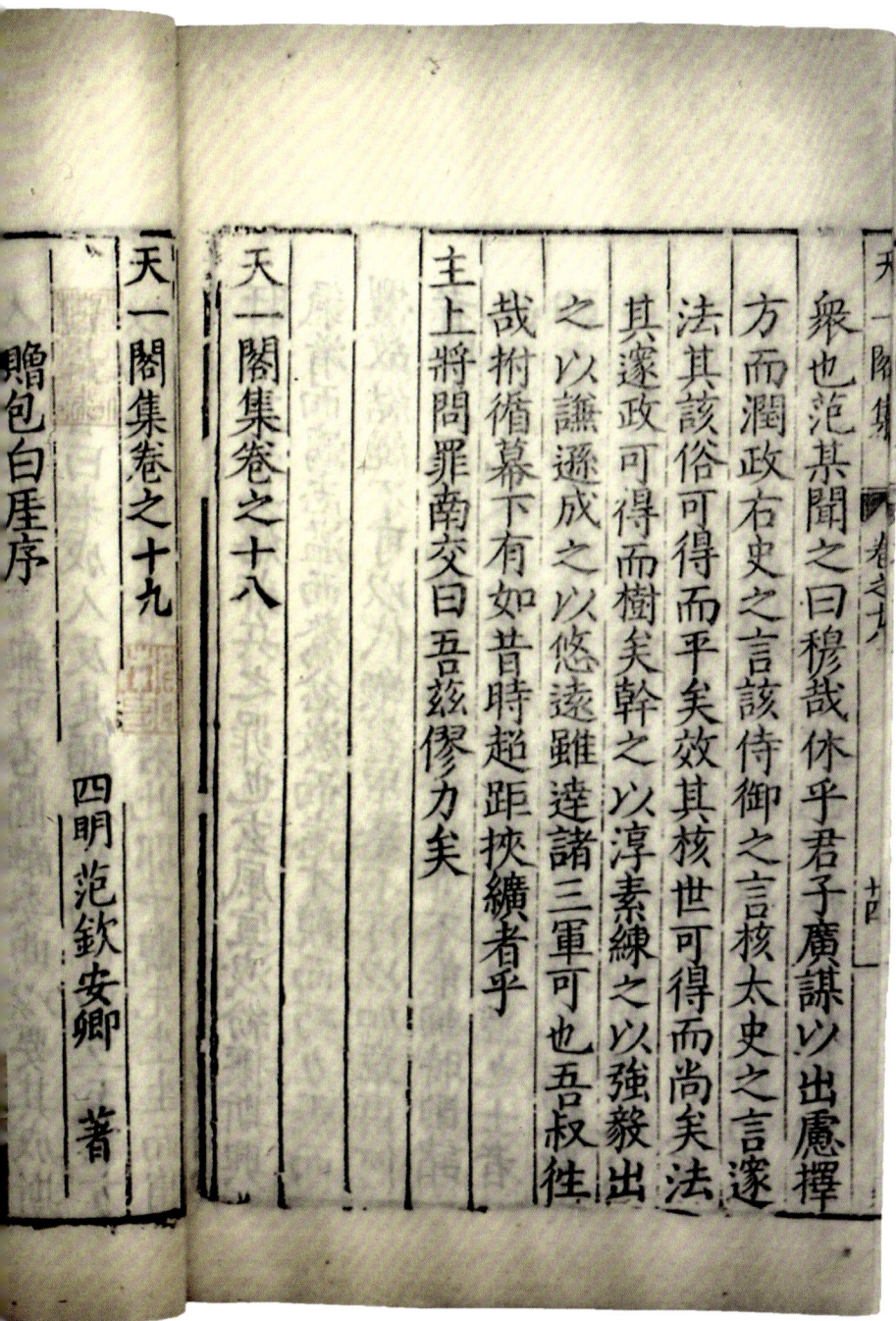

◄《天一阁集》
范钦的重要著作之一，收录了他从出仕、做官、归乡一直到晚年各个时期的1500多篇作品。

书藏古今的天一阁

坐落于月湖之畔的天一阁，是中国现存最古老的私家藏书楼。它由明代嘉靖年间辞官回到故乡宁波的兵部右侍郎范钦所建，距今已有400多年的历史。

"天一"之名，由"天一生水"而来，因为木制藏书楼最大的隐患就是火。为了确保藏书的安全，范钦曾定下严格的入阁规矩，如喝酒抽烟者禁止入内，不能私自带亲朋好友登楼等，并要求子孙"代不分书，书不出阁"，以此保持藏书的完整性。到了清代，为纪念范氏后人在编纂《四库全书》时进献藏书600余种，乾隆帝下令按照天一阁的建筑样式修造了文渊、文津、文汇等"南北七阁"，专门用来存放这部大型丛书。

从明代到近代，屡经变故的天一阁藏书有部分缺失。进入现代，经过保护与收集，至今已汇聚了各类古籍约30万卷，宁波的历史面貌和文化特色也借由庞大而丰富的藏书经代代相传而再现世人眼前。例如，阁内收藏的日本"和刻本"和朝鲜半岛的"高丽刻本"，便反映出在海上丝绸之路活跃的文化交流中，书籍也曾是重要的媒介。

一家西服店、第一家日用化工厂、第一家机器轧花厂、第一家灯泡制作厂，还有早期的保险公司、房地产公司、证券交易所……凡在工商业集中的城市，几乎都能见到宁波人经商的身影，正所谓"无宁不成市"。

钱业会馆

始于清代初年的钱庄业，很快就成为了宁波商业活动的中心。今天仍耸立在战船街上的钱业会馆就是当年宁波钱庄从业者交易和聚会的场所，也是宁波钱业辉煌的标志。宁波的钱庄业曾首创不用现金支付的"过账制"，这是一种以信用为基础的结算制度，为传统钱庄注入了近代金融的元素。

◄《四库全书》
全名《钦定四库全书》，分经史子集四部，因此称为"四库"。

浙东运河宁波段

因浙东运河穿越的钱塘江、曹娥江、甬江水位高低不一，历史上只能分段航运。1966年兴建15～30吨级升船机多座。1979年又按40吨级标准浚治航道。1983年浙东运河全线通航。第二期运河改造工程于2007年完成。2016年宁波段姚江船闸到三江口航段突破桥高限制和涨落潮的影响，航道标准提高至500吨级，千年古运河通江达海，500吨级航船可直达宁波，杭州内河枢纽港的地位大为提高。

索引

说明

一、 本索引是全书内容的主题分析索引。索引主题按汉语拼音字母的顺序并辅以汉字笔画顺序排列。同音时，按汉字笔画由少到多的顺序排列。第一字相同时，按第二字，余类推。

二、 索引主题之后的阿拉伯数字是主题内容所在的页码。

致 谢

感谢以下机构和个人对本书图片提供的支持和帮助：

1 美国国会图书馆、中国国家博物馆 2-3 中国国家博物馆 4-5 北京市通州区博物馆、中国国家博物馆、沧州市博物馆 6-7 洛阳山陕会馆、中国国家博物馆、陈韵供图、辽宁省博物馆 8-9 中国国家博物馆 10-11 中国国家基础地理信息中心、视觉中国、Editions Gelbart 12-13 中国国家博物馆 14-15 中国国家博物馆、中国大百科全书出版社、古荥汉代冶铁遗址博物馆、美国国会图书馆、视觉中国 16-17 中国国家博物馆 18-19 中国国家博物馆、中国大百科全书出版社 20-21 中国国家博物馆 22-23 中国国家博物馆、台北故宫博物院 24-25 视觉中国、中国国家博物馆 26-27 中国国家博物馆 28-29 中国国家博物馆、北京市通州区博物馆、视觉中国 30-31 中国大百科全书出版社 32-33 视觉中国 34-35 中国国家博物馆 36-37 中国国家博物馆、视觉中国 38-39 视觉中国、《畿辅通志》（光绪本）、《津门保甲图说》（1846年刊刻）、天津市档案馆 40-41 中国国家博物馆、视觉中国 42-43 中国国家博物馆、洪瑶供图 44-45 中国大百科全书出版社 46-47 美国国会图书馆 48-49 中国国家博物馆 50-51 中国国家博物馆、视觉中国 52-53 沧州市博物馆、中国国家博物馆、《河间府志》（上海古籍书店1964年出版）、视觉中国 54-55 美国国会图书馆 56-57 中国国家博物馆、美国国会图书馆、视觉中国 58-59 中国国家博物馆、视觉中国 60-61 中国国家博物馆 62-63 中国大百科全书出版社 64-65 美国大都会艺术博物馆 66-67 宝鸡青铜器博物馆、美国波士顿美术博物馆 68-69 中国国家博物馆、视觉中国 70-71 中国国家博物馆、洛阳隋唐大运河博物馆 72-73 美国弗利尔美术馆、洛阳隋唐大运河文化博物馆、洛阳山陕会馆 74-75 中国国家博物馆 76-77 中国大百科全书出版社 78-79 视觉中国 80-81 中国国家博物馆、视觉中国 82-83 古荥汉代冶铁遗址博物馆、美国国会图书馆、《荥泽县志》（1748年刊刻） 84-85 中国国家博物馆、视觉中国 86-87 台北故宫博物院、中国国家博物馆 88-89 中国大百科全书出版社 90-91 视觉中国 92-93 中国国家博物馆、视觉中国 94-95 北京故宫博物院、美国国会图书馆、淮北市博物馆 96-97 中国国家博物馆 98-99 中国国家博物馆、耶鲁大学英国艺术中心 100-101 视觉中国、中国国家博物馆 102-103 中国国家博物馆 104-105 中国大百科全书出版社 106-107 林虎供图 108-109 视觉中国、中国国家博物馆、孔子博物馆 110-111 哈佛燕京图书馆、美国国会图书馆、视觉中国 112-113 美国国会图书馆、视觉中国 114-115 中国大百科全书出版社 116-117 中国国家博物馆 118-119 中国国家博物馆 120-121 视觉中国、中国国家博物馆 122-123 美国国会图书馆、中国国家博物馆、洪瑶供图、康辉供图 124-125 中国国家博物馆 126-127 视觉中国、大英图书馆、中国国家博物馆 128-129 视觉中国、美国国会图书馆、中国国家博物馆 130-131 中国国家博物馆、视觉中国 132-133 中国国家博物馆、视觉中国 134-135 中国国家博物馆、台北故宫博物院 136-137 中国大百科全书出版社 138-139 视觉中国、中国国家博物馆 140-141 视觉中国、扬州博物馆、美国国会图书馆 142-143 中国国家博物馆、北京故宫博物院 144-145 中国国家博物馆、视觉中国 146-147 视觉中国、中国国家博物馆 148-149 中国大百科全书出版社 150-151 视觉中国 152-153 中国国家博物馆 154-155 中国国家博物馆、视觉中国 156-157 视觉中国、中国国家博物馆 158-159 美国国会图书馆、镇江博物馆 160-161 北京市通州区博物馆、中国国家博物馆、视觉中国、镇江博物馆 162-163 辽宁省博物馆、视觉中国 164-165 视觉中国、中国国家博物馆 166-167 视觉中国 168-169 中国国家博物馆、视觉中国 170-171 中国国家博物馆 172-173 北京故宫博物院、中国国家博物馆 174-175 中国大百科全书出版社 176-177 视觉中国 178-179 中国国家博物馆、视觉中国 180-181 中国国家博物馆 182-183 美国弗利尔美术馆 184-185 台北故宫博物院、美国国会图书馆、视觉中国 186-187 中国国家博物馆、北京故宫博物院、视觉中国 188-189 中国国家博物馆、视觉中国 190-191 中国大百科全书出版社 192-193 视觉中国 194-195 中国国家博物馆 196-197 视觉中国、中国国家博物馆 198-199 美国国会图书馆、视觉中国 200-201 中国国家博物馆、绍兴博物馆 202-203 视觉中国、宁波博物馆 204-205 戴萌供图、美国国会图书馆 206-207 视觉中国、北京故宫博物院、中国国家博物馆 208-209 中国国家博物馆 210-211 视觉中国

感谢以下人员对本书编纂提供的支持和帮助（按音序排列，排名不分先后）：

戴畋、郭丽芬、上官天梦、张宝军、赵焱、庄严